比较

总第120辑

2022年第3辑

COMPARATIVE STUDIES

吴敬琏 主编

中信出版集团 | 北京

比较
COMPARATIVE STUDIES

主管 中信集团
主办 中信出版集团股份有限公司
出版 中信出版集团股份有限公司

主编 吴敬琏
副主编 肖梦 吴素萍
编辑部主任 孟凡玲
编辑 马媛媛 王艺璇
封面设计 李晓军 / 美编 杨爱华

发行总监 周广宇

独家代理：财新传媒有限公司
电话：（8610）85905000 传真：（8610）85905288
广告热线：（8610）85905088 85905099 传真：（8610）85905101
电邮：ad@caixin.com
订阅及客服热线：400-696-0110 （8610）56592288 传真：（8610）85905190
订阅电邮：circ@caixin.com 客服电邮：service@caixin.com
地址：北京市朝阳区工体北路 8 号院三里屯 SOHO 6 号楼 5 层（邮编：100027）

目录
Contents

第120辑

1　构建中国式福利国家的理论和实践依据　　　　　　　蔡昉　贾朋
The Rationale and Empirics of Welfare State Building: Implications for China
by Fang Cai and Peng Jia

特稿　　　　　　　　　　　　　　　　Feature

16　国民财富的演化起源
卡姆鲁尔·阿什拉夫　奥戴德·盖勒　马克·克莱姆普
The Evolutionary Origins of the Wealth of Nations
by Quamrul H. Ashraf, Oded Galor and Marc Klemp

前沿　　　　　　　　　　　　　　　　Guide

62　低碳转型风险的全球定价
帕特里克·博尔顿　马钦·卡茨佩尔契克
Global Pricing of Carbon-Transition Risk
by Patrick Bolton and Marcin Kacperczyk

比较制度分析 Comparative Institutional Analysis

136　再议经济体制问题　　　　　　　　　　　理查德·纳尔逊
　　　The Economic System Question Revisited　　by Richard R. Nelson

金融评论 Financial Review

162　量化宽松的挑战与出路　　　　　　　　缪延亮　唐梦雪
　　　Quantitative Easing: Challenges and Exits
　　　　　　　　　　　　　　　by Yanliang Miao and Mengxue Tang

法和经济学 Law and Economics

190　超越破产：作为宏观审慎监管工具的破产处置　斯蒂文·施瓦茨
　　　Beyond Bankruptcy: Resolution as a Macroprudential Regulatory Tool
　　　　　　　　　　　　　　　　　　　　　by Steven L. Schwarcz

229　从另类公司的治理实践看治理的逻辑　　　　　　郑志刚
　　　The Logic of Governance through the Lens of Alternative Corporates
　　　　　　　　　　　　　　　　　　　　　　　by Zhigang Zheng

视界 Horizon

246　20世纪70年代发达国家滞胀的回顾与启示　　魏加宁　周毅 等
　　　Stagflation of Developed Countries in the 1970s: Reviews and Implications
　　　　　　　　　　　　　　　　　　　by Jianing Wei, Yi Zhou, et al.

构建中国式福利国家的理论和实践依据

蔡昉　贾朋

一、引言

　　福利国家是个一般性的概念，各国的相关实践也存在诸多共性，因此，关于在中国构建福利国家的问题，无疑应该在共同理论的基础上，以及在国际经验的比较中进行讨论。同时，既然本文设立的命题为构建中国式福利国家，因此有必要把中国经济社会发展对社会福利体系的现实紧迫需要，作为论证福利国家建设的出发点，并重点关注中国相关的制度安排及其独特性。为此需要揭示中国发展阶段性变化的特征和面临的挑战，进而从经验上为这种变化及其挑战找到经济史的关联性，从经济理论上找到相关的逻辑对应。

　　中国正在经历的最突出的阶段性变化，表现为两个具有标志性意义的转折点的到来。阶段性变化的第一个重要标志是，以人均GDP衡量，中国如期进入高收入国家行列。按照现价美元和平均汇率计算，2021年中国人均GDP达到12 551美元。世界银行新修订的2021—2022年收入分组，把12 695美元作为高收入国家的门槛（Hamadeh et al., 2021）。这个新起点固然具有积极的意义，至少在统计意义上意味着中国对中等收入阶段的跨越；然而，这并不意味着中国经济的增长从此可以高枕无忧。鉴于人均GDP达到12 695美元仅仅是

---

*　作者感谢汪德华、李冰冰在本文写作中给予的协助。

高收入组的门槛水平，仅相当于高收入国家平均水平（44 003 美元）的28.9%，攀登高收入阶段的各级阶梯仍然任重道远，如果不能保持合理的增长速度，停滞乃至倒退的可能性都是存在的。

在中国进入高收入国家行列之际，另一个重要的阶段性变化同时发生，即人口转变趋势超乎预期地加快。这给中国经济增长带来未能预测到的，或者在以往预测中被系统性低估的新挑战。2021年，中国人口自然增长率为0.34‰，接近于零增长并且意味着中国即将进入人口负增长时代，比联合国2019年预测的结果提前了大约十年。同年65岁及以上人口的比例，即老龄化率达到14.2%，标志着提前五年左右进入国际公认的老龄化社会（UNPD，2019）。我们可以从两个方面认识这个不期而至的人口转折点对中国经济增长的含义。首先，伴随人口峰值和更深度老龄化，劳动年龄人口加快减少，抚养比加速提高，劳动力供给、人力资本改善、资本回报率和生产率进一步朝着不利方向变化，潜在增长率继续下降，实现原来预期增长速度的难度加大。其次，人口负增长带来崭新的挑战，即由于人口总量、年龄结构和收入分配产生的抑制居民消费的效应，总需求不足将成为常态化的增长制约因素。这就意味着，无论从供给侧还是从需求侧看，确保实现远景目标的经济增长率，不再如原来预期的那样自然而然。

实际上，经济学家在研究所谓中等收入陷阱现象的时候即发现，阻碍中等收入国家进入高收入国家行列的因素，即使在一国进入高收入阶段之后，仍将继续产生作用，阻碍其跨越门槛之后的经济增长。例如，埃肯格林等人发表多篇论文揭示中等收入陷阱表现为高速增长的国家在特定时期出现显著的减速，其中一些经济体的减速幅度既大且难以反转。在其中的一篇文章中，他们发现，在按照2005年购买力平价美元计算的人均GDP处于10 000～11 000美元和15 000～16 000美元区间，一些国家和地区会发生两次明显的减速（Eichengreen et al., 2013）。与世界银行历年对经济体收入分组的数据进行比对，在这项研究涵盖的1987年以来出现过明显减速的24个经济体中，有15个在发生减速时已经处于高收入阶段，其中有些经济体的经济增长受到较长期的不利影响。也就是说，一个国家跨过统计意义上的高收入门槛，并不能自动确保一帆风顺地持续健康发展。

针对经济增长减速因素，特别是对可能妨碍经济增长达到潜在增长率的需求侧因素来说，扩大社会福利支出无疑是有益的。政府承担主要支出责任加大社会保护、社会福利和社会共济的力度，也是推进现代化和促进共同富裕的题中应有之义。因此，关于福利国家的争论，其实并不在于要不要进行这一制度建设，而在于社会福利支出资金从何而来。我们或者可以把这个问题进一步转化为在扩大社会福利支出时，如何做到尽力而为和量力而行两个原则的有机统一。本文将从理论和经验两个方面论证社会福利支出的一般原则和规律及其对中国的特殊意义，进而揭示政策含义并提出建议。

二、社会福利支出恒等式：理念和现实

在回顾关于福利国家的理论争论时，研究者往往从理念出发，主要从两个方向上提出并秉持各自的主张，依据分别是两种总体对立的模式或类型，即剩余型社会福利模式和制度型社会福利模式（Titmuss，1974）。这两种模式的差异并不表现为保障水平上的差异，而主要是理念上大相径庭。前一种模式强调市场、个人、家庭和社会组织的作用，政府只需在最困难群体的社会救助和有限的基本生活保障方面承担责任。后一种模式则认为，作为一种再分配机制，社会福利保障在任何社会和任何发展阶段，都应该是政府承担的责任。虽然对立理念之间的争论旷日持久、莫衷一是，也分别产生了大异其趣的实践后果，但是，从全球范围看也产生了实践中的趋同态势。可以说，这种趋同主要是各国在应对现实挑战的实践中不断试错的结果。

应该说，社会福利体系的完善，或者福利国家的出现、建设和兴衰，既建筑在特定政治哲学的思想基础上，也受到特定时代社会思潮的影响，同时也是因应特定经济社会发展阶段需求而诱致的制度变迁过程。从影响最为卓著的经济学文献着眼，我们可以在两种视野上认识这一制度。

一类文献把社会福利体系构建的必要性和必然性，同经济社会发展阶段相联系。沃尔特·罗斯托（Walt W. Rostow，2001）把经济发展分别划分为传统社会、创造起飞条件、起飞、迈向成熟和高水平大众消费五个阶段。在后来的著作中，他还补充了以追求更高生活质量为特征的第六个阶段。从逻辑上说，第五和第六个阶段无疑与对公共服务的更高需求相关。约翰·肯尼斯·加尔布雷思（John Kenneth Galbraith，2009）创造了"丰裕社会"这个概念，指出国家在进入丰裕社会后，一方面是丰裕的社会财富和私人生产，另一方面是匮乏的公共服务供给，两者之间形成巨大的落差。他认为解决丰裕社会的社会性贫困问题，需要政府以再分配的手段，提供更多的公共产品和公共服务。

迈克尔·波特（Michael Porter，2002，第10章）把经济发展划分为要素驱动、投资驱动、创新驱动和财富驱动四个阶段，认为在财富驱动阶段上，会产生一系列与增长速度减慢相关的两难取舍问题，包括经济发展目标和社会价值目标的矛盾，以及经济增量不足与福利支出扩大之间的矛盾。

另一类文献把应对人口挑战作为福利国家建设的必然要求。冈纳·缪尔达尔（Gunnar Myrdal）最早认识到人口因素在福利国家建设中的作用。早在20世纪30年代，缪尔达尔夫妇便通过著述和演讲，警示人口增长速度减慢或人口总量减少可能导致的后果，在主张家庭自主生育权利的同时，倡导通过制度建设把生育和养育的负担，从作为家庭责任转变为体现共济理念的社会福利体系上，借此鼓励人们结婚和生育。缪尔达尔这一思想的传播以及据此提出的政策建议，不仅为瑞典社会福利体系建设擘画了蓝图，也对其他国家的政策产生了深刻的影响（陈素甜，1982，第三章；Barber，2008，Chapter 10；吉川洋，2020，第47—49页）。约翰·梅纳德·凯恩斯和阿尔文·汉森分别于1937年和1938年做了内容十分接近的演讲，指出了英国和美国出现的人口增长停滞趋势，认为如果不能通过提高社会福利水平和改善收入分配来抵消投资和消费的需求不足，经济增长将遭遇灾难性的后果（Keynes，1978；Hansen，2004）。此外，汉森当年提出的"长期停滞"（secular stagnation）概念，被当代一些经济学家作为人口老龄化对经济增长影响的一个标准阐述（Summers，2016）。

接受当代资本主义发展的惨痛教训，从经济发展阶段和现实挑战出发，福利国家建设就不再是一个应该还是不应该做的先验问题，而是何时做以及做到何种程度的策略问题。因此，我们可以采用一个简洁的公式，形象地说明如何实现尽力而为和量力而行的有机统一。这可以被称为社会福利支出恒等式，写作 $E - B \equiv 0$，式中 E 代表社会福利的实际支出水平，B 代表社会具有的支出能力。这个恒等式强调的是实际支出与实际财力之差恒等于零。一旦这个恒等关系不成立，则意味着未能做到尽力而为和量力而行的统一，社会福利支出水平便有改善的余地，或者社会福利政策就有调整的必要。例如，如果 $E - B > 0$，就表示社会福利水平超过了保持支出可持续的财力约束，产生"量力而行缺口"，则有必要依据实际能力调减支出水平。如果 $E - B < 0$，就表示社会福利水平尚未达到财力决定的潜力，形成"尽力而为缺口"，有必要增加实际支出水平，把资源潜力真正用足用尽。恪守社会福利支出恒等式，既要求坚定地秉持理念，也要求分寸把握能力和技巧，增一分则嫌长，减一分则嫌短。

这个公式表达看似简而又简，却蕴含着丰富的意义，与一系列理论讨论和政策实践均密切相关。这里强调的恒等关系，挑战了关于社会福利制度的传统观点，特别是自20世纪80年代以来，受新自由主义经济学影响而形成的政策理念。在笃信涓滴效应的经济学信条和否认社会应该履行再分配功能的政策倾向影响下，福利国家的理论和实践明显向剩余型社会福利模式倾斜。痛感新自由主义政策实践造成的经济、社会和政治恶果，近年来在理论和实践中关于福利国家的认识已经有所转变。但是，只有打破传统的公共财政理念，特别是国际货币基金组织和世界银行、欧盟理事会以及许多国家受新自由主义理念影响而倡导的"紧缩"（austerity）做法以及为财政支出设立的制度约束，才可能在实践中回归正常的轨道。而这就需要把社会福利支出恒等式作为福利国家建设的原则。此外，虽然称之为社会福利支出恒等式，公式中的变量却是按照一定规律，根据经济发展阶段的变化与时俱进的。下面，我们将依据经验事实，结合一般规律和中国面临的特殊挑战，认识这种变化及其政策含义。

三、瓦格纳法则：一般规律和中国现实

在经济学文献中，一个以阿道夫·瓦格纳（Adolf Wagner）命名的典型化事实，被人们广为引述、做出经验检验，并称之为"瓦格纳法则"（Wagner's Law）。这个法则表明，随着人均收入水平的提高，人们对社会保护、反垄断和规制、履约和执法、文化教育和公共福利的需求不断扩大。由于这类公共品通常需要政府承担供给和支出责任，因此，政府支出占GDP的比重显现逐步提高的趋势（Henrekson，1993）。如果说这是个"一般规律"的话，它确实显得过于"一般"了，即把性质不同、目标不一的各种政府职能及其支出，笼而统之地纳入"政府支出"这个概念或项目之中。特别是，政府支出这个财政项目，也包含政府从事经济活动的支出，而此类活动及相应的支出水平，常常由于经济体制在市场化倾向和非市场化倾向上的分野，因时因地而产生显著差异。虽然囿于统计数据的可得性，在经验研究中有时不得不借助这种无所不包的政府支出概念，但是，我们关注的重点，仍然是政府在履行社会保护、社会福利和社会共济等方面的职能及其支出。

相应地，在瓦格纳揭示的政府支出比重随经济发展而提高的相关性之外，前述与福利国家建设相关的理论有针对性地揭示了因果关系，在统计上也可以

通过政府社会福利支出不断提高的事实，特别是以这一支出占GDP比重更狭义地界定和检验瓦格纳法则。下面，我们首先借助图1，在瓦格纳法则的语境下进一步阐释社会福利支出恒等式的含义。该图包含以下几个重要信息。第一，社会总预算曲线从 B_0B_0' 到 B_1B_1' 的移动，表示随着人均GDP和劳动生产率的提高，可用于家庭消费和公共品支出的总预算约束曲线向右上方规律性拓展。第二，（P_1-P_0）表示随着预算约束曲线拓展，全社会在公共品支出上的增加；而（H_1-H_0）表示随着预算约束曲线拓展，家庭消费的产品和服务的增加。第三，在经济社会发展过程中，如果总体上存在着［（P_1-P_0）/P_0 > （H_1-H_0）/H_0］的趋势，就意味着瓦格纳法则是成立的。第四，对预算约束曲线 B_0B_0' 来说，S_0 点意味着未能做到公共品支出的尽力而为，S_1 点意味着未能做到量力而行；对于预算约束曲线 B_1B_1' 来说，S_0 点和 S_1 点都未能做到尽力而为；而对于任何一条预算约束曲线来说，S_2 点都超过了量力而行的限度。

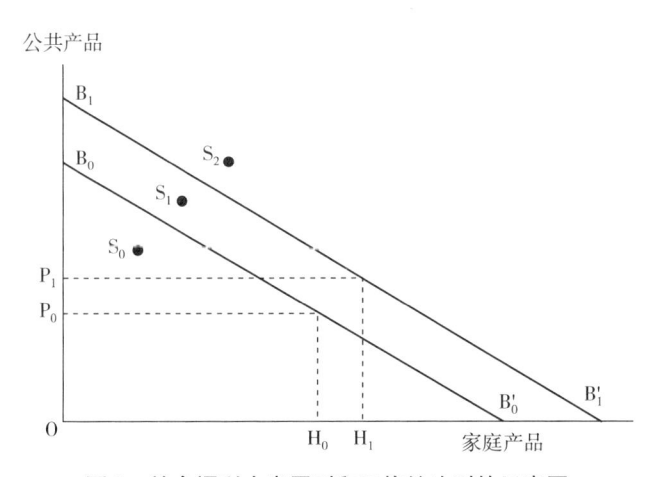

图1　社会福利支出原则和瓦格纳法则的示意图

我们可以利用世界银行和国际货币基金组织数据库中的跨国时间序列数据，从统计上进一步阐述瓦格纳法则（图2）。从瓦格纳法则的原意看，随着人均GDP的提高，政府支出占GDP比重总体呈现提高的趋势（图2A）。不过，这个"政府支出"的内容过于宽泛，共有十个项目，分别为（1）一般公共服务支出；（2）国防支出；（3）公共秩序和安全支出；（4）经济事务支出；（5）环境保护支出；（6）住房和社区生活福利设施支出；（7）健康支出；

(8) 娱乐、文化和宗教支出；(9) 教育支出；(10) 社会保护支出。根据我们关心的支出项目，这里把后五项加总起来，总体可以认为对应着与社会福利相关的支出。观察这五个项目支出占政府总支出的比重，同样可以看到随人均GDP增长而提高的趋势（图2B）。

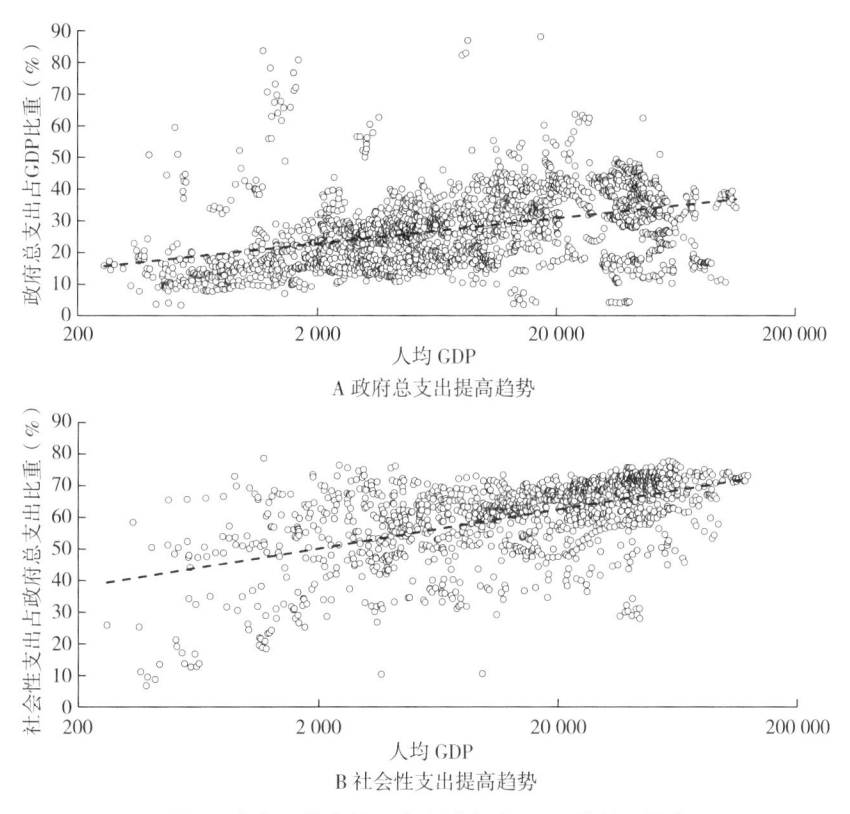

图 2 政府（社会性）支出随人均 GDP 增长而提高

资料来源：世界银行数据库：https://data.worldbank.org/；国际货币基金组织数据库：https://data.imf.org/。

进一步，我们观察在不同经济发展阶段上，政府支出比重和社会福利支出比重的提高呈现什么特点。我们按照人均 GDP 水平把经济体分为以下五组，虽然不完全对应世界银行的收入分组标准，但是总体上可以与之相互参照（Hamadeh et al., 2021）。其中，10 000～12 000 美元区间代表从中等收入到高收入的发展阶段；12 000～30 000 美元区间大体代表跨入高收入阶段后，向中等发达国家行列迈进的发展阶段；30 000～40 000 美元区间大体代表趋近于高收入国家平均收入水平的发展阶段；40 000～50 000 美元区间以及 50 000 美元以上代表极高收入水平的发展阶段。利用世界银行和国际货币基金组织的数据，我们构建了一个非平衡面板数据，使用面板固定效应方法，分别以政府支出占 GDP 比重以及政府社会性支出占政府总支出比重作为被解释变量，把人均 GDP 的对数作为解释变量，分别估算两个比重（百分比）与人均 GDP 的关系。将估计得到的系数除以 10，即得到两个比重对人均 GDP 增长的弹性系数（表1）。

表1 政府（社会性）支出比重对人均 GDP 的增长弹性

人均 GDP（美元）	政府总支出占 GDP 比重	社会性支出占政府总支出比重
10 000～12 000	0.31	0.47
12 000～30 000	0.77	0.59
30 000～40 000	0.73	0.46
40 000～50 000	0.19	0.56
50 000 以上	−0.03	0.29

先来观察发展阶段与政府总支出占 GDP 比重的关系。表1第二列的系数表示人均 GDP 每提高 10%，政府总支出占 GDP 比重提升的百分点。在这里，除了 40 000～50 000 美元以及 50 000 美元以上组对应的系数在统计上不显著外，其他系数均在 1% 水平上显著。再看发展阶段与社会性支出占政府总支出比重的关系。表中第三列表示人均 GDP 每提高 10%，政府社会性支出占政府总支出比重提升的百分点。除了 40 000～50 000 美元组对应的系数在统计上不显著外，其他系数均至少在 10% 水平上显著。

从图2显示的总体图形和表1列出的估算系数均可看到，在瓦格纳法则揭示的一般趋势中，还显现出一个特殊的阶段性表现，即在 12 000～30 000 美元的人均 GDP 区间，政府总支出占 GDP 比重和社会性支出占政府总支出比重的提高速度都快于其他区间。无论是跨国数据分析、国别研究还是中国现实都表明，人均 GDP 处在这个区间的国家，通常刚刚跨过高收入门槛，进而开始为成为中等发达国家并巩固这一地位而努力。相应地，处在这个收入区间的国家，通常面临着共同的发展课题。首先，在促进经济增长与社会发展之间的协调性、缩小与现代化目标差距的过程中，亟待通过补足民生短板，特别是借助再分配手段显著缩小收入差距。其次，在高速增长时期结束后，亟待获得新的增长驱动力。在这个阶段，需要通过企业的进退生死这种创造性破坏机制，才能获得显著的生产率新源泉。拥抱这个创造性破坏机制，同时又不伤及劳动者的基本生活，要求提高社会保护的水平和覆盖率。最后，由于人口老龄化加速和加深，需求侧因素，特别是居民消费对经济增长的制约愈益显著，并成为新常态，需要制度化的社会福利和更有力的民生举措，以居民消费能力和消费倾向的提高保持经济合理增速。

按照"十四五"规划和2035年远景目标的安排，中国预计在2025年之前成为高收入国家，2035年成为中等发达国家。如果从各国数据加总和具体国别分析双重意义上为两个目标确定实现标准的话，可以把世界银行分组标准中的高收入门槛，即人均GDP超过12 695美元作为第一个目标，把跨入全部高收入国家的中间收入组，即人均GDP处于23 000～40 000美元（简单平均值为30 000美元）作为第二个目标。可见，中国未来10～20年的发展恰好处于12 000～30 000美元这个区间。如果说瓦格纳法则是一个具有普遍性的一般规律的话，我们可以从中国现实出发，把人均GDP从12 000美元到30 000美元的提高过程，称为"瓦格纳加速期"，其间需要更大幅度地提高社会福利支出水平。

四、加大社会福利支出的资金保障

如果说瓦格纳法则是一个适用于大多数国家的一般规律、瓦格纳加速期是一个适用于特定发展阶段国家的局部规律，在统计学意义上通常可以形成一个常态模型，大致揭示出一个经济体所处的人均GDP水平应该与何种水平的社会福利支出相对应。虽然本文并不以构造这样一个常态模型为目标，从描述性统计结果仍然可见，相对于达到的发展阶段而言，中国的政府支出占GDP比重以及政府支出中的社会性支出比重均偏低。为了增强所分析问题的目的性，我们把非平衡面板数据中人均GDP处于12 000～30 000美元区间的其他经济体作为参照组，计算相应指标的算数平均值，并与中国的实际水平进行比较。结果表明，2020年中国政府支出占GDP比重为33.9%，而参照组的平均水平为40.4%；中国政府社会性支出占政府总支出的比重为52.4%，参照组的平均水平为62.0%。[①] 可见，无论是以遵循一般规律的要求而言，还是从应对自

---

① 汪德华、李冰冰（2022）按照可比口径整理了中国一般公共预算口径和全口径的功能分类财政支出结构，在国际比较中也得出相同的结论。

身的紧迫挑战来说，在今后10~20年的时间里，中国都有必要加快提高公共社会性支出，即社会福利支出，填补这方面存在的较大缺口。

无论在中国还是各国的相关政策选择和学术研究中，关于扩大政府公共支出的必要性和财政能力可持续性的讨论，都日益成为一个热点。近年来，特别是在应对新冠疫情冲击的时期，各国都出现了摒弃财政紧缩、扩大公共支出以提高社会福利水平的政策倾向（蔡昉，2022）。在这个问题的必要性有了越来越多共识的情况下，更多的讨论集中在"钱从何处来"这样的可行性问题上。经济学界的讨论主要围绕政府是否需要加大预算赤字或维持高负债率。

在相关的讨论中，有三种观点影响较大且针对性较强。下面按照其挑战传统观念的激进程度，由高到低简述。第一种观点来自现代货币理论（MMT）。这一理论的代表人物和积极倡导者斯蒂芬妮·凯尔顿认为，对于发行主权货币的国家来说，政府负债和预算赤字的水平并不是问题。只要把握住不发生通胀这个界限，政府尽可以借助自身的信用创造货币，为必要的公共服务和公共投资买单（Kelton，2020）。第二种观点可概括为"低债务成本说"。奥利维尔·布兰查德观察到，在无风险利率低于经济增长率（即 r＜g）已经成为常态而非例外的情况下，债务可持续性和财政平衡的判别视角也好，现行债务和赤字水平的"红线"也好，都发生了明显的变化。可以由此引申的政策含义是，应该从政府履行职能的必要性，而不是从政府财力的约束性来认识和出台财政政策（Blanchard，2019）。第三种观点可概括为"扩大分母说"。约瑟夫·斯蒂格利茨指出，有两种把债务率维持在可持续水平的途径，分别是通过实行紧缩政策以减小分子，以及通过投资促进经济增长以扩大分母。他认为，前一途径被国际金融危机后的欧盟实践证明是失败的，而后一途径被二战后美国的实践证明是成功的（Stiglitz，2021）。

从根本上说，只要经济总量、生产率和人均收入在提高，旨在提高人民福祉的社会性支出就是必要的，也应该并能够做到水涨船高。特别是，社会福利支出并不是非生产性的，大多数属于对人的投资，因而也就是对未来的投资。从目前的趋势看，人类作为整体为下一代留下的遗产中，缺乏的并不是生产性资本，而是人力资本和自然资本。以特定时间段的起点和终点的对比来表示代际关系，相当于观察在此期间各种形态的资本的存量变化，或者说上一代传递给下一代的遗产。一项包括140个国家数据的研究表明，在1992—2014年间，人均拥有的生产性资本增长一倍，人力资本提高 13%，自然资本则减少了 40%（转引自 Shafik，2021，第 150—151 页）。由此可见，社会福利供给的增加，意味着由国家出面把具有报酬递减性质的生产性资本转化为具有报酬递增性质的人力资本，这种举措既是生产性的，具有可持续性，更突出了经济发展目的和手段的统一。

社会福利供给的资金保障，归根结底在于经济增长、生产率提高和人均收入增加。对于处在瓦格纳加速期的中国来说，大幅度增加社会福利支出并提高其在 GDP 中的比重，依靠的是这个时期的潜在增长能力（供给侧）以及实现潜力的保障能力（需求侧）。据李雪松和陆旸估算（参见中国发展研究基金会，2022，第三章），在 2021—2035 年间，按照中方案和高方案预测的人均 GDP 潜在增长率分别为 4.80% 和 5.15%。根据世界银行数据，在 2006—2019 年间，处在瓦格纳加速期的国家和地区人均 GDP 实际增长率的算术平均值仅为 1.21%，意味着中国在跨越这个区间时，实现社会福利支出的显著增加有雄厚的物质基础作保障。

同时也要看到，由于人口转折点的提前到来，中国经济增长面临着两大新挑战。其一，劳动年龄人口加速减少和人口抚养比加快提高，将为此前估算的潜在增长率打上一个折扣。必由之路是加大改革力度，争取做到"取乎其上、得乎其中"，即按照高方案预测的更高要求，争取实现中方案预测的结果。最紧迫的任务是通过产业和企业层面的资源重新配置提高生产率，以新增长动能替代传统人口红利。既要倚仗市场主体之间的优胜劣汰，又不能让任何个人成为"输家"，这就需要在国家层面加强社会保护。其二，更深度老龄化和人口负增长，使中国经济增长的需求制约成为常态。根据国际经验，特别是日本在人口进入负增长前后的经验，这个时期很容易出现实际增长速度达不到潜在增长率，从而持续存在增长缺口的情形（蔡昉，2021）。为了稳定和扩大社会总需求特别是居民消费，需要显著提高再分配力度，扩大社会福利支出，通过缩小收入和基本公共服务供给差距，创造刺激消费的效应，抵消人口转折点抑制消费的效应。

五、结语和政策建议

从世界和各国的经济发展历程看，福利国家建设是诸多不容回避的发展内容之一，是任何国家实现现代化的题中应有之义。体现不同发展理念的理论流派,对国家发展目标和路径的政策倾向产生了重要影响,相应导致不尽相同的福利国家建设结果,选择不同福利政策及其组合的国家也分别在实践中获益或付出代价。然而,终究还是存在一个代表大多数国家选择倾向的统计规律,被称为瓦格纳法则,即政府支出特别是其中的社会性支出占GDP比重随着人均收入的增长不断提高,直至在很高的收入和福利水平上完成这一建设任务。把这个统计规律对应到中国所处的发展阶段上,表现为作为福利国家建设机会窗口的瓦格纳加速期。中国在成为中等发达国家和基本实现现代化的过程中,福利国家建设的路径固然应该具有自身特色,却不可回避这一任务目标的要求,因此,提高社会福利供给水平和促进共同富裕,两者的目标完全一致。

与此同时,显著提高社会保护、社会福利和社会共济水平,也是应对人口老龄化对经济增长带来的挑战、通过提高居民收入水平和改善收入分配进而稳定和扩大消费需求的现实要求。鉴于通过公共政策制定和社会福利供给进一步分好蛋糕,日益成为继续做大蛋糕的必要条件,确保经济增速保持在合理区间的宏观经济政策,与加快完善社会福利体系的社会政策之间,需要形成密切协同的关系。党的十九大提出幼有所育、学有所教、劳有所得、病有所医、老有所养、住有所居、弱有所扶七个"有所"要求,整体覆盖了基本公共服务的范围,构成一个完整的全民共享型社会福利体系,因而也是中国式福利国家建设的关键领域和优先目标。下面,我们从四个方面概括相关建设领域的目标,尝试阐述七个"有所"的整体要求,体现尽力而为和量力而行两个原则的有机统一,把完善基本公共服务体系的要求与福利国家建设目标以及供给侧结构性改革目标协同起来。

这里不全面阐述这些目标导向的建设领域,只着眼于提出最基本的原则,揭示相关的政策含义。首先,促进人口生育率回升到更加可持续的水平。无论是达到极高人类发展水平之后生育率反弹的国际经验,还是中国仍然存在的特有生育潜力都表明,围绕降低生育、养育和教育成本,以及拓展职业、家庭发展过于拮据的时间和财务约束,社会福利改善具有提高生育意愿和生育水平的决定性效能。其次,从全生命周期入手提升人力资本。面对新科技革命及其引致的产业革命,以及老龄化对增长的严峻挑战,通过延长受教育年限和提高教育质量,显著提升劳动者素质是根本出路。鉴于未来劳动者需要与机器和人工智能竞争就业岗位,人力资本积累既要从娃娃抓起,又要贯穿人的就业生命周期。再次，实现社会保障的充分和全民覆盖。社会福利体系对劳动者的社会保护越充分，创造性破坏机制的作用条件就越成熟，就可以越充分地挖掘生产率提高潜力，进而促进高质量发展。最后，形成积极就业政策升级版。就业是民生之本，旨在促进就业的公共服务以及完善的劳动力市场制度，也是社会福利体系的内涵。实施升级版积极就业政策，需要宏观经济政策、公共就业服务、劳动立法和执法以及企业等各方面的协同，以创造更多和更高质量岗位为目标。

参考文献

［美］W. W. 罗斯托著，郭熙保、王松茂译，《经济增长的阶段：非共产党宣言》，中国社会科学出版社，2001 年。

［美］迈克尔·波特著，李明轩、邱如美译，《国家竞争优势》，华夏出版社，2002 年。

［美］约翰·肯尼思·加尔布雷思著，赵勇、周定瑛、舒小昀译，《富裕社会》，凤凰出版传媒集团、江苏人民出版社，2009 年。

［日］吉川洋著，殷国梁、陈伊人、王贝贝译，《人口与日本经济》，北京：九州出版社，2020 年。

Barber, William J., 2008, *Gunnar Myrdal: An Intellectual Biography*, Houndmills, Basingstoke, Hampshire UK · New York, US: Palgrave Macmillan.

Blanchard, Olivier, 2019, "Public Debt and Low Interest Rates", *American Economic Review*, 109 (4): 1197 – 1229.

Eichengreen, Barry, Donghyun Park, and Kwanho Shin, 2013, "Growth Slowdowns Redux: New Evidence on the Middle-Income Trap", *NBER Working Paper* No. 18673.

Hamadeh, Nada, Catherine Van Rompaey, Eric Metreau, 2021, "New World Bank Country Classifications by Income Level: 2021 – 2022", https://blogs.worldbank.org/opendata/new-world-bank-country-classifications-income-level-2021-2022.

Hansen, Alvin (2004), "On Economic Progress and Declining Population Growth", *Population and Development Review*, Vol. 30, No. 2, pp. 329 – 342.

Henrekson, Magnus, 1993, "Wagner's Law—A Spurious Relationship?" *Public Finance/Finances Publiques*, Vol. 48 (2), pp. 406 – 415.

Kelton, Stephanie, 2020, *The Deficit Myth: Modern Monetary Theory and the Birth of the People's Economy*, New York, NY: Public Affairs.

Keynes, John Maynard (1978), "Some Economic Consequences of a Declining Population", *Population and Development Review*, Vol. 4, No. 3, pp. 517 – 523.

Shafik, Minouche, 2021, *What We Own Each Other: A New Social Contract for a Better Society*, Princeton and Oxford: Princeton University Press.

Stiglitz, Joseph, 2021, "Europe Should Not Return to Pre-pandemic Fiscal Rules", *Financial Times*, 23 September.

Summers, Lawrence H., 2016, "The Age of Secular Stagnation: What It Is and What to Do About It", *Foreign Affairs*, Vol. 95, No. 2, pp. 2 – 9.

Titmuss, Richard, 1974, *Social Policy: An Introduction*, London: Allen and Unwin.

United Nations, Department of Economic and Social Affairs, Population Division (UNPD, 2019), *World Population Prospects 2019: Highlights* (ST/ESA/SER. A/423).

蔡昉,《社会福利的竞赛》,《社会保障评论》,2022 年第 2 期。

蔡昉,《从日本经济表现看"长期停滞"的典型特征》,《日本学刊》,2021 年第 4 期,第 1—14 页。

陈素甜,《经济学界的史怀哲——米达尔》,台北:允晨文化实业股份有限公司,1982 年。

中国发展研究基金会,《中国发展报告 2021/2022:走向共同富裕之路》,北京:中国发展出版社,2022 年。

汪德华、李冰冰,《从单峰到双峰:1953—2019 年中国财政支出结构的大转型》,未发表工作论文。

特稿

Feature

国民财富的演化起源

卡姆鲁尔·阿什拉夫　奥戴德·盖勒　马克·克莱姆普

1. 引言

过去两个世纪见证了全球生活水平的不寻常改变。在数千年停滞期过后，随着工业革命的兴起，世界人均收入迄今已增长了惊人的 17 倍，同时伴随着医疗、教育、财富和主观幸福感的巨大提升。然而，进步果实的分享在国家和个人之间并不平均。尤其是，各个社会从长期停滞到现代持续增长的起飞时机差异导致它们的人均收入水平出现了很大分化。① 在 19 世纪之前，全球不同社会与地区之间的生活水准相差无几，此后却显著拉大，世界上最富裕地区与最贫困地区之间的收入差距扩大至过去的 5 倍。

最近 20 年来出现了一个有影响力的研究领域，试图理解各地区、国家和民

---

* Quamrul H. Ashraf，威廉姆斯学院经济系 Halvorsen 杰出经济学教学与研究讲席教授，主要研究领域为经济增长与发展、政治经济学、宏观经济学、人口经济学、基于行为人的计算经济学。Oded Galor，布朗大学 Herbert H. Goldberger 经济学讲席教授，统一增长理论的奠基人。Marc Klemp，哥本哈根大学经济系助理教授，主要研究领域为经济增长和人口。Ashraf 感谢威廉姆斯学院发展经济学中心对研究的支持。关于人类发展史还可参见我们即将出版的奥戴德·盖勒的新书《人类之旅》。原文"The Evolutionary Origins of the Wealth of Nations"收录在 The Handbook of Historical Economics（Chapter 22），Edited by Alberto Bisin and Giovanni Federico，Academic Press，2021。

① Galor（2011）。

族之间经济发展差异的上述惊人改变的根源。早期研究主要关注导致工业化之后生活水准分化的直接因素，后来的焦点则转向深层、终极的史前因素，它们可能影响自智人物种出现以来的不同发展进程。关注史前潜在影响的许多研究探讨了演化过程对从停滞转向增长的影响，以及人类遗传特性的构成对不同社会经济发展的作用。其中特别强调新石器革命以来的演化选择的意义，以及人类在史前"走出非洲"的迁徙历程如何影响全球各个社会中遗传特性的构成差异。

对于人类演化与经济发展进程相互作用的探讨主要围绕两条基本思路。第一条是分析环境对人类遗传特性演化的影响，以及该演化过程对长期经济发展的作用。这条研究思路的中心假说是：在新石器革命以后，马尔萨斯生存压力是人口规模的主要决定因素，并通过自然选择深刻影响人口构成。遗传特性适应经济环境的个人能够获得更高的收入水平，从而有更多的后裔存活。② 于是，能促进经济增长的遗传特性在人群中的占比逐渐增加，推动了发展进程与现代增长的出现，让演化过程更活跃的部分社群更快地从停滞期跨越到增长期，由此造成了不同社会之间的发展差异。

学者们用演化增长模型仔细检验以上演化过程假说，发现有几种遗传特性可能在马尔萨斯时代获得正向选择，因为它们有利于人力资本培养、技术进步与经济发展。具体来说，这些研究强调了对某些先天倾向的演化选择，例如关注后代的质量而非数量、时间偏好、风险与损失规避、对传染病的抵抗力等，此类遗传特性在人群中的比例增加推动了从停滞向增长的转型。

关于人类演化与经济发展进程之间关系的第二条研究思路，是探讨智人走出非洲的大规模迁徙对人类遗传特性构成的持续效应，包括各个社会从文明诞生之初到今天的不同经济发展历程。这条思路认为，全球各个原生居住地与东非人类摇篮的迁徙距离（以下简称"迁徙距离"）越远，群体中的人际多样性（interpersonal diversity）水平就越低，这对发展造成了持续的驼峰状影响，反映了人际多样性对社会生产率水平既有好处、也有坏处的基本矛盾关系。人际多样性一方面可能削弱个人之间的信任与社会凝聚力，不利于社会生产率改进；另一方面又可能促进创新思想的交流碰撞，推动专业化分工，从而提高社会生产率。由于人际多样性和同质性对生产率的边际效应递减，人际多样性位

---

② 相比之下，由于狩猎采集社会具有平均主义的性质，在新石器革命发生与核心家庭出现之前，社群中的演化选择力量基本处于静默状态。

居中间水平的民族、国家或地区，相比同质性过高或异质性过高的社会，可能获得更高的经济发展成就。

研究发现，人际群体多样性（interpersonal population diversity）确实导致了民族文化异质性提高、人际信任度下降和社会冲突增加，与上述假说的各个基本部分相符。此外有证据表明，人际多样性有利于促进创新活动、职业分化和专业分工。人际多样性似乎还影响了前殖民时代与当代的政治制度。尤其是，虽然多样性可能推动制度发展，以缓和对社会凝聚力的不利影响，却也会带来经济不平等和阶层分化，最终导致攫取性专制制度的建立与延续。

本文将综述有关人类演化过程在经济发展差异中的作用的现有文献。接下来的第2节将探讨环境对人类特性演化的影响（包括对子女养育、时间偏好、损失和风险规避等方面的倾向），以及这些演化过程同长期经济发展的关系；第3节关注智人在史前走出非洲的大迁徙对群体多样性在全球分布的持续影响，乃至对不同社会的经济发展的作用；第4节做简短的总结。

2. 演化过程与从停滞到增长的转型

地理特征影响了人类群体中遗传特性的演化，并给从停滞到增长的转型留下了持久效应。这些演化过程及其对不同国家、地区和民族的偏好与文化特性差异的影响，是理解各个社会之间不平等的关键所在。

环境对人类特性演化的影响以及这一演化过程对经济发展的长期效应，已成为过去20年一个活跃的研究主题。该研究领域的基本假说最早见于盖勒和莫维（Galor and Moav，2002），他们认为在新石器革命之后的时代，马尔萨斯生存压力是人口规模的主要决定因素，并通过自然选择的力量影响着社会的遗传特性构成。遗传特性能适应经济或地理环境的个人，其家族能够获得更高收入，从而在马尔萨斯时代有更多后代存活下来。这样的繁殖成功将使有利于增长的遗传特性在人口中的普遍性逐渐提高，从而推动发展进程，在世界各地加快从停滞转向增长的步伐。

除新石器革命以来的人类演化适应的各种证据外，盖勒和莫维（2002）还指出，由于狩猎采集社会的平均主义性质以及由此导致经济生产特性与繁殖成功率无关，这使得在农业耕种方式与核心家庭出现之前，偏好和文化特性的演化选择力量基本上没有发挥作用。而在走向定居农业生产方式、出现财产权利之后，父母遗传特性与繁殖成功的联系得到加强，演化选择过程随之加快。

本节将回顾演化增长理论，它们探讨了马尔萨斯时代出现的演化力量，并推导出可检验的预测，成为理解发展进程以及从停滞向增长转型的关键。特别是，这些理论考察了不同社会特性的演化，包括对子女质量的倾向、延迟满足的克制能力，以及风险和损失规避倾向等，这些特性在马尔萨斯时代可能出现正向选择，因为它们能促进人力资本培育、技术创新和经济发展，反映了生物与文化力量的作用（Bisin and Verdier, 2011）。[3]从中得出的可检验预测能够把古老的地理和气候特征以及经济发展的不同阶段，同当时人口中的遗传特性的普遍程度联系起来。

2.1 对子女质量偏好的演化

对于人力资本培育、人口结构转型开启、世界经济从马尔萨斯式停滞向持续增长转型的过程来说，为提升子女质量而投资的倾向都是关键所在。

盖勒和莫维（2002）提出了如下假说：在马尔萨斯时代，自然选择导致更重视子女质量而非数量的特性在人群中逐渐变得更为普遍。这一演化过程对人力资本投资的积极影响推动了技术进步，强化了人力资本投资与技术进步之间的相互作用，最终触发了人口转型，加快了向持续经济增长状态的跃迁。不过人口转型的出现又使该演化过程发生逆转，给高生育率、低人力资本投资倾向的个体带来了演化优势，从而限制了长期的人力资本积累与经济增长。[4]

2.1.1 理论

设想在马尔萨斯时代的一个社会中包含两种类型的个人：数量型与质量型。数量型的人把有限资源用于消费和子女抚养，质量型的人则会额外挤出一部分资源用于子女的素质提高（人力资本培育）。

数量偏好对生育率有积极效应，可能产生直接的演化优势，却不利于提高子女的素质、收入和适应性，由此会带来一种演化劣势。相反，质量型的个人有更高的收入，如果他们的质量偏好程度较为合适，就能取得更大的繁殖成功。所以，这一有利于增长的特性会逐渐在人群中变得更普遍，并促进人力资

---

[3] 人类演化与发展进程之间的相互作用可能反映了个人和社会特性的代际传播在文化与基因传播两方面的机制（Bisin and Verdier, 2000, 2001, 2011; Weibull and Salomonsson, 2006; Bowles and Gintis, 2011; Robson and Samuelson, 2011; Sacerdote, 2011; Doepke and Zilibotti, 2014）。

[4] 某些量化分析（Collins、Baer and Weber, 2014）支持了这一假说。

本的培育、人口转型的开启以及向现代增长转型。

然而，在后人口转型时代，随着更高的收入不再转化为更大的繁殖成功，数量型的个人将重新获得演化优势。也就是说，随着技术进步带来收入增长，马尔萨斯生存压力得到舒缓，收入对生育决策的重要性逐渐消失。更重视繁殖数量的内在优势开始占据主导，偏好子女数量的人重新获得演化优势，由此会削弱经济的长期增长潜力。

2.1.2 证据

盖勒和克莱姆普（Galor and Klemp，2019）分析了马尔萨斯环境下重视子女质量的倾向的演化选择结果。利用16—18世纪魁北克近50万人的族谱记录数据库，该研究证实：虽然更高的生育率会带来更多数量的子女，但有趣的是，数量适中的生育率在几代人之后留下的后裔人数却最多，这反映了较低生育率对若干子女质量指标的有益影响，例如婚姻状况和识字率等，从而有利于每个子女的繁殖成功（参见图1）。⑤ 还有，该研究表明在这一时期，演化力量降低了生育率，从而使重视子女质量的倾向在人群中变得更为普遍。

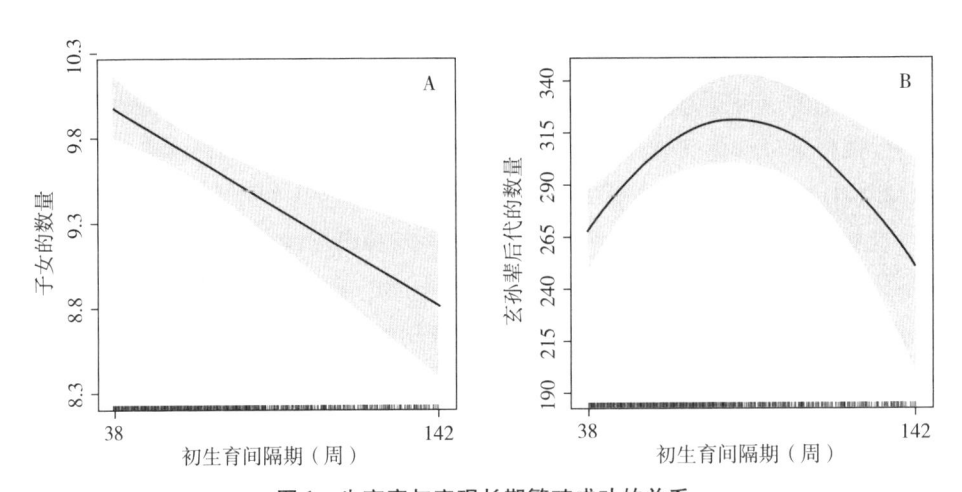

图1　生育率与实现长期繁殖成功的关系

注：本图描述的是，根据3 798个血统来源的生育率函数得出的子女数量（A部分）与玄孙辈数量（B部分），生育率由初生育间隔期（结婚日期同生育第一胎日期的时间间隔）来反向代表。图中的阴影区域代表95%的置信区间，底部的毯状区域代表观测值的分布。

资料来源：Galor and Klemp（2019）。

---

⑤ 利用英格兰在16—19世纪的个人数据，也能发现生育率对子女质量的负面影响（Klemp and Weisdorf，2019）。

有意思的是，魁北克地区在这一高生育率时期的创始人群面临的环境，或许类似于现代智人从非洲迁徙出来后面对的情形，他们定居的新领地的承载能力远远超出创始人群的规模。因此这些发现表明，在马尔萨斯时代高生育率的背景下，例如在新石器革命与定居农业社群形成的时期，演化力量可能对人口构成产生了显著影响，自然演化有利于更重视子女质量的个人，从而推动了人力资本培育、人口转型开启，以及社会从停滞向持续经济增长的转型。

盖勒和克莱姆普（2019）发现的证据支持了盖勒和莫维（2002）关于人口转型之前的马尔萨斯时代的理论预测，有研究（Kong et al.，2017）证实了有关人口转型之后的情形的理论预测。该研究利用1910—1990年出生的冰岛人数据，发现与子女教育成就有关的父母基因变异存在演化劣势。

2.2 时间偏好的演化

重视未来的行为，包括延迟满足的能力与时间偏好贴现率，对增长过程和长期繁荣具有重大意义。注重长远的倾向影响着人力资本与实物资本积累、技术进步与经济增长的速率，被广泛视为各国财富水平的基本决定因素之一。

盖勒和奥扎克（Galor and Özak，2016）拓展了这一假说，用实证研究表明，反映个人特征与社会习俗的注重长远的特性，在人类历史中随着对本地地理环境的适应过程而发生演化。在前工业化时代，有利于提高农作物收成的农业气候特征触发了适应性演化过程，并让人们学会延迟满足，使注重长远的倾向在当时变得更加普遍。根据这一假说，注重长远的倾向在个人、国家和地区之间的差异，源于这些个人和社会的祖居地环境在农业投资上有不同的自然回报。

2.2.1 理论

设想马尔萨斯时代的农民需要在两种利用土地的策略中选择，第一种策略是把整块土地用于采集和渔猎，以获得数量不多但稳定且全年不断的食物供应。第二种策略是只把部分土地用于当前消费，而在其余土地上种植作物。后一种投资策略从长远看会带来更多食物供给，但要求有延迟满足能力，因为需要牺牲短期消费换取未来的更多消费。

该理论认为，在农作物从种植到收获的整个周期中回报较高（日均产出更多）的地区，投资策略的收益会更高。在农作物回报较高的地区，选择种植作物、为将来消费而放弃当前消费的农民会获得更高的收入，并在马尔萨斯时代实现更大的繁殖成功。他们的成功经历将强化自己对延迟满足可带来好处的看法，并把这一强化后的能力传递给子女，使之在社会中传播。于是，延迟满足能力将逐渐在人群中扩散，对增长进程必不可少的这一特性就在此类地区变得更为普遍。

延迟满足能力可以通过生物演化或文化演化的过程扩散。这种特性能带来更高的收入和更多的子女，如果能通过遗传从父母传递给子女，携带者的数量就会逐渐增加，不可避免地在人群中变得更为普遍。此外，延迟满足的能力还可能通过文化演化的过程传播。父母可能会培养子女认识延迟满足的优点，整个社会也可能会模仿因延迟满足而致富的农民，使这一特性在人群中的代表比例变得更为突出。

针对农业投资的自然回报率对时间偏好率的影响，该理论得出了几个可检验的预测。首先，在祖先人群可能获得更高作物产量（在给定生长周期内）的社会，农业投资的成功经历会触发选择、适应与学习过程，逐渐提高注重长远的特性在人群中的普遍性。于是，其祖先人群身处农业投资自然回报率较高环境的个人、国家和地区，应该会有更强的注重长远的倾向。其次，在公元1500年之后，如果某些社会因为适宜的农作物品种增多而受益，得以采纳回报率更高的作物，其注重长远的倾向应该会有所提升。

2.2.2 证据

从种植期到收获期的潜在作物回报水平在全球范围的分布很不平衡，其测算指标是每英亩土地上可以产出的最大日均食物热量。具体来说，欧洲的主要作物（大麦）和亚洲的主要作物（大米）产生的热量几乎是撒哈拉以南非洲主要作物（豌豆）的2倍，且种植期到收获期的长度只有后者的三分之二。与上述理论推测一致，欧亚大陆注重长远的倾向确实达到了撒哈拉以南非洲的3倍。更一般地说，其祖先人群起源于潜在作物热量产出更高区域的个人、国家和地区，通常有更强的前瞻意识。

显然，作物热量回报与延迟满足能力之间的正向关联未必是演化过程的结果，它可能反映了农民的选择，延迟满足能力更强的农民愿意选择需要更长期投资的高热量回报的作物。不过盖勒和奥扎克（2016）的研究表明，与人类耕种行为呈正交关系的农业气候特征反映的潜在热量回报水平，对延迟满足能力施加了正向效应，这再次肯定了地理特征对延迟满足能力的演化产生的影响。

当然，潜在热量回报与延迟满足能力在各地区之间的联系也可能源于个人的选择性迁徙：有能力延迟满足的人迁到适合种植（需要长期投资的）高产作物的地区。不过有研究发现，在哥伦布到达美洲之后，接纳高产的新大陆农作物（例如玉米和土豆）对已经在欧亚大陆各处定居的人群的延迟满足能力产生了显著影响，由此可以弱化选择性迁徙在这一联系中的潜在作用，增强演化机制假说的可信度。

盖勒和奥扎克（2016）开展了一项自然实验，即在哥伦布发现美洲后，由于新旧大陆之间农作物品种广泛交流，所以适宜种植的农作物品种得以增加，这一实验发现，在工业化之前，有利于农业投资回报的气候特征确实促进了选择、适应和学习过程，对注重长远的倾向在当时的普及产生了持续的积极影响（Galor and Özak，2016）。它表明，演化过程在公元1500年之前和之后都在发生。另外，这些农业气候特征对经济行为（包括技术采纳、人力资本培育、储蓄倾向和吸烟习惯等）产生了蕴含于文化中的影响。

上述实证分析具有稳健性，能适用不同样本和不同分析单元，适用于考察不同个人、国家与民族的各种偏好和行为差异，其数据来源包括：欧洲社会调查（European Social Survey，ESS），一般社会调查（General Social Survey，GSS），一个跨国样本——世界价值观调查（World Values Survey，WVS），人类学地图（Ethnographic Atlas，EA），以及标准跨文化样本（Standard Cross-Cultural Sample，SCCS）等。

实证研究由此表明，作物产量通过文化适应过程或许还有生物适应过程影响了人类的延迟满足能力。证据进一步显示，目前在欧洲和美国居住的第二代移民的延迟满足能力与其父辈祖居地的潜在作物产量有更多关联，而非他们自己出生和成长的国家。换句话说，延迟满足能力是由遥远过去发展出来并代际传承的文化特性决定的。

2.3 损失厌恶倾向的演化

企业家精神是现代世界实现经济繁荣的重要决定因素之一。其中一个主要成分，即损失厌恶程度是在人类历史上随着对气候环境的适应演化出来的。损失厌恶的含义是，人们面对同等水平的收益和损失时，认为损失更加令他们难以忍受（Tversky and Kahneman，1991），这种有趣现象的演化起源是我们理解人类行为与经济增长的关键所在。

现有证据表明，马尔萨斯时代的人均资源接近维持生存的消费水平，所以在这一时期，受到重大负面临时生产率冲击的人的血统会灭绝，而遇到有利气候环境的人则只能获得暂时的更大繁殖成功。也就是说，不利的气候条件可能导致整个群体走向灭绝，而有利的气候条件只能带来临时的生产率收益，以及小幅且短暂的繁殖成功。

不利气候波动可能造成灾难性后果，使得从演化角度看，最小化损失成为占优策略，哪怕会因此失去潜在预期收益。所以在今天，相比同等程度的收益，人们更看重损失，这种倾向或许是自然本能的反映，它形成于历史上的演化进程，当时的损失经常给群体造成灭亡威胁。

盖勒和萨维茨基（Galor and Savitskiy，2020）探讨了损失厌恶倾向的起源，及其在不同地区、国家和民族中的普遍性差异。该研究提出并实证分析了如下假说：损失厌恶倾向的历史演化可以追溯到基本生存消费属于硬约束的时代，人类需要适应气候冲击给繁殖成功带来的非对称影响。在气候类型更为丰富、气候冲击的空间相关性较小的地区，演化过程导致较低的损失厌恶倾向在当时变得更为普遍。

2.3.1　理论

设想在马尔萨斯时代，处于基本生存消费约束边缘的人们有着连续变化的损失厌恶程度，他们考虑在两种农业生产模式中做出选择：谨慎型与风险型。谨慎型生产模式对气候条件不敏感，可以保证基本生存消费水平和一个后代存活。风险型生产模式容易受气候波动影响，但能得到高于基本生存水平的预期消费以及高于替代率的预期繁殖水平，当然在遭遇不利气候条件时也可能导致灭绝。

从事前看，损失厌恶型个人会选择谨慎型生产模式，以确保基本消费和繁殖成功，尽量减小导致家族灭绝的灾难性风险。相反，损失中性的个人会选择风险型生产模式，预期回报更高，繁殖更为成功，但灭绝风险也更大。

在容易遭受总体生产率冲击的马尔萨斯环境中，从事风险型生产的损失中性的个人最终会受到灾难性气候条件的影响，走向灭绝。因此在这种环境中，损失厌恶的特性以及选择较为谨慎的生产模式会在自然选择中占据优势，在长期中成为人群中的主导力量。

然而在容易发生特质性冲击的马尔萨斯环境中，尽管损失厌恶的特性仍会使每个人的生存概率最大化，但某些损失中性的家族会遇到较长的有利气候条件，从而获得大得多的繁殖成功，最终在长期成为人群中的主导力量。

关于损失厌恶倾向差异的气候根源，该理论可推导出两个可检验的预测。从理论上看，起源于气候冲击的空间相关性更强、更具总体冲击特征地区的个人与社会应该有更高的损失厌恶程度。相反，祖先起源于气候类型更丰富的地区的人群会表现出更高程度的风险中性。

2.3.2 证据

基于历史气候数据、损失厌恶程度调查与实验数据的实证证据为上述理论提供了支持。有关研究考察了地区之间遭受气候冲击的脆弱性差异，以及在哥伦布发现美洲的过程中出现的外生变化，发现源自气候差异度较高地区的个人与民族具有更高的损失中性倾向，源自气候条件空间相关度较大地区（使气候冲击更具有总体性特征）的人群则具有更高的损失厌恶倾向（Galor and Savitskiy，2020）。这些发现对分析中采用的不同样本以及不同分析单元（个人、民族或者国家）都具有稳健性。

引人注目的是，人们即使在离开祖居地以后，仍会保留原来的损失厌恶倾向。例如，在欧洲和美国出生的移民家庭的儿童中，损失厌恶程度更多反映了其父母原籍国的气候特征，而非他们自身出生与成长地的气候、制度或者经济激励特征。也就是说，决定个人损失厌恶程度的关键因素是其祖居地的气候条件，以及这些历史因素在千百年中对文化特性的演化及代际传承发挥的作用。

2.4 其他演化过程的原因与后果

2.4.1 企业家精神的演化

盖勒和米哈洛普洛斯（Galor and Michalopoulos，2012）分析了企业家精神与长期经济发展进程的共同演化，显示对创业特性的达尔文式选择可能在经济发展进程中发挥了显著作用，并影响各个社会内部及之间的不平等变迁。该研究认为，企业家精神在人类历史中呈现非单调变化，在早期发展阶段，能容忍风险、促进增长的特性具有演化优势，它们在人群中的代表性逐渐提升，由此加快了技术进步以及经济发展的速率。但是在成熟的发展阶段，风险规避的特性获得了演化优势，由此削弱了发达经济体的增长潜力，导致各国的经济增长趋同。

该理论的预测得到了近期研究（Bouchouicha and Vieider，2019）的佐证，学者们发现，在早期发展阶段，风险容忍倾向与子女数量正相关，在后期发展阶段负相关，表现为风险容忍度对生育率的影响与各国的人均收入水平呈负相关。此外，该研究还发现风险容忍倾向在较为富裕的社会中更少见，同样符合上述理论的推测。

2.4.2 身体特性与生物特性的演化

盖勒和莫维（2007）考察了人类对传染病的抵抗力在全球范围有差异的演化起源。该研究猜想并通过实证分析确认：与新石器革命有关的社会经济转型触发了一个演化过程，给人类的抗病力施加了正向选择压力。其结果便是，不同社会参与这一演化过程的历史长度存在差异，表现为进入定居农业的时间不同，这可能显著影响了当今人类寿命的全球分布。库克（Cook，2015）进一步分析了这一演化过程同人类白细胞抗原系统中的群体内基因多样性水平的关系。

在相关研究中，拉格洛夫（Lagerlöf，2007）发现，在马尔萨斯时代，与技术进步和人口增长有关的资源消耗可能导致繁殖优势从大体型向小体型转变，从而带来人类体重长期变化趋势的内生逆转。⑥

2.4.3 屏障效应

不同社会与地区之间的演化过程可能促进了它们在文化与生物上的分化，给各国和各地区之间的发展传播制造出生物文化和制度屏障。

对于文化和生物分化带来的"屏障效应"，斯波劳雷和瓦克齐亚格（Spolaore and Wacziarg，2009）开创的研究领域建立了一个简化模型，表明各社会两两之间的遗传距离（F_{ST}）对人均收入、技术采纳、制度质量及其他指标的差异产生了影响。该指标主要反映的是两个社会从共同祖先群体分化出来的时间，以及因为文化和基因偏离因素、差异选择、不同的基因-文化共同演化，相互之间的文化和生物差异在此期间逐渐累积起来（Spolaore and Wacziarg，2014）。⑦

2.5 新石器革命以来遗传特性的演化过程

现有科学发现表明，一个人群内部的遗传特性构成在人类历史中演化得极快，另外自新石器革命启动以来，人类的各个群体中出现了不同的演化过程，

---

⑥ Dalgaard and Strulik（2015，2016）探讨了人类生理状态与经济发展水平的长期共同作用机制。
⑦ Becker、Enke and Falk（2020）利用两两遗传距离作为不同社会之间时间分化的测算指标，发现了遗传距离同经济偏好、风险规避以及有利于社会的利他主义、互惠和信任精神的联系。

从而证实了演化增长理论强调的演化力量的本质与强度。[8] 从狩猎采集向定居农业转型，明显触发了某些基因位点的选择过程，涉及皮肤色素沉积、对传染病的抵抗力、身高与饮食等。因此，各地区进入新石器转型过程的不同时机造成了不同人群在遗传特性构成上的差异。

欧洲与近东地区的人群中出现乳糖耐受性，是因为他们在新石器革命中较早驯化了产奶的动物，相反在更晚接触这些驯化动物的地区，至今仍然有更大比例的成年人患有乳糖不耐症（Bersaglieri et al.，2004；Burger et al.，2007；Tishkoff et al.，2007）。类似的是，镰状红细胞带来的天然疟疾免疫力在非洲人群的后裔中非常普遍，其祖先很早开展的农业给蚊虫提供了繁殖沃土，带来很高的疟疾发病率。而在没有开展早期农业的人群的后裔中，这种遗传特性则较为缺乏（Livingstone，1958；Wiesenfeld，1967；Tishkoff et al.，2001）。

另外，学者们对生活在公元前6500～前300年的古代西部欧亚大陆人与如今欧洲人的基因做了对比研究，发现在新石器革命后，由于人口密度增加以及传染病相应变得普遍，自然选择明显对适应性免疫力有利。乳糖耐受性、较低的血浆甘油三酯、维生素D调节器等特性获得了选择优势，以抵御从狩猎采集向农业食谱过渡造成的麦角硫因缺乏。在世界某些地区，较浅的肤色沉积以及较浅的眼睛颜色（程度较轻）是强烈的正向选择的结果，新石器早期迁往南部欧洲的人群面临身高降低的选择压力，而最终迁往欧洲北部的草原人群则面临身高增加的选择压力（Mathieson et al.，2015）。[9]

3. 发展差异研究中的"走出非洲"假说

3.1 主要假说

关于发展差异深层原因的一类新兴研究提出了如下假说：当代各社会的祖先人群与东非人类摇篮之间的迁徙距离，影响了人际多样性在世界范围的分

---

[8] Voight et al.（2006）发现，人类基因组中大约有700个区域的基因位点似乎在过去5 000～10 000年间被自然选择改造。另有报告称大约5 800年前，人类出现了ASPM基因（在智人血统中影响大脑容量的特定调节器）的变异，并在强烈正向选择影响下成为高频现象（Mekel-Bobrov et al.，2005）。其他研究同样记录了近期人类适应性演化的证据（Sabeti et al.，2006；Hawks et al.，2007；Nielsen et al.，2007）。

[9] 与新石器革命无关，自然选择还导致藏族人出现了血红蛋白调节的高原适应性，使其携带者能够在低氧环境中生存（Simonson et al.，2010）。

布，给发展造成了持续的驼峰状效应，反映了多样性对社会生产率水平有益与有害影响的权衡关系。⑩

该研究领域始自阿什拉夫和盖勒（Ashraf and Galor, 2013a），他们指出人际多样性可能对总体生产率有方向相反的不同效应。多样性可以拓展个人特性的范围（包括技巧、能力与问题解决方法等），推动专业分工，激发创造性活动中的思想碰撞，加速对变化的技术环境的快速适应，从而促进经济发展。反过来，多样性也会扩大个人价值观、信仰、偏好与社会交往倾向的谱系范围，从而削弱相互信任与社会凝聚力，导致社会冲突和公共品供给效率下降，对经济发展不利。

所以，只要多样性与同质性对生产率的有利效应存在递减现象，人际多样性程度就理应会对经济发展造成驼峰状影响。具体来说，相比过于同质或者异质的社会，多样性水平适中的民族、国家或地区预计会有更高的经济发展水平。

3.2　世界人口密度差异的起源

解剖学意义上的现代人类从非洲摇篮扩张的过程，给人际多样性水平在全世界不同群体中的差异留下了深远而不可磨灭的印迹。根据广为接受的"走出非洲"的人类起源假说，人类这一物种于大约30万年前在东非演化成解剖学意义上的现代形态，于距今约9万到7万年前开始分阶段迁徙历程，直至遍布全球各地。图2大致描述了人类走出非洲这一史前扩张过程的路线。

走出非洲的迁徙过程本质上决定了在更远离非洲的地区定居的群体，其多样性程度会更低。具体来说，存在一种与图2描述的情形类似的顺序奠基者效应：由于人类向世界其他地区的空间扩张是通过一系列独立步骤发生的，在每个步骤中，都有一个子群体离开父辈群体，去更远的地方建立新领地，由此只带走了父辈群体的一部分遗传特性。因此，如今在各个本地群体中观察到的多样性水平，均随着他们祖先与东非的迁徙距离增加而递减（参见 Harpending and Rogers, 2000；Ramachandran et al., 2005；Prugnolle、Manica and Balloux, 2005；Ashraf and Galor, 2013a）。

---

⑩　本节的讨论部分参考了如下成果：Ashraf and Galor（2018）及 Arbatlı et al.（2020）。

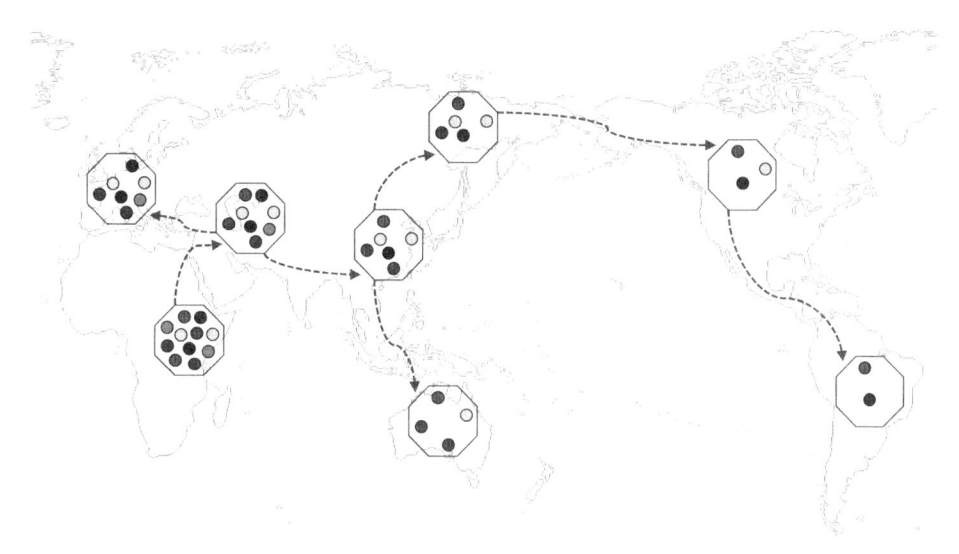

图 2　走出非洲的迁徙历程及其相关的顺序奠基者效应

注：本图描述了智人走出非洲的迁徙状况，及其对人际群体多样性分布的影响。在每次对外迁徙事件中，离开的（奠基者）群体都只带走了父辈殖民体的一部分多样性，表现为奠基者群体的某个遗传特性的不同变异减少。图中的虚线代表大致的迁徙路径，小圆圈代表特定遗传特性的变异。

资料来源：Ashraf and Galor（2018）。

对应上述从东非起源的古代人群的瓶颈链条，图 3 的散点图描绘了迁徙距离对人与人之间基因多样性的影响，其中参考了人类群体遗传学研究文献涉及的全球 207 个代表性民族（Pemberton、DeGiorgio and Rosenberg，2013；Arbatlı et al.，2020）。⑪ 根据人类群体遗传学的研究，这些民族都属于目前所在地理位置上的本土居民，并在基因漂流上大致与其他民族分开。这些民族的空间分布参见图 4。

为测算给定人群（如一个民族）中人们的基因构成多样性，群体遗传学采用了一种名为期望杂合度（expected heterozygosity）的指标，反映从人群中随机挑选出来的两个人在给定遗传特性范围内彼此不同的概率。具体做法是，首先根据给定遗传特性的不同等位基因或变异在人群中的占比，构建特定基因的期望杂合度指数，即随机选出的两个人在给定遗传特性上存在差异的概率。

---

⑪ 这 207 个民族的样本包含 Pemberton、DeGiorgio and Rosenberg（2013）的数据库的全部观测值，可以对应不同的民族祖居地，但不包括南美洲的苏芮人（Surui），他们被群体遗传学视为期望杂合度测量中极为特殊的例外（Ramachandran et al.，2005）。另外，即使把这一例外群体纳入样本，也不会改变结论的性质。

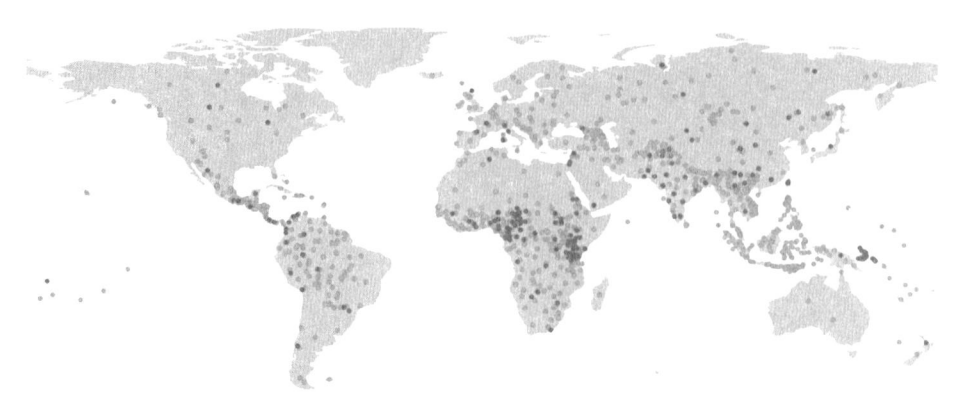

图3　可获得群体多样性观测数据或预测数据的民族的全球分布状况

注：本图描述了群体多样性有观测数据或预测数据（根据迁徙距离测算）的民族在全球的分布状况。图中每个点代表一个民族的历史原生地的几何重心。深色点代表有观测数据的民族，浅色点代表有预测数据的民族。

资料来源：Arbatlı et al.（2020）。

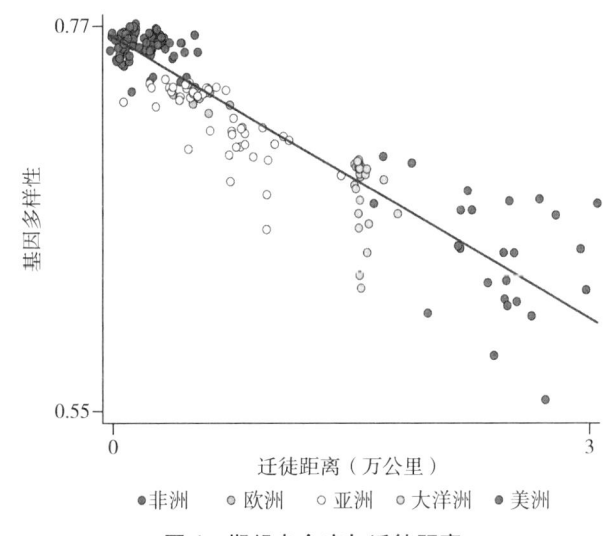

图4　期望杂合度与迁徙距离

注：本图描述了迁徙距离对期望杂合度的负面影响，以207个民族样本为基础，数据来自Pemberton、DeGiorgio and Rosenberg（2013）。

资料来源：Arbatlı et al.（2020）。

接下来通过测算大量基因或基因位点的杂合度，得出各基因位点的平均杂合度水平，即该人群的总体期望杂合度。因此，一个群体的期望杂合度 H_{exp} 的测算公式为：

$$H_{\exp} = 1 - \frac{1}{m}\sum_{l=1}^{m}\sum_{i=1}^{k_l}(p_i)^2$$

其中，m 是考察的基因或基因位点的数量，k_l 是基因 l 自然产生的变异或等位基因的数量，p_i 是基因 l 的等位基因 i 在人群中的代表比例或出现频率。

群体遗传学在测算地理上的本土民族的期望杂合度时，采用了名为微卫星的特定类型基因点位的等位基因出现概率的数据。此类基因位点处于人类基因中的非蛋白质编组区域（即不会直接产生表型表达的区域），被视为具有选择中性的特点。在考察人际多样性如何影响不同人群的社会经济发展成就时，该测算指标具有一个关键优势：不会被在走出非洲之后作用于各人群的自然选择因素的任何未观察到的差异干扰，而这些潜在差异可能遮蔽祖先的顺序奠基者效应预测的关联关系。还有，差异选择及其背后的作用因素也可能影响社会经济发展成就，使我们难以识别人际多样性与社会经济发展之间的因果关系。

无论如何，要在理论上对社会经济发展成就产生影响，需要将中性遗传多样性的测算指标作为有效代理变量，用以反映表型表达特性和行为表达特性的多样性。事实上，来自体质人类学和认知人类学的大量证据显示，群体内的各种形态多样性与认知多样性在世界范围内确实存在起源于东非的古老顺序奠基者效应（Henn、Cavalli-Sforza and Feldman，2012），包括与颅骨特征（Manica et al.，2007；von Cramon-Taubadel and Lycett，2008；Betti et al.，2009）、牙齿特征（Hanihara，2008）、骨盆特征（Betti et al.，2013）、产道特征（Betti and Manica，2018）等有关骨骼特性的人际多样性，以及语言音素多样性（Atkinson，2011）等。[12] 下节的论述将指出，研究表明，采用祖先人群的迁徙距离作为预测群体多样性的代理变量，确实可以反映表型表达特性与行为表达特性的人际多样性对社会发展的潜在影响（Ashraf and Galor，2013a，2018）。关键在于，根据基因与文化共同演化及代际表观遗传的观点，群体多样性产生的社会经济影响有可能反映了"自然"与"培育"两方面特性的人际多样性的作用，以及这二者之间的相互作用。[13]

---

[12] 还有，通过考察物质文化中包含的功能标记反映的群体内部多样性，学者发现了与人类在波利尼西亚群岛的最初扩张有关的顺序奠基者效应（Rogers、Feldman and Ehrlich，2009）。

[13] 例如，有学者引入"遗传培育"的概念（Kong et al.，2018），指出与父母教育成就有关的父母基因型会影响子女的教育成就，即使后者并没有携带相关的等位基因变异，这表明原本来自"自然"的遗传特性可能通过"培育"机制实现代际传递。

走出非洲的史前扩张历程除导致人类社会内部的人际多样性在世界各地呈现差异之外，还对社会之间的遗传分化程度产生了深远而持久的影响，后者在群体遗传学中采用名为 F_{ST} 遗传距离的指标测算。该指标反映的是：对任何两个人群，其综合遗传多样性中没有被相应的期望杂合度的群体加权平均值解释的部分。人群 i 和人群 j 之间的 F_{ST} 遗传距离由如下公式得出：

$$F_{ST}^{ij} = 1 - \frac{\theta_i H_{exp}^i + \theta_j H_{exp}^j}{H_{exp}^{ij}}$$

其中，H_{exp}^i 和 H_{exp}^j 分别是人群 i 和人群 j 的期望杂合度指数，θ_i 和 θ_j 分别是人群 i 和人群 j 在合并人口中的占比，H_{exp}^{ij} 是 i 和 j 共同组成的群体的期望杂合度。

随着各个群体在走出非洲的迁徙历程中逐渐分化，由 F_{ST} 遗传距离反映的群体之间的剩余遗传差异会因为如下因素而增加：（1）各个群体内部随着时间推移发生的随机变异，它会导致基因漂移；（2）不同的最终栖息地在环境决定的选择压力上存在差异。特别是，由于两个群体之间的迁徙距离部分反映了他们从共同祖先群体分化出来的时间长度，而且他们在后来相互建立联系的概率也随这一距离增加而减小，走出非洲假说的一个直接后果就是，两个群体的遗传距离随着他们之间的迁徙距离增加而扩大。图 5 利用选择中性的遗传标记（只反映随机变异导致的基因漂移的距离）测算的 F_{ST} 遗传距离，以散点图描述了各对群体之间的"距离隔离"导致的上述关系，其中包含 53 个民族的样本（研究数据来自 HGDP-CEPH Human Genome Diversity Cell Line Panel；Cann et al.，2002；Ramachandran et al.，2005；Ashraf and Galor，2013a）。

3.3 预测群体多样性

3.3.1 国家层面的测算与识别

由于缺乏国家层面群体的人际多样性测算，民族层面的测算也很罕见，我们可以利用各个祖先人群的迁徙距离，及其同可观测遗传特性的人际多样性的强烈负相关，生成一种指数，以反映各个国家、地区或民族的群体多样性水平。具体来说，根据图 3 显示的联系，一个本土人群的人际多样性水平可以根据其祖先的迁徙距离预测。下文的讨论将为此提供更清晰的介绍。

测算国家层面的人际多样性的一个简单方法，是借助群体遗传学者的测

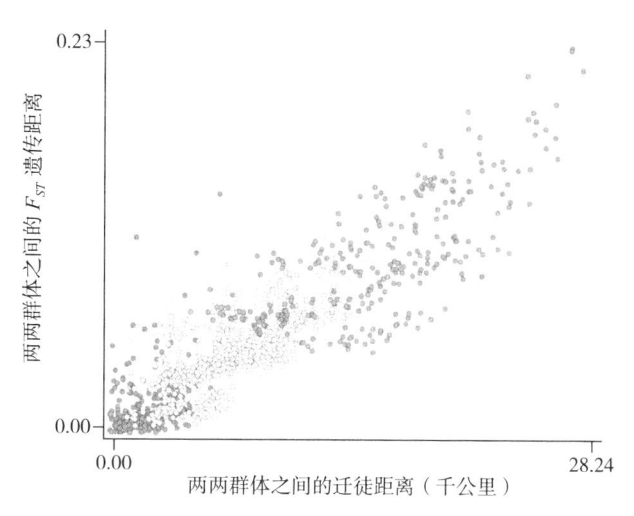

图5　两两群体之间的 F_{ST} 遗传距离与迁徙距离

注：本图描述了两两群体之间的迁徙距离对遗传距离的正向影响，来自53个民族（HGDP-CEPH Human Genome Diversity Cell Line Panel）的1 378个配对群体。黑色点代表两个民族归属世界同一地区（如都来自非洲、中东、欧洲、中亚和南亚、东亚、大洋洲、美洲）。浅灰色点代表两个民族归属世界不同地区，但都不包括大洋洲或者美洲。深灰色点代表两个民族归属世界不同地区，且至少一个来自大洋洲或者美洲。

资料来源：Ashraf and Galor（2013a，2018）。

算，把观察到的国内各个民族的期望杂合度指标简单加总。然而，这一方法存在某些重大缺陷。第一，虽然有已观测群体多样性（observed population diversity）的民族具有全球代表性，在空间上遍布世界各个大陆和地区，却只跨越一部分国家。因此，这一简单方法只能对有限的国家样本得出已观测群体多样性。第二，对一国人口中各个民族的期望杂合度做简单（或人口加权）平均，并不能反映各民族两两之间的生物文化距离带来的其他多样性。此问题在新大陆尤其突出，那里各国人口中包含的各民族，其祖先来自地理上相距遥远的各个地区。第三，已观测群体多样性与民族层面的社会经济发展成就的潜在内生联系意味着利用这一简单测算方法可能使国家层面的多样性测算受到反向因果关系或者被遗漏变量的干扰。

为克服样本局限、对中性遗传标记的依赖，以及在简单方法下采用可观测群体多样性的内生影响，阿什拉夫和盖勒（2013a）开创的研究领域采用了如下策略，以利用迁徙距离对世界各民族的期望杂合度差异的强大解释力（类似于图3描述的情形）。具体来说，第一步是利用HGDP-CEPH样本中的53个民族的期望杂合度对迁徙距离的回归系数，针对世界各地的所有前殖民社会，根据它们在公元1500年时所处的地理位置，得出一个已预测人际多样性指标。[14] 这里的关键是，在发现新大陆与殖民时代重大洲际移民行动之前，历史上的各个社会所处的地理位置基本上反映了他们的祖先人群在史前走出非洲的迁徙行动结束时最终抵达的地方，所以，前殖民社会的多样性应该主要取决于源自东非的顺序奠基者效应。下一节还将阐述，与远古时期走出非洲的迁徙路线有关的距离外生性意味着，已预测群体多样性（predicted population diversity）的这一指标更适合用来识别人际多样性对前殖民时代各社会经济与制度相对发展水平的影响。

但无论如何，为识别多样性对现代世界各国经济发展与社会政治制度差异的影响，我们有必要为已预测群体多样性构建一个指标，包含现代各国人口中多个民族祖先带来的其他多样性，反映过去500年左右的大规模跨洲与跨地区移民。因此，阿什拉夫和盖勒（2013a）设计了现代国家人口的多样性预测指标，其测算基础包括：（1）各民族在一国人口中的代表比例；（2）每个民族自身的群体多样性，由其祖先的迁徙距离预测得出[15]；（3）这些民族之间的两两生物文化距离，由各自祖先人群之间的迁徙距离预测得出。

具体而言，根据之前对F_{ST}遗传距离的定义，设想某个现代国家的人口包含两个民族，其祖先来自A和B两个不同地理位置，则该国人口的总体多样性水平可计算如下：

$$\widehat{H}_{\exp}^{AB} = \frac{\theta_A \widehat{H}_{\exp}^{A}(d_A) + \theta_B \widehat{H}_{\exp}^{A}(d_B)}{1 - \widehat{F}_{ST}^{AB}(d_{AB})}$$

其中，对于$i \in \{A, B\}$，$\widehat{H}_{\exp}^{i}(d_i)$代表祖居地为$i$的期望杂合度水平（即该群体在前殖民时代的已预测群体多样性），由迁徙距离d_i预测得出，θ_i是在公

---

[14] 利用更新和更大的数据库（来自Pemberton、DeGiorgio and Rosenberg，2013），而非HGDP-CEPH样本，也能得出基本一致的结果。

[15] 这些次国家群体（subnational group）在人口中所占比例的数据来自Putterman and Weil（2010）的"1500—2000年世界迁徙矩阵"（World Migration Matrix，1500-2000），该数据库包含每个国家在公元2000年的人口中，祖先来自公元1500年的其他国家的各个人群所占的比例。

元 1500 年之后的殖民时代从地点 i 迁移来的民族在该国人口中的占比。此外，$\hat{F}_{ST}^{AB}(d_{AB})$ 是地点 A 和 B 之间的迁徙距离预测的生物文化距离，利用类似于图 5 的回归线的对应相关系数计算得出。实际上，由于现代国家的人口构成通常远不止两个民族，上述步骤需要针对国家人口中的大量组成民族做反复运算。

现代国家人口的群体多样性测算既包含民族内多样性，又包含民族间距离，使它在识别群体多样性对各国现代经济发展与社会政治制度差异的作用上非常有价值。相比之下，试图反映各国人口中民族分化（ethnic fragmentation）程度差异的其他常用多样性测算指标，通常没有利用各国人口中不同民族语言群体所占比例之外的信息，也就是说，它们隐含地假设这些民族具有内部同质性，并且相互之间的生物文化距离都相等。⑯ 而利用合理外生迁徙距离（各国祖先人群与东非之间及相互之间的迁徙距离）来预测民族内部的多样性和民族间的距离，除考虑了民族内的多样性及相互距离外，还可以帮助识别各国人口多样性对当代发展成就的影响，甚至适用于各组成民族的已观测期望杂合度与 F_{ST} 遗传距离没有现成数据的国家。

还有，由于公元 1500 年以来的跨地区移民以及各国人口中的民族比例可能受发展和长期空间格局冲突的影响，现代各国人口的多样性对其社会发展成就或许具有内生关系。为解决此问题，该研究领域的某些论文采用了如下两种实证策略。第一种策略是把实证分析局限于归属旧大陆（非洲、欧洲和亚洲）的国家样本，这些国家的人口多样性主要反映了远在殖民时代之前就生活在那里的土著人群的特征。这一策略基于如下现象：旧大陆自公元 1500 年后的人口流动并未导致过去彼此相距遥远的群体显著混合。第二种策略则是利用一个两阶段估计量来考察具有全球代表性的国家样本，把某个国家的史前土著人群的迁徙距离作为其现代国家人口多样性的工具变量。该策略的基础是识别如下假设：一个国家的史前土著人群的迁徙距离对该国当代全体人口的经济和社会政治发展成就可能是外生因素。

---

⑯ 对民族分化的更精细的测算指标，例如（1）反映"文化多样性"的 Greenberg Index（来自 Fearon，2003；Desmet、Weber and Ortuño-Ortín，2009）；（2）民族语言极化指数（来自 Desmet、Weber and Ortuño-Ortín，2009；Esteban、Mayoral and Ray，2012），该指数包含了两两之间的语言距离，而这一语言亲近度在层级语系树中随任何两种语言之间的共同分支数量而单调增加。然而，此类信息受制于层级语系树的性质，位于相同分支层级的语言必然有着相同的距离。

3.3.2 民族层面的测算与识别

关于群体多样性对经济发展与社会政治制度差异的作用的研究项目，在考察群体多样性与民族层面的经济、政治与社会成就的联系时，采用了多种策略来减轻反向因果关系、被忽略的文化地理与人类特征以及分类选择偏向的干扰。在人类发展历史上，不同民族的经济发展成就和内部冲突频率的差异可能改变了这些民族内部观测到的人际多样性。因此，某个民族已观测的群体多样性与群体生产率或内部冲突频率的联系，可能部分反映了反向因果关系。此外，民族层面的这些联系可能部分受到被忽略的文化、地理或人类特征的影响。为缓解这些潜在疑虑，该研究领域的实证分析利用当代本土民族的已观测群体多样性与迁徙距离之间的强烈负相关——这源自之前强调的古老顺序奠基者效应（Harpending and Rogers, 2000; Ramachandran et al., 2005; Prugnolle、Manica and Balloux, 2005; Ashraf and Galor, 2013a）——为具有全球代表性的900多个民族样本的已预测群体多样性构建了一个指标。

当然，仍有几种场景可能从理论上削弱这一方法的可信度。首先，走出非洲的选择性迁徙或者在古代迁徙路径上发生的自然选择都可能影响人类特性，造成民族层面的发展成就与迁徙距离对人类特性之多样性的影响无关。迁徙距离虽然与人类遗传特性的多样性显著负相关，但与一个群体特性的平均水平似乎无关，例如身高、体重、皮肤反射水平等，后者更多取决于和赤道的距离（Ashraf and Galor, 2013a）。其次，迁徙距离可能与重要历史位置（如技术前沿所在地）的距离有关，因此可能通过发展过程与冲突事件中的其他距离产生影响，而不是通过影响群体多样性来发挥作用。不过在考虑了迁徙距离之后，研究发现与公元1年、1000年和1500年的技术前沿地区的距离并没有从根本上改变已观测群体多样性对群体生产率或内部冲突水平的影响（Ashraf and Galor, 2013a; Arbatlı et al., 2020），从而进一步证实，可以利用与走出非洲的迁徙历程有关的顺序奠基者效应，来识别群体多样性对民族层面各种发展成就产生的影响。

还有，如果走出非洲的实际迁徙路径与地理特征（例如土地质量、崎岖程度、气候条件、贸易条件等）有关，那么这些特征可能直接影响创新活动与内部冲突，从而给识别带来麻烦。当然，这要求有利于发展成就的地理因素与走出非洲的主要迁徙路径保持一致，只要每个主要迁徙分叉都源自这条主要迁徙路径。具体而言，这要求在迁徙路径的几个关键分叉处（例如肥沃新月地带以及与之相关的向东迁往亚洲和向西迁往欧洲），有利于发展的地理因素的影响必须沿着分开的次级迁徙路径对称地递减，而这在现实中不太可能出现。总之，本研究领域的分析表明，在考虑到民族祖居地、空间依赖等若干带来干扰的潜在地理特征，以及未观察到的非时变地区间差异之后，已预测群体多样性对民族发展成就的影响的性质未受影响，由此识别出了世界同一地区不同民族的人际多样性与发展成就之间的相关性。

我们观察到的群体多样性与民族发展成就的相关性，还有可能是因为把不够多样化的群体划分为地理上的微小单元，他们爆发冲突的风险较低，但也不太有利于促进创新活动。这种划分虽然不会否认群体多样性同冲突或创新活动之间存在正相关，却会削弱对这些相关性的理论解释。不过，这种划分要求事前的冲突风险与创新潜力的空间分布必须与迁徙距离负相关，导致冲突或创新的地理特征也必须与走出非洲的主要迁徙路径、每个主要分叉以及次级路径都负相关。这些要求在本质上极不可能实现，但学者们仍然考虑了各民族祖居地的一系列地理特征的异质性、空间的自相关关系以及世界各地的地区固定效应，从而进一步减轻划分更小单位造成的干扰问题。

3.4 实证发现

3.4.1 各国的群体多样性与相对发展成就

阿什拉夫和盖勒（2103a）借助国家层面的人际多样性测算数据，实证分析了多样性水平对社会生产率的有益影响与有害影响。他们的发现与假说一致，即主要由史前走出非洲的迁徙历程的顺序奠基者效应决定的人际多样性，确实对人均收入水平产生了显著的驼峰状影响，可以解释2000年全世界各国生活水平差异的16%。

虽然该研究的焦点是当代的相对发展水平，但也证实多样性对经济发展的驼峰状影响在历史上和当代都存在，表明各社群内部的多样性远在工业革命到来前就决定了相对发展状况。在前工业化时代，相对发展水平由马尔萨斯机制主宰，其含义是，社会生产率进步主要表现为推动人口的增长，而非人均收入的提高。在这个时代，较发达社会的特征是更高的人口密度，而不是更高的生活水平（Ashraf and Galor，2011）。所以，上述研究的历史分析着眼于解释各个社会在公元1500年时的人口密度差异。

该研究利用对殖民前社会的预测多样性,以及遍布全球的观测样本,揭示了人际多样性对公元1500年时的生产率(表现为人口密度)产生的驼峰状影响。特别是,这里考虑了潜在混淆因素的干扰,例如各社会发生新石器革命的时机有差异,与历史发展有关的各种地理因素,以及未观察到的不同大陆的非时变差异等。该发现对大量敏感性检验保持了稳健性,"安慰剂检验"也显示:采用与东非之间的航线距离或者与其他地理位置的迁徙距离时,就不会出现类似的驼峰状影响。

表1的第1列和第2列利用更新的矢量数据信息重现了上述结果,其中考虑了地理、气候和历史制度的特征,新石器革命与最早人类定居发生的时间,以及世界各区域的固定效应等。第2列考察的人口密度的所有模型设定也揭示出明显的驼峰状关系,相比最低或最高的多样性水平,预测拐点附近的多样性水平对应的人口密度要高出3.3~0.9个对数点。这一关系见图6A。另外,表1的第3列和第4列利用类似的条件设定,表明如果把公元1500年时的城市化率作为前工业化社会相对发展的代理指标,人际多样性对生产率水平的驼峰状影响依然存在。图6B显示了第4列估计的驼峰状回归关系。

阿什拉夫和盖勒(2013a)利用现代各国群体多样性测算指标,发现多样性对公元2000年时的人均收入有显著的驼峰状影响。该发现考虑了新石器革命在各国发生的时机差异,与现代经济发展有关的各种地理、文化与制度关联因素,以及各大洲未观察到的非时变特征。这一关系在控制了公元1500年的人口密度后依然稳健,说明多样性的驼峰状影响并不仅仅反映经济发展的长期惯性。另外,如果把样本限于自前殖民时代以来主要人口仍为本地土著群体的国家,该关系依然成立,因此可以减轻过去500年以来地区间人口流动的内生性问题。

人际多样性对当代各国的相对发展水平有显著的驼峰状影响,这在表1的第5列和第6列再次出现,这里采用的全部设定(full specification)是在之前各列中加入当代面临的疟疾风险,以及与当今发展成就有关的大量文化和制度协变量,并把2010—2018年的人均收入水平作为因变量。图7C显示,第6列考察的人均收入的全部设定得出了如下预测:相比多样性水平的最低点和最高点,拐点附近的多样性水平对应的人均收入分布高出2.1和1.2个对数点。

表 1 各国的群多样性与相对发展水平

	公元 1500 年的人口密度对数值		公元 1500 年的城市化率对数值		2010—2018 年的人均收入对数值		1992—2013 年的人均照明亮度对数值	
	(1)	(2)	(3)	(4)	(5)	(6)	(7)	(8)
群体多样性	277.7***	288.9***	408.0***	364.8***	328.8**	416.1***	467.8***	431.5***
	(86.7)	(90.7)	(73.2)	(57.1)	(128.0)	(124.2)	(170.9)	(163.5)
群体多样性（平方）	-190.2***	-207.0***	-298.4***	-271.1***	-231.9**	-292.5***	-336.4***	-308.8***
	(63.5)	(67.1)	(57.6)	(44.2)	(92.9)	(88.5)	(123.2)	(116.2)
基准控制	是	是	是	是	是	是	是	是
世界各地区固定效应	是	是	是	是	是	是	是	是
附加控制（过去）	否	是	否	是	否	是	否	是
附加控制（当前）	否	否	否	否	否	是	否	是
观测值	140	140	80	80	132	132	134	134
调整后 R^2	0.64	0.68	0.58	0.67	0.65	0.86	0.71	0.84

注：本表的 OLS 回归显示，群体多样性对各国历史与当代经济发展水平造成了驼峰状影响（以及对相关协变量的控制）。群体多样性（基于迁徙距离）对公元 1500 年时各国经济发展的影响，包含人口密度对数值（第 1～2 列）和城市化率对数值（第 3～4 列）。第 5～8 列考察预测多样性（基于调整多样性（基于他们相互之间的两两迁徙距离）（第 7～8 列）。对各列的基准控制包含自新石器革命以来的时间，自最初人类对数值（第 5～6 列）和 1992—2013 年的人均夜间照明亮度对数值（第 7～8 列）。对各列的基准控制包含自新石器革命以来的时间，自最初人类定居以来的时间，绝对纬度，热量适宜度的均值与标准差，属于热带气候的土地占比，关于病种类数量的指标，与海岸或河流的距离，岛国哑变量。各列的世界各地区固定效应由哑变量反映，分别对应撒哈拉以南非洲，中东和北非，欧洲和中亚，南亚，东亚和太平洋，北美，拉丁美洲和加勒比。第 2 列和第 4 列附加控制了一个古代国家的指标。第 6 列的指标还附加控制了自然风险，对石油和天然气出口依赖度的测算指数，属于四个宗教类别（新教，天主教，伊斯兰教，其他教派）的人群占比，民族分化，反映民主程度的哑变量，前殖民地哑变量，不同法律制度起源（英国式、法国式、德国式、北欧国家类型、社会主义类型）的哑变量。括号内报告的是对异方差稳健的标准差。*** 代表显著性水平为 1%；** 代表显著性水平为 5%；* 代表显著性水平为 10%，都是针对双边假设的检验。

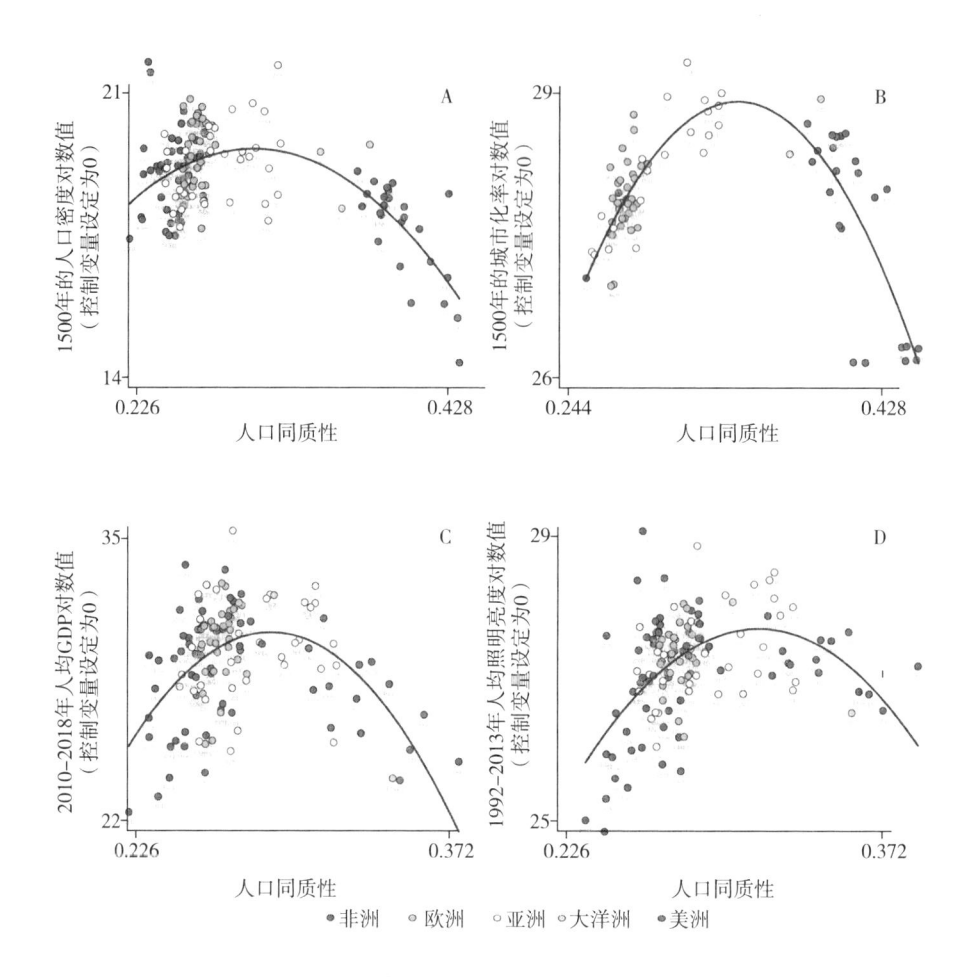

图6 群体多样性与各国的相对发展成就

注：本图描述的是群体多样性对各国当代经济发展成就的驼峰状影响，其中控制了地理、气候、文化和制度特征，新石器革命与最初人类定居出现的时间，以及世界各区域的固定效应。上两图描述的是预测群体同质性（即1减去由迁徙距离预测的群体多样性）对公元1500年时经济发展的影响，分别为人口密度对数值（A）与城市化率对数值（B）。下两图描述的是预测祖先调整后的同质性（即1减去由一国各祖先人群的迁徙距离以及他们之间两两迁徙距离预测的群体多样性）对当代经济发展成就的影响，分别为2010—2018年人均收入对数值（C）与1992—2013年人均照明亮度对数值（D）。每个图都展示了二次拟合得到的增加部分的残差，对应表1中的相应偶数列。

考虑到现代世界的人均收入水平测算可能受到干扰，尤其是在欠发达经济体，有学者指出，如果用调整后人均夜间照明亮度（1992—2013年平均值，可以通过卫星太空监测得出）来反映各国的相对繁荣水平，多样性对发展成果的驼峰状影响依然成立（Ashraf、Galor and Klemp，2014）。表1第7列和第

8列介绍了这一分析结果,对之前两列考察人均收入的设定做了更新。图7D描绘了第8列的全部设定估计得出的显著驼峰状关系。这些发现可以减轻如下问题,即利用人均收入测算生产率时,高多样性对总生产率的不利影响可能受到向上扭曲,因为鉴于多样性对社会凝聚力有不利影响,在多样性较高的社会里,影子经济的规模可能会大得多。

群体多样性的相对重要性与其他基本决定因素

本节将估计人际群体多样性与其他6个基本因素,即地理因素、政治制度、民族文化构成、历史因素、疾病生态、法律环境,对当代各国经济繁荣水平(用2010—2018年平均人均收入表示)的相对贡献。具体来说如表2所示,该分析考察了与这些因素对应的各组协变量的附加解释力(偏R^2统计量)。

分析过程首先是第1列的基准设定情形,6个基本因素分别由一组核心协变量代表。但为确保对所有因素做平衡的评估,相比基准设定情形,随后的设定(即第2列至第7列)采取了一次扩展一组协变量的办法。最后考察全部设定的情形,其中所有影响因素都由之前各列中扩展的各组协变量表示。[17]

从结果看,与人际群体多样性的驼峰状影响有关的偏R^2统计量表明,对于各种模型设定,这一因素可以解释当代人均收入剩余差异的16%~26%(控制其他基本因素之后)。在其他基本因素中,地理气候因素的偏R^2为26%~39%,反映法律环境、民族文化构成、疾病生态等因素的偏R^2分别为13%~27%、19%~23%和10%~18%。另一方面,历史决定因素(从新石器革命以来的时间长度、自人类最初定居以来的时间长度、古代国家状况与殖民历史等)以及可以尽量减小剥夺风险的政治制度因素(对行政权力的限制与民主化程度等)的偏R^2分别为2%~13%和2%~8%。最后在包含全部设定的第8列纳入了所有因素的协变量组,纳入人口密度可以增加26%的解释力,地理气候因素可增加39%,民族文化构成为22%,疾病生态为15%,法律环境与历史决定因素各为13%,政治制度因素为8%。

---

[17] 本分析考察的各个因素在基准设定情形和各个扩展设定情形中使用的变量列表,见表2的注释部分。

表 2 群体多样性与其他决定因素对各国当代相对发展成就的解释力

	基准设定 (1)	增加控制地理气候 (2)	增加控制历史因素 (3)	增加控制疾病生态 (4)	增加控制民族文化 (5)	增加控制法律环境 (6)	增加控制制度因素 (7)	全部设定 (8)
群体多样性	360.0*** (91.9)	403.8*** (93.5)	430.1*** (95.5)	356.8*** (91.8)	362.4** (92.0)	364.0*** (92.3)	356.3*** (90.2)	492.1*** (92.3)
群体多样性(平方)	−251.7*** (65.7)	−284.8*** (67.1)	−301.2*** (68.2)	−249.0*** (65.6)	−253.2** (65.8)	−254.7*** (66.0)	−249.6*** (64.5)	−347.0*** (66.1)
观测值	129	129	129	129	129	129	129	129
调整后 R^2	0.86	0.87	0.86	0.86	0.86	0.86	0.86	0.88
	各渠道的偏 R^2（百分比）							
群体多样性	16.5	18.1	20.4	17.1	17.1	16.7	16.3	26.3
地理气候因素	27.2	34.2	27.3	25.8	27.6	27.4	27.9	38.9
历史决定因素	3.4	7.4	8.3	2.4	3.5	3.5	3.3	12.8
疾病生态因素	15.6	9.5	17.7	16.7	16.2	15.1	15.6	14.6
民族文化构成	20.5	20.0	22.5	20.7	21.1	20.6	19.1	21.9

| 法律环境 | 24.6 | 27.0 | 17.3 | 24.7 | 25.1 | 25.0 | 16.1 | 13.0 |
| 政治制度 | 2.8 | 1.6 | 3.4 | 2.4 | 2.3 | 2.3 | 7.2 | 8.1 |

注：本表采用了OLS回归来分析人际群体多样性对各国人均收入对数值（第1列）的附加解释力。这6组协变量与每组的附加解释力以及表示其他决定因素的附加解释力影响的驼峰状影响（2010—2018年）为：(a) 地理气候因素：绝对纬度，热量适宜度，属于热带气候的陆地占比，地形崎岖程度；(b) 历史决定因素：距离新石器革命的时间，距离最早人类定居的时间；(c) 疾病生态：有感染疟疾风险的人群占比；(d) 民族文化构成：归属四类宗教教派的人群占比，即新教、天主教、伊斯兰教和其他教派；(e) 法律环境：三类法律起源的哑变量，即英国式、法国式与社会主义类型；(f) 政治制度：1960—2000年行政权力受限制程度的指数。相比基准设定情形，还有：(c) 第2列增加控制了1961—1990年的可耕地占比，平均月度气温和平均月度降雨量，岛国哑变量；(b) 第3列增加控制了一个代表古代国家指数和一个前殖民地哑变量；(c) 第4列增加控制了一个反映疾病数量的指标；(d) 第5列增加控制了民族分化程度；(e) 第6列增加控制了两类法律起源的哑变量，德国式与北欧式；(f) 第7列增加控制了一个反映1960—2000年民主程度的指数。第8列是对各列设定的全部控制变量的集合的部分 R^2。所有各列控制的设定效应，代表之前各列的设定都全部控制了世界各地区的固定效应，某个协变量组任一设定中的附加解释力为，任何代表该组的自变量组合控制了其他各列的设定效应后，即代表撒哈拉以南非洲、中东和北非、欧洲和中亚、南亚、东亚和太平洋、北美、拉美与加勒比的哑变量。括号内报告的是对异方差稳健的标准差。*** 显著性水平为1%；** 显著性水平为5%；* 显著性水平为10%，都是针对双边假设的检验。

43

3.4.2 不同民族祖居地的群体多样性与相对发展成就

阿什拉夫、盖勒和克莱姆普（Ashraf、Galor and Klemp，2020a）实证分析了群体多样性对民族层面的生产率的影响，同时考虑了多种因素可能产生的混杂影响（confounding effects），这些因素包括观察到的各民族特有的地理、文化和制度差异，以及未观察到的非时变区域特征差异等。该研究发现，世界范围的207个民族的观测多样性（Pemberton、DeGiorgio and Rosenberg，2013）以及全球900多个民族的预测多样性（基于迁徙距离），对肥沃新月地带开启新石器革命以来的整个人类发展历程中的经济繁荣水平都有显著的驼峰状影响。

该结果表明，不同民族祖居地（ethnic homeland）的人际多样性差异导致了他们的极长期经济发展差异，例如历史上不同时点（公元前10000年到公元1500年之间每个千年的起始年份）的人口密度，以及当代调整后的人均夜间照明亮度。

表3介绍了阿什拉夫、盖勒和克莱姆普（2020a）的部分发现。利用不同民族祖居地的差异，他们的回归分析显示，人际多样性对公元前5000年（第1~2列）、公元前3000年（第3~4列）、公元前1000年（第5~6列）、公元100年（第7~8列）的人口密度有显著的驼峰状影响，对1992—2013年调整后的人均夜间照明亮度也有类似影响（第9~10列），其中利用了观测多样性（奇数列）与预测多样性（偶数列）。分析历史人口密度的回归考虑了人类最早定居的时间以及大量地理和气候因素，加上世界各地区的固定效应；而分析当代夜间照明亮度的回归则控制了如今的疟疾风险以及当代文化和制度协变量的影响。

为解释表3揭示的显著驼峰状影响，可以看第5列的回归对人口密度得出的预测：相比多样性程度的最低点和最高点，拐点附近的多样性水平对应的历史人口密度分别高出5.4和1.9个对数点。此外，第9列的回归预测：相比多样性程度的最低点和最高点，拐点附近的多样性水平对应的当代夜间照明亮度分别高出1.2和2.5个对数点。表3的奇数列回归揭示了观测多样性对不同民族祖居地在不同时期的相对发展水平有驼峰状影响，这些影响按顺序展示在图8中。

阿什拉夫、盖勒和克莱姆普（2020a）对民族层面的分析提供了最优场景，借助以往研究记录的200多个民族的观测多样性数据（Pemberton、DeGiorgio and Rosenberg，2013），证实了阿什拉夫和盖勒假说的主要预测的稳健性。

表 3 群体多样性与各民族祖居地的相对发展成就

	公元前 5000 年人口密度对数值		公元前 3000 年人口密度对数值		公元前 1000 年人口密度对数值		公元 100 年人口密度对数值		1992—2013 年人均照明亮度对数值	
	(1)	(2)	(3)	(4)	(5)	(6)	(7)	(8)	(9)	(10)
群体多样性	470.5***	294.9***	490.0***	274.9***	411.1***	378.8***	404.8***	676.2**	203.1***	199.0***
	(70.0)	(110.6)	(71.5)	(104.2)	(74.8)	(93.0)	(76.0)	(306.5)	(74.5)	(71.7)
群体多样性（平方）	-341.0***	-193.8**	-357.9***	-179.8**	-298.4***	-263.0***	-294.2***	-471.8**	-158.3***	-134.2***
	(53.0)	(78.0)	(53.3)	(73.6)	(65.8)	(65.8)	(56.1)	(215.5)	(57.0)	(50.6)
世界各地区固定效应	是	是	是	是	是	是	是	是	是	是
基准控制		是		是		是		是		是
增加控制		是		是		是		是		是
样本	观测	预测	观测	预测	观测	预测	观测	预测	观测	预测
观测值	173	838	184	849	196	873	199	877	207	909
调整后 R^2	0.50	0.39	0.53	0.41	0.55	0.42	0.57	0.42	0.65	0.69

注：本表描述了 OLS 回归分析了展示所的群体多样性对各民族祖居地历史当代经济发展成就的驼峰状影响。其中控制了以下协变量。偶数列分析的是观测群体多样性的影响，奇数列分析的是迁徙距离决定的预测群体多样性的影响。第 1~8 列考察群体多样性对长期历史经济发展的影响。第 1~8 列（第 1~2 列）、公元前 3000 年（第 3~4 列）、公元前 1000 年（第 5~6 列）、公元 100 年（第 7~8 列）考察群体多样性对当代经济发展的影响，指标为 1992—2013 年间的人均夜间照明亮度。所有各列的基准控制变量包括：距离最初人类居住的时间，距离海岸或河流的距离，到海岸的均值与标准差，纬度、热量适宜度的均值与标准差，平均海拔、地形崎岖度等。第 1~8 列增加控制了气温和降雨量分别代表新大陆（美洲大洋洲）和撒哈拉以南非洲气候风险与民族分化。在第 9~10 列，则由代表各大洲的哑变量反映，第 9~10 列又控制了当代疟疾风险与民族分化，世界各地的哑变量分别代表对异方差稳健的标准误。*** 显著性水平为 1%；** 显著性水平为 5%；* 显著性水平为 10%。括号内报告的是针对异方差双边假设的检验。都是针对南非洲拉丁美洲的哑变量分别未反映，都是针对双边假设的检验。

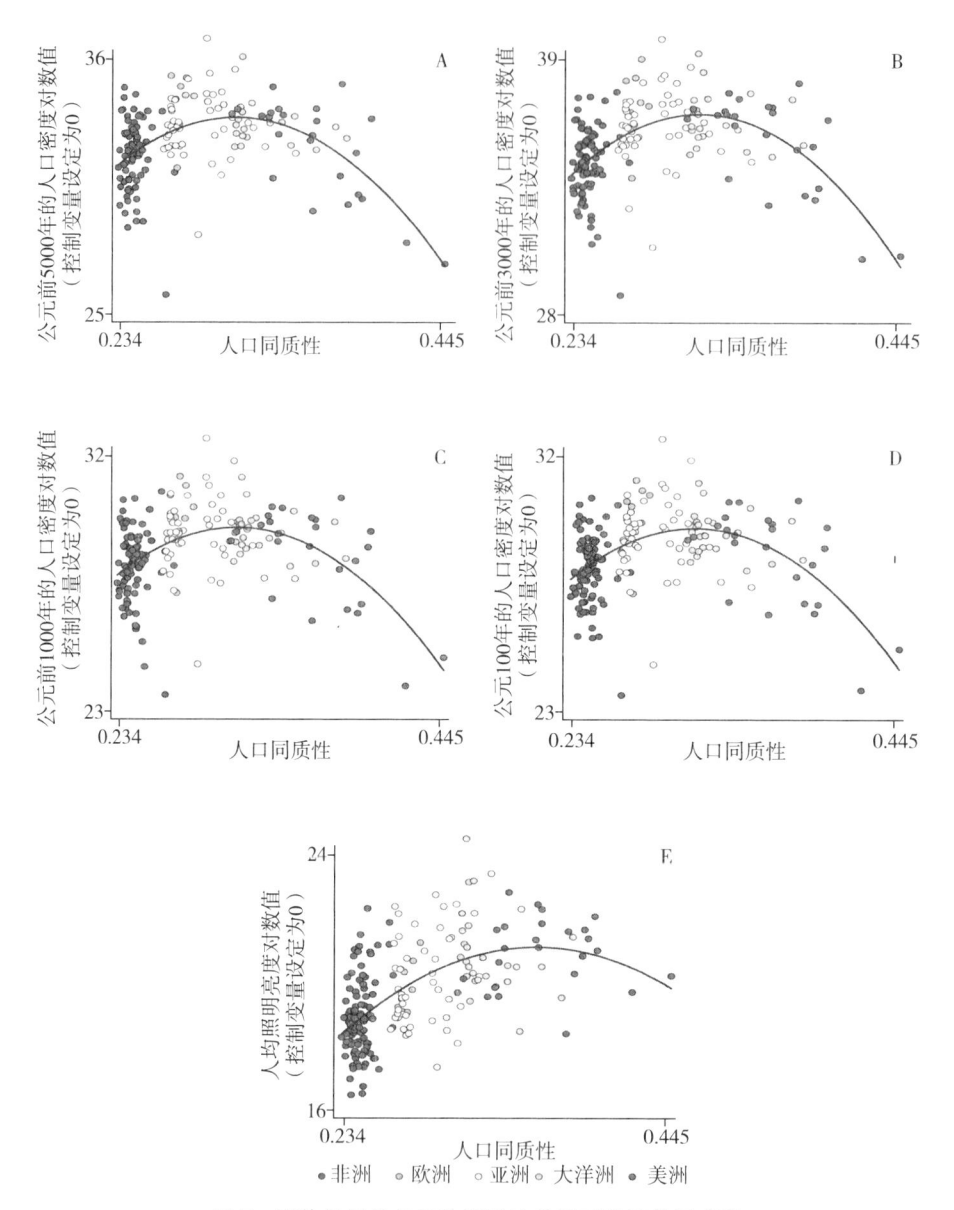

图7 群体多样性与民族祖居地的相对经济发展成就

注：本图描述了人际群体多样性对各民族祖居地历史与当代经济发展成就的驼峰状影响，其中控制了地理、气候、文化与制度特征，距离最早人类定居的时间，以及世界各地区的固定效应。前四幅图描述了观测群体同质性（即，1减去观测群体多样性）对长期历史经济发展的影响，指标分别为各时间点的人口密度对数值：公元前5000年（A）、公元前3000年（B）、公元前1000年（C）、公元100年（D）。最后一幅图描述了群体同质性对当代经济发展的影响，指标为1992—2013年调整后的人均照明亮度对数值。每个图都展示了二次拟合得到的增加部分的残差，对应表2中的相应偶数列。

后者的分析只采用了 HGDP-CEPH 的 53 个民族样本。此外，人际多样性对前殖民时代与现代的相对发展水平的影响，在国家层面的次优情形中也是稳健的。实际上，借鉴阿什拉夫和盖勒（2013a）的方法，我们可以基于迁徙距离对具有全球代表性的国家样本测算出预测群体多样性。从 HGDP-CEPH 样本与后来的扩展样本中得出的迁徙距离与观测多样性之间关系的估计系数几乎相同，这说明预测多样性对各国历史与当代发展成就差异的驼峰状效应不受样本选择的影响。[18]

3.4.3 群体多样性发挥影响的机制

人际多样性对生产率产生驼峰状影响的简化理论认为，多样性可能通过几种机制影响经济发展成就，反映了多样性的成本与收益权衡的不同因素。本节将回顾这些机制的相关证据，它们来自该研究领域的各类研究文献。

反映多样性对社会凝聚力产生消极影响的机制

对内部冲突的影响。 社群内部的冲突反映了一种基本机制，某个群体的人际多样性可能通过它迟滞经济发展。[19] 有学者考察了各国与各民族的差异，发现主要由走出东非的古老迁徙历程决定的群体多样性，是历史和当代内部冲突风险与剧烈程度的关键影响因素（Arbatlı et al., 2020），这里控制了与冲突相关的各种地理、文化和制度因素，经济发展成果，以及各大洲或各地区独有的未观察到的非时变特征。重要的是，与经常采用的民族分化和极化指标不同，

---

[18] 第三优的方法是对国家层面的观测多样性与经济发展水平之间的关系做非推理性的初步考察。采用该方法的一项研究提出（Rosenberg and Kang, 2015），观测多样性与历史人口密度的驼峰状形态在 39 个样本国家中没有统计显著性，其依据是各国内部观测到的某些民族子集的期望杂合度的平均值。然而，利用此方法检验人际多样性对经济发展水平的驼峰状影响存在根本缺陷，原因有二：其一，由于一个国家的观测民族子集未必对全国具有代表性，且样本中包含的民族只覆盖了 39 个国家（没有全球代表性），该研究在国家层面存在严重的样本选择偏差。也就是说，基于不具代表性的国家样本，观测多样性与经济发展水平在各国之间的驼峰状联系是否存在的假设无法被证实或拒绝。其二，观测多样性或许反映了过去的社会经济成就，例如地区内部的社会冲突和移民状况，它们本身受过去经济发展状况的影响。于是，该研究将受到反向因果关系与遗漏变量的困扰，使多样性与经济繁荣之间的驼峰状关系被遮蔽。的确，Ashraf、Galor and Klemp（2020b）的研究利用不具代表性的国家样本发现，一旦控制住足够多的潜在地理混淆因素的作用，观测多样性与历史人口密度之间就会出现显著的驼峰状关系。Ashraf、Galor and Klemp（2020a）指出，如果采用有效的统计方法分析扩展后的民族样本遗传数据，阿什拉夫和盖勒假说的主要预测就非常稳健。

[19] 关于冲突与经济发展落后之间多层面联系的文献综述，可参见 Ray and Esteban（2017）。

人际多样性反映了群体内部与群体之间在个人遗传特性上的差异，它不仅能解释群体之间的冲突，还适用于群体内部的冲突。该研究进一步发现，人际多样性可能通过其他渠道影响一个社会的内部冲突，包括国家层面的民族分化程度提高、人际信任度降低，以及对公共品和再分配政策的偏好出现更严重分歧等。根据该研究的结果，图8描绘了：（1）观测群体多样性对1989—2008年各民族祖居地内部冲突发生率的正向影响（图8A）；（2）当代各国的群体多样性对1960—2017年各国内部冲突年度发生频率的正向影响（图8B）。

对民族文化分化的影响。之前的若干研究文献认为（Easterly and Levine, 1997；Alesina et al., 2003；Alesina and La Ferrara, 2005），国家层面的民族多样性程度（以各民族分化与极化程度测算）同各种维度的经济发展落后相关。有项研究考察了这一因果链条的深层来源，发现史前决定的人际多样性可能是各国人口中民族语言分化的根本原因之一（Ashraf and Galor, 2013b）。具体来说，该假说认为在远古走出非洲的迁徙历程之后，给定地点的初始群体多样性禀赋（endowment）可能通过一个内生的民族选择过程促进了当地不同民族的形成，反映了每个民族的规模与内部凝聚力之间的权衡关系。规模较大的民族可以受益于规模经济，却更难开展协调行动，因此可能更缺乏凝聚力。再考虑到人际多样性增加可能削弱民族内部的凝聚力，给定地点的初始群体多样性禀赋较大可能导致更多数量的民族出现。假以时日，"文化漂流"和文化标志的"偏向传播"（例如方言、习惯、传统、社会行为规范等）会把民族中的"内部人"与"外部人"区分开来，民族之间在这些文化标志上的分化就会愈加突出，最终导致不同的集体身份认同沿着民族界限被确立起来。

与该假说一致，研究发现国家层面的人际多样性对各种民族语言多样性指标具有强烈的正向影响，这里考虑了诸多因素的潜在混杂影响，如新石器革命发生的时机、距离人类初始定居的时间长度、殖民历史、民族多样性的地理决定因素、未观察到的各大洲独有的非时变特征等。此外，为解决因果关系的识别问题，对于只包含旧大陆国家的样本，上述发现依然成立，基本上不受殖民时代洲际移民的内生性的影响。同样，对于全球样本国家，如果采用前殖民时代一国土著人群的史前迁徙距离作为当代群体多样性差异的可能外生来源，上述发现也具有稳健性。人际多样性对国家层面民族数量的正向影响（Ashraf and Galor, 2013b；Arbath et al., 2020），在图8C给出了直观的描述。

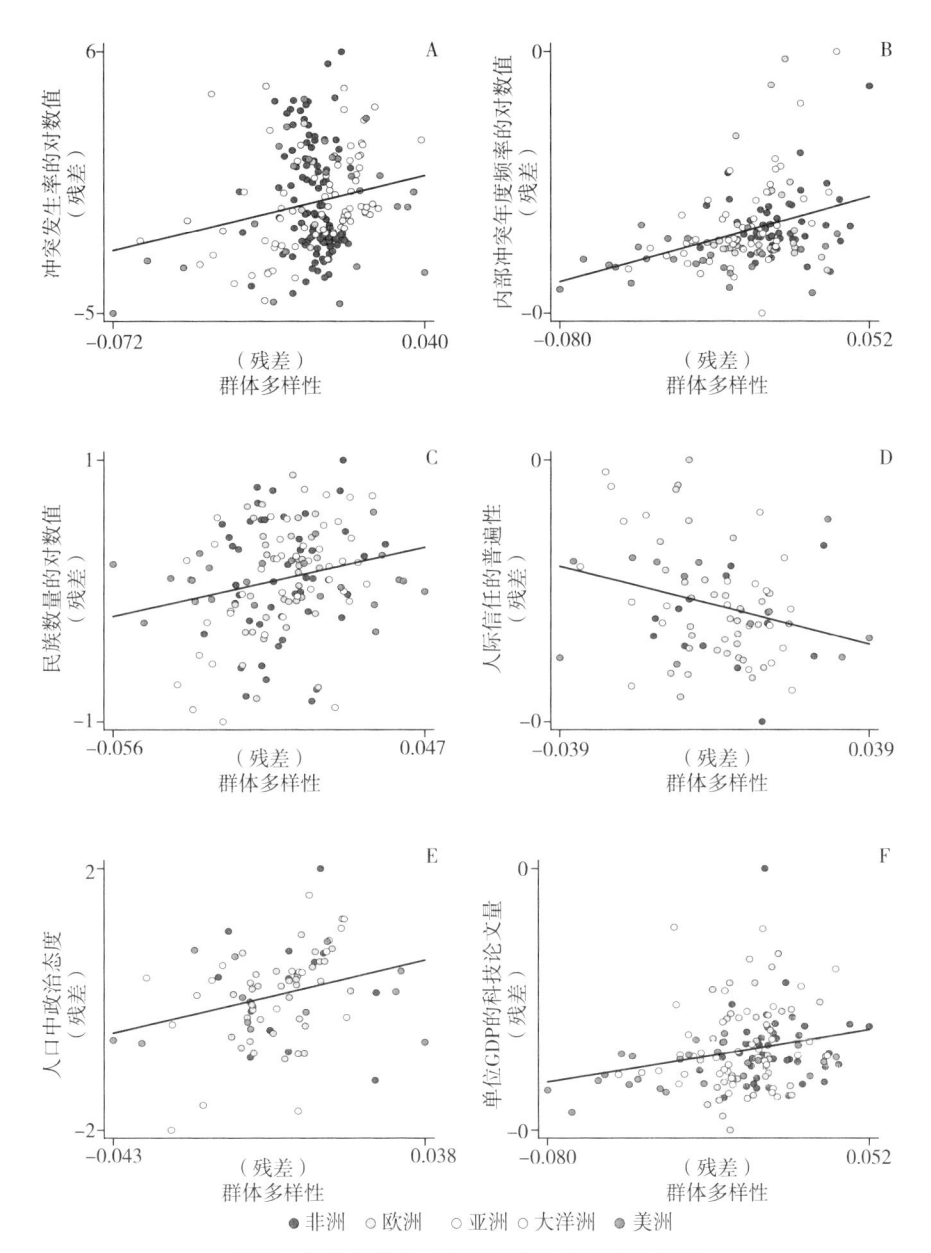

图 8　群体多样性对总生产率的各种影响机制

注：本图描述了各民族祖居地和各国人际群体多样性通过（多样性影响总生产率的）不同机制产生的影响。A 描述了各民族祖居地的观测群体多样性对 1989—2008 年内部冲突普遍性的影响，其余部分描述了祖先调整后的预测多样性对各国的影响：（1）各国在 1960—2017 年发生内部冲突的年度频率（B）；（2）民族的数量（C）；（3）世界价值观调查中反映的 1981—2008 年人际信任的普遍性（D）；（4）世界价值观调查中反映的 1981—2008 年的个人政治态度（由政治上的左右评分表示）的国内分布（E）；（5）2010—2018 年单位实际 GDP 对应的科技论文的数量（F）。每幅图都展示一个增加变量的图示，以反映考虑到与解释结果有关的控制变量矢量之后的关系。

资料来源：Ashraf and Galor（2013a, 2013b, 2018）；Arbath et al.（2020）。

对人际信任度的影响。人际多样性可能导致个人价值观、信仰、偏好与倾向性的频谱范围扩大,从而削弱社会资本,拖累经济发展。与该假说相符,研究发现当代的群体多样性对一般人际信任在各国的普遍程度有显著的负面影响(Ashraf and Galor, 2013a;Arbatlı et al. , 2020),其数据来自1981—2008年的世界价值观调查。[20] 如图8D所示,这一关系考虑了各国的异质性(与经济发展和民族多样性有关的各种地理协变量)以及未观察到的世界各地的固定效应。

另有研究利用考察个人间差异的两个独立分析,发现个人之间信任缺失的普遍性与祖先人群的人际多样性水平显著相关(Arbatlı et al. , 2020)。

- 第一个分析考察非洲晴雨表调查(Afrobarometer surveys)得到的个人间不信任水平同他们非洲祖居地的观测群体多样性的联系,无论这些受调查者目前是居住在祖居地,或是已迁徙到不同的地方。在考虑如下多种潜在混杂因素的矢量后,这一相关性依然具有稳健性:(1)目前居住国的固定效应;(2)个人特征(年龄、性别、教育、职业、生活环境和宗教等);(3)祖居地受到奴隶贩运影响的程度;(4)居住地特征(学校、电力、自来水、排水系统、诊所等机构的存在,城市居民身份等);(5)祖籍国的固定效应;(6)目前居住地与祖居地当前的民族语言多样性水平。

- 第二个分析考察一般社会调查(General Social Survey)收集的美国第二代移民的不信任水平,同其父母原籍国当代群体多样性的联系。聚焦一国的移民,可以很自然地控制移民接收国各种未观察到的非时变特征(包含地理、文化和制度等方面)。此外,该研究还明确考虑了多种个人层面的混淆因素,以及地理特征、世界各地的固定效应、民族语言分化和极化程度的影响(都是对应他们的父母原籍国)。

对政治偏好差异的影响。个人在价值观、信仰和一般偏好方面的差异尤其可能导致对公共品类型的偏好差异,以及个人对经济不平等和政府再分配政策的倾向发生分歧,从而引发政治极化与制度扭曲,带来社会冲突和经济落后。对于这一机制,有关研究指出(Ashraf and Galor, 2018;Arbatlı et al. , 2020),

---

[20] 有关实证研究综述参见 Algan and Cahuc(2014),这些研究证实了一般信任程度与经济成就的因果关系,并考察了数据中展现的各种影响机制。

当代的群体多样性对各国的政治偏好异质性产生了显著正向影响，表现为各国内部由个人报告的政治"左右"天平上所处位置的差异，其数据来自1981—2008年的世界价值观调查。图8E描绘了这一联系，同时控制了与发展和政治经济有关的各种地理协变量，以及未观察到的世界各地的固定效应。

对攫取性制度的影响。专制社会治理模式的出现与延续，是人际多样性可能导致当代经济发展落后的另一个关键机制。有学者提出的假说认为，史前确立的人际多样性可能提高社会对某些正式制度的需求，以抑制多样性对社会凝聚力的不利影响，但同时，多样性对社会内部的经济不平等与阶层分化的作用可能使制度发展走向更具攫取性的专制治理模式（Galor and Klemp，2017）。该研究借助前殖民地时代各民族祖居地的差异，发现在控制若干地理因素与各大洲未观察到的非时变特征等混杂效应之后，人际多样性仍对前殖民时代专制制度的普遍程度具有正向影响。这可能反映了多样性的双重作用：对正式制度的需求以及社会阶层分化的出现。此外，该研究还指出人际多样性在全世界的空间差异可能导致专制制度在当代各国之间的不同，这部分源于制度、文化和人口结构特征的长期延续。

反映多样性对生产率产生有利影响的机制

对创新活动的影响。人际多样性可以拓宽相互补充的不同认知方法，以解决问题和生产知识，从而促进创新活动。针对这一假说，有研究指出当代的群体多样性与各国在1981—2000年的年均科研论文发表数量存在显著正向关联（Ashraf and Galor，2013a）。该发现考虑了潜在混杂因素的影响，包括各国发生新石器革命的时机差异，与当代经济发展有关的各种地理、文化和制度协变量，以及各大洲未观察到的非时变特征等。图8F描述的是，当代各国的群体多样性对2010—2018年单位实际GDP对应的科研论文数量的类似正向影响，其中控制了地理和气候因素，以及各地区未观察到的非时变特征等。[21]

---

[21] 人际多样性对经济发展的有益作用也得到了其他研究的实证支持，如Ager and Brueckner（2018）。该研究考察了美国各州在19世纪后期的差异，发现由于欧洲移民的到来、多样性得到更大提升的县级群体，在1870—1920年获得了更高的收入增长率与人均科技专利增长率。另一项研究（Delis et al.，2017）借助北美与英国多家股票市场上市企业的面板数据，发现在董事会中加入一些原籍国有不同遗传多样性水平的董事，会提升企业业绩。该研究推测，其发现反映了对生产率有利的文化、心理、生理及其他遗传特性的人际差异，这些特性差异尚未反映在其他多样性测算指标中。

对劳动分工与贸易收益的影响。近期的一篇论文（Depetris-Chauvin and Özak，2020）实证考察了如下假说（Ashraf and Galor，2013a）：人际多样性可以通过扩大个人的技术、能力和认知方法的频谱范围，促进社会的劳动分工。该研究利用前殖民时代不同民族祖居地的观测差异，发现与上述假说相符，史前确立的人际多样性对社会中不同生产活动的专业化程度可能有正向影响，从而强化了参与市场交换并从中获得经济利益的倾向。[22] 该研究还指出，前殖民时代经济专业化程度更高的民族祖居地往往在当时和现在都有显著更高的经济发展水平，这部分是源于更为丰富的人际多样性。

通过思想交流对认知发展和人力资本培育的影响。有意思的是，在比国家或民族低得多的层面上，同样发现了人际多样性对生产率的积极影响。有学者考察了美国威斯康星州具有民族同质性的各所高中的差异，发现 1957 年高中学生群体的期望杂合度可能对毕业生后来的经济成就（包括完成的学业年限、第一份工作的职业声望、1974—1992 年的家庭收入水平等指标）具有显著的正向影响（Wisconsin、Cook and Fletcher，2018）。该研究还提供了与一种新的行为机制相符的证据：身处更为多样性的学校教育环境，可能让一个人的性格更容易接受创造性，对新奇思想更开放，从而使他在人生中取得更大的社会经济成就。关键在于，由于该研究采用的数据包含的高中生群体完全是由欧洲祖先的后裔构成，这些群体内部的文化同质性与社会凝聚力使得该分析主要反映了多样性的好处，而不是代价。另外，由于这些发现是基于对州内差异的分析，理应不会受到各国之间（甚至国家内部的各州之间）混杂因素的干扰。

3.5 政策启示

若干研究发现人际多样性（由预测的群体多样性表示）对经济发展成就的不同影响存在基本权衡关系（Ashraf and Galor，2013a；Ashraf、Galor and Klemp，2020a）。根据迁徙距离得出的预测多样性水平是经济发展的深层决定因素，但这并不表示一个群体的遗传特性完全主宰了其经济命运。迁徙距离通过与地理、生物和文化特征的相互作用影响人际多样性，因此政策也可以着眼于调整这些作用渠道。

---

[22] 我们可以想到，在前工业化生产中，物质环境与个人能力形成了互补的投入品。有趣的是，该研究还发现，农业生态与农业气候的异质性程度强化了人际多样性对前殖民地社会出现的经济专业化的正向影响。

具体而言，多样性对生产率的影响意味着，一个社会可以采纳恰当的政策，以发挥其人口的现有群体多样性的积极影响，缓解其消极影响，从而改变群体多样性影响社会经济发展的环境。过度多样性的社会可以重点鼓励公民的社会参与，提高政治制度的品质，改变公共品提供的低效和扭曲，以培养人际信任，缓和潜在冲突。过度同质性的社会则可以着眼于促进技能、职业和培训项目的多元化，以鼓励专业分工和创新活动。对于这两种情形，教育体系的导向似乎都是最有希望的路径：在过度多样性的社会，教育可以滋养那里急需的宽容价值观；在过度同质性的社会，教育可以提升对不同类型的有益知识的文化接受度。

3.6 常见的误解

关于人际多样性对不同社会经济发展成就有何影响的研究，已吸引了经济学专业之外更广泛学术界的关注，由于方法论的差别，不出意料地招来了某些毫无根据的批评。来自文化人类学的专家提出了三类主要批评意见。以下将指出，这表明他们对相关的理论架构、统计方法、分析范围以及政策启示存在某些根本误解。

3.6.1 对哥伦布时代之前美洲人口密度的低估

某些学者认为，群体多样性与总体生产率之间的驼峰状关系，是由对前殖民时代人口规模估计不准的人为错误所致。特别是，他们强调对前殖民时代美洲各社会的人口规模低估是形成这一关系的原因。

但事实上，阿什拉夫和盖勒（2013a）的历史分析已考虑了前殖民时代人口密度数据受测算误差影响的可能性，并通过多种方法使这个问题不至于动摇实证发现的有效性。

- 由于人口密度是因变量，传统测算误差并不会给多样性对历史发展成就的驼峰状影响的估计造成偏差。实际上，如果没有典型的测算误差，估计得出的统计显著性甚至会更高。
- 如果各大洲之间在历史人口密度测算上存在系统性差异（即美洲的历史人口密度确实被持续低估），则估计结果可能出现偏差。然而，上述研究利用各大洲固定效应开展的统计分析使得多样性对历史发展成就的影响是在各大洲内部而非各大洲之间的各个社会差异中识别的。因此对美洲人口规模的系统性低估不会对结论产生影响。

- 利用公元1500年时的城市化水平而非人口密度测算历史发展成就，并不会从性质上改变人际多样性对历史发展成就的驼峰状影响。如表1第3～4列的回归结果，以及图6B所示。[23]
- 阿什拉夫、盖勒和克莱姆普（2020a）的研究指出，人际群体多样性对若干历史时点（公元前10000年到公元1500年）人口密度的显著驼峰状影响是基于大量民族祖居地的数据（扩大样本来自Pemberton、DeGiorgio and Rosenberg，2013）。其中部分发现可参见表3第1～8列，以及图7A～图7D。
- 阿什拉夫和盖勒（2013a）的主要分析是针对当地发展水平的差异，因变量为公元2000年的人均收入（而非历史人口密度）。另外，人际群体多样性对当代发展水平（即2010—2018年的平均人均收入）的驼峰状影响在回归结果中显而易见，可参见表1第5～6列，以及图6C。
- 根据表1第7～8列和表3第9～10列的回归结果，以及图6D和图7E，如果采用另一种当代经济发展指标（调整后的人均夜间照明亮度），人际群体多样性的驼峰状影响依然稳健。数据来自扩展的民族样本（Pemberton、DeGiorgio and Rosenberg，2013），无论对各国或各民族祖居地均是如此。

总之，对哥伦布时代之前美洲人口密度的潜在低估及其带来干扰的担忧，都是源于从根本上误解了本研究领域采用的统计方法。另外，人际群体多样性的驼峰状影响对如下几个指标均存在，进一步凸显了上述批评意见的肤浅：（1）公元1500年时的城市化率；（2）公元前10000年到公元1500年广泛区间中多个时点的民族人口密度；（3）当代的人均收入水平指标（哥伦布之前时代的潜在人口密度测算误差与此完全不相关）。

3.6.2 从中性基因标记多样性到社会发展成就的映射

对本研究领域提出的另一类质疑是，中性基因标记的期望杂合度（民族内部人际多样性的代理变量）并不反映功能标记（表型标记）的多样性，因此不会影响行为与社会方面的交互作用。

---

[23] 需要提示一点，公元1500年时的城市化率的数据来源同历史人口密度的数据来源无关。

HGDP-CEPH 样本中的 53 个民族以及扩展数据库（Pemberton、DeGiorgio and Rosenberg，2013）中 200 多个民族的观测遗传多样性，的确都是基于中性基因标记测算得出的，所以并不直接反映功能（表型）标记的多样性。可是，有关研究的核心分析并非基于观测多样性，而是预测多样性，主要由当代民族的祖先群体的迁徙距离决定（Ashraf and Galor，2013a）。特别是如第 3.3.1 节所述，为克服样本限制与观测多样性带来的潜在反向因果关系问题，我们着重考察了迁徙距离对 HGDP-CEPH 样本中各民族观测多样性的影响，以便能够根据所有社会在前殖民时代的地理位置、相对于东非及彼此的距离，对其人际多样性水平做出预测。

关键在于，因为迁徙距离对群体内的各种表型多样性有负向影响，所以预测的人际多样性可以充当表型表达和行为表达遗传特性多样性的有效代理变量。如第 3.2 节所述，来自体质人类学与认知人类学的证据均显示，起源于东非的古老顺序奠基者效应影响了民族内各类形态与认知多样性在世界各地观察到的分布状况，包括与颅骨特征（Manica et al.，2007；von Cramon-Taubadel and Lycett，2008；Betti et al.，2009）、牙齿特征（Hanihara，2008）、骨盆特征（Betti et al.，2013）和产道形态特征（Betti and Manica，2018）有关的人际多样性，以及语言音素的多样性（Atkinson，2011），等等。

所以，如果认为 HGDP-CEPH 样本的多样性测算是基于中性基因标记，故而不能推导出人际多样性对社会经济发展成就的影响，这同样是源于他们误解了相关研究（Ashraf and Galor，2013a）的实证策略。因为迁徙距离既影响中性基因标记的多样性，又影响表型表达的形态与认知遗传特性的多样性，分析预测多样性的实证策略非常适合用来反映人际多样性对社会经济发展成就的影响。

3.6.3 政策启示

某些批评者担忧，中等多样性水平使生产率最大化的结论可能导致令人不安的政策建议，例如强制推行对人口的"工程设计"，以实现人口结构中的最优多样性水平。

认为我们的主要发现会导致糟糕的政策建议，这同样是因为从根本上误读了本研究方向的核心观点及关键政策启示。人们忽略了如下主要观点：多样性对生产率的影响是通过多种机制发挥作用的，因此政策可以着眼于这些干预渠道使各个社会改变现有多样性水平实现生产率最大化的背景条件。例如第 3.5

节指出，鼓励多元主义的教育政策可以提升人们对不同类型的有益知识的文化接受度（这在过度同质性的社会可能较为缺乏），或者培育信任与包容的文化价值观（这在过度多样性的社会可能较为缺乏）。

4. 结论

过去20年来兴起了一个颇具影响力的研究领域，着力于探索不同宗教、国家和民族的经济发展差异的演化起源。此类研究分析了演化进程对停滞转向增长的意义，人类遗传特性的构成对不同社会经济发展差异的影响，尤其强调演化选择在新石器革命以来的作用，以及现代智人在史前走出非洲的迁徙历程如何影响世界各地的人群在遗传特性构成上的差异。

探究人类演化与经济发展进程之间的相互作用，主要围绕两条思路。第一条思路是，在新石器革命之后的时代，马尔萨斯生存压力不仅是人口规模的主要决定因素，很可能还通过自然选择力量改变了人口的构成。遗传特性与经济环境相匹配的个人能获得更高水平的收入，因此留下更多数量的后裔。于是，能够促进增长的遗传特性在群体中的代表比例逐渐增加，推动了发展进程乃至现代增长的出现，使得演化进程更激烈的社会更快实现从停滞向增长的转型，并造成了各个社会的相对发展差异。

第二条研究思路的假说是，全球各民族的祖居地与东非人类摇篮之间的迁徙距离越长，人际多样性水平就越低，由此对发展成就产生了持续的驼峰状影响，反映了多样性对社会生产率水平的有利效应与有害效应的基本权衡。多样性可以削弱人际信任与社会凝聚力，从而不利于社会生产率，同时又能促进创新思想的相互激发，增加专业化的收益，提升社会生产率。考虑到多样性与同质性对生产率的边际效应在递减，相比过度同质化或过度异质化的社会，多样性水平适中的民族、国家与地区有望取得更高的经济发展成就。

（余江 译）

参考文献

Ager, Philipp, and MarkusBrueckner. 2018. "Immigrants' Genes: Genetic Diversity and Economic Development in the United States." *Economic Inquiry*, 56（2）：1149 – 1164.

Alesina, Alberto, Arnaud Devleeschauwer, William Easterly, Sergio Kurlat, and Romain Wacziarg.

2003. "Fractionalization." *Journal of Economic Growth*, 8 (2): 155–194.

Alesina, Alberto, and Eliana La Ferrara. 2005. "Ethnic Diversity and Economic Performance." *Journal of Economic Literature*, 43 (3): 762–800.

Algan, Yann, and Pierre Cahuc. 2014. "Trust, Growth, and Well-Being: New Evidence and Policy Implications," in *Handbook of Economic Growth*, Volume 2A, edited by Philippe Aghion and Steven N. Durlauf, 49–120. Amsterdam and Boston: Elsevier, North-Holland.

Arbatlı, Cemal Eren, Quamrul H. Ashraf, Oded Galor, and Marc Klemp. 2020. "Diversity and Conflict." *Econometrica*, 88 (2): 727–797.

Ashraf, Quamrul, and Oded Galor. 2011. "Dynamics and Stagnation in the Malthusian Epoch." *American Economic Review*, 101 (5): 2003–2041.

Ashraf, Quamrul, and Oded Galor. 2013a. "The 'Out of Africa' Hypothesis, Human Genetic Diversity, and Comparative Economic Development." *American Economic Review*, 103 (1): 1–46.

Ashraf, Quamrul, and Oded Galor. 2013b. "Genetic Diversity and the Origins of Cultural Fragmentation." *American Economic Review*, 103 (3): 528–533.

Ashraf, Quamrul H., and Oded Galor. 2018. "The Macrogenoeconomics of Comparative Development." *Journal of Economic Literature*, 56 (3): 1119–1155.

Ashraf, Quamrul, Oded Galor, and Marc Klemp. 2014. "The 'Out of Africa' Hypothesis of Comparative Development Reflected by Nighttime Light Intensity." Brown University Department of Economics Working Paper 2014-4.

Ashraf, Quamrul H., Oded Galor, and Marc Klemp. 2020a. "Population Diversity and Differential Paths of Long-Run Development since the Neolithic Revolution." Unpublished.

Ashraf, Quamrul H., Oded Galor, and Marc Klemp. 2020b. "Interpersonal Diversity and Societally Important Disparities across Populations: A Reply to Rosenberg and Kang." Unpublished.

Atkinson, Quentin D. 2011. "Phonemic Diversity Supports a Serial Founder Effect Model of Language Expansion from Africa." *Science*, 332 (6027): 346–349.

Becker, Anke, Benjamin Enke, and Armin Falk. 2020. "Ancient Origins of the Global Variation in Economic Preferences." *AEA Papers and Proceedings*, 110: 319–323.

Bersaglieri, Todd, et al. 2004. "Genetic Signatures of Strong Recent Positive Selection at the Lactase Gene." *American Journal of Human Genetics*, 74 (6): 1111–1120.

Betti, Lia, and Andrea Manica. 2018. "Human Variation in the Shape of the Birth Canal is Significant and Geographically Structured." *Proceedings of the Royal Society B: Biological Sciences*, 285 (1889): 20181807.

Betti, Lia, François Balloux, William Amos, Tsunehiko Hanihara, and Andrea Manica. 2009. "Distance from Africa, Not Climate, Explains Within-Population Phenotypic Diversity in Humans." *Proceedings of the Royal Society B: Biological Sciences*, 276 (1658): 809–814.

Betti, Lia, Noreen von Cramon-Taubadel, Andrea Manica, and Stephen J. Lycett. 2013. "Global Geometric Morphometric Analyses of the Human Pelvis Reveal Substantial Neutral Population History Effects, Even across Sexes." *PLoS ONE*, 8 (2): e55909.

Bisin, Alberto, and Thierry Verdier. 2000. "'Beyond the Melting Pot': Cultural Transmission, Marriage, and the Evolution of Ethnic and Religious Traits." *Quarterly Journal of Economics*, 115 (3): 955–988.

Bisin, Alberto, and Thierry Verdier. 2001. "The Economics of Cultural Transmission and the Dynamics of Preferences." *Journal of Economic Theory*, 97 (2): 298–319.

Bisin, Alberto, and Thierry Verdier. 2011. "The Economics of Cultural Transmission and Socialization." In *Handbook of Social Economics*, Volume 1A, edited by Jess Benhabib, Alberto Bisin, and Matthew

O. Jackson, 339 – 416. Amsterdam and Boston: Elsevier, North-Holland.

Bouchouicha, Ranoua, and Ferdinand M. Vieider. 2019. "Growth, Entrepreneurship, and Risk-Tolerance: A Risk-Income Paradox." *Journal of Economic Growth*, 24 (3): 257 – 282.

Bowles, Samuel, and Herbert Gintis. 2011. *A Cooperative Species: Human Reciprocity and Its Evolution*. Princeton and Oxford: Princeton University Press.

Burger, Joachim, Martina Kirchner, Barbara Bramanti, Wolfgang Haak, and Mark G. Thomas. 2007. "Absence of the Lactase-Persistence-Associated Allele in Early Neolithic Europeans." *Proceedings of the National Academy of Sciences*, 104 (10): 3736 – 3741.

Cann, Howard M., et al. 2002. "A Human Genome Diversity Cell Line Panel." *Science*, 296 (5566): 261 – 262.

Collins, Jason, Boris Baer, and Ernst Juerg Weber. 2014. "Economic Growth and Evolution: Parental Preference for Quality and Quantity of Offspring." *Macroeconomic Dynamics*, 18 (8): 1773 – 1796.

Cook, C. Justin. 2015. "The Natural Selection of Infectious Disease Resistance and Its Effect on Contemporary Health." *Review of Economics and Statistics*, 97 (4): 742 – 757.

Cook, C. Justin, and Jason M. Fletcher. 2018. "High School Genetic Diversity and Later-Life Student Outcomes: Micro-Level Evidence from the Wisconsin Longitudinal Study." *Journal of Economic Growth*, 23 (3): 307 – 339.

Dalgaard, Carl-Johan, and Holger Strulik. 2015. "The Physiological Foundations of the Wealth of Nations." *Journal of Economic Growth*, 20 (1): 37 – 73.

Dalgaard, Carl-Johan, and Holger Strulik. 2016. "Physiology and Development: Why the West is Taller Than the Rest." *Economic Journal*, 126 (598): 2292 – 2323.

Delis, Manthos D., Chrysovalantis Gaganis, Iftekhar Hasan, and Fotios Pasiouras. 2017. "The Effect of Board Directors from Countries with Different Genetic Diversity Levels on Corporate Performance." *Management Science*, 63 (1): 231 – 249.

Depetris-Chauvin, Emilio, and Ömer Özak. 2020. "The Origins of the Division of Labor in Pre-Industrial Times." *Journal of Economic Growth*, 25 (3): 297 – 340.

Desmet, Klaus, Shlomo Weber, and Ignacio Ortuño-Ortín. 2009. "Linguistic Diversity and Redistribution." *Journal of the European Economic Association*, 7 (6): 1291 – 1318.

Doepke, Matthias, and Fabrizio Zilibotti. 2014. "Culture, Entrepreneurship, and Growth." In *Handbook of Economic Growth*, *Volume 2A*, edited by Philippe Aghion and Steven N. Durlauf, 1 – 48. Amsterdam and Boston: Elsevier, North-Holland.

Easterly, William, and Ross Levine. 1997. "Africa's Growth Tragedy: Policies and Ethnic Divisions." *Quarterly Journal of Economics*, 112 (4): 1203 – 1250.

Esteban, Joan, Laura Mayoral, and Debraj Ray. 2012. "Ethnicity and Conflict: An Empirical Study." *American Economic Review*, 102 (4): 1310 – 1342.

Fearon, James D. 2003. "Ethnic and Cultural Diversity by Country." *Journal of Economic Growth*, 8 (2): 195 – 222.

Galor, Oded. 2011. *Unified Growth Theory*. Princeton and Oxford: Princeton University Press.

Galor, Oded, and Marc Klemp. 2017. "The Roots of Autocracy." National Bureau of Economic Research Working Paper 23301.

Galor, Oded, and Marc Klemp. 2019. "Human Genealogy Reveals a Selective Advantage to Moderate Fecundity." *Nature Ecology & Evolution*, 3 (4): 853 – 857.

Galor, Oded, and Stelios Michalopoulos. 2012. "Evolution and the Growth Process: Natural Selection of

Entrepreneurial Traits." *Journal of Economic Theory*, 147 (2): 759 – 780.

Galor, Oded, and Omer Moav. 2002. "Natural Selection and the Origin of Economic Growth." *Quarterly Journal of Economics*, 117 (4): 1133 – 1191.

Galor, Oded, and Omer Moav. 2007. "The Neolithic Revolution and Contemporary Variations in Life Expectancy." Brown University Department of Economics Working Paper 2007 – 14.

Galor, Oded, and Ömer Özak. 2016. "The Agricultural Origins of Time Preference." *American Economic Review*, 106 (10): 3064 – 3103.

Galor, Oded, and Viacheslav Savitskiy. 2020. "Climatic Roots of Loss Aversion." NBER Working Paper 25273.

Hanihara, Tsunehiko. 2008. "Morphological Variation of Major Human Populations Based on Nonmetric Dental Traits." *American Journal of Physical Anthropology*, 136 (2): 169 – 182.

Harpending, Henry, and Alan Rogers. 2000. "Genetic Perspectives on Human Origins and Differentiation." *Annual Review of Genomics and Human Genetics*, 1: 361 – 385.

Hawks, John, Eric T. Wang, Gregory M. Cochran, Henry C. Harpending, and Robert K. Moyzis. 2007. "Recent Acceleration of Human Adaptive Evolution." *Proceedings of the National Academy of Sciences*, 104 (52): 20753 – 20758.

Henn, Brenna M., L. Luca Cavalli-Sforza, and Marcus W. Feldman. 2012. "The Great Human Expansion." *Proceedings of the National Academy of Sciences*, 109 (44): 17758 – 17764.

Klemp, Marc, and Jacob Weisdorf. 2019. "Fecundity, Fertility and the Formation of Human Capital." *Economic Journal*, 129 (618): 925 – 960.

Kong, Augustine, et al. 2017. "Selection Against Variants in the Genome Associated with Educational Attainment." *Proceedings of the National Academy of Sciences*, 114 (5): E727 – E732.

Kong, Augustine, et al. 2018. "The Nature of Nurture: Effects of Parental Genotypes." *Science*, 359 (6374): 424 – 428.

Lagerlöf, Nils-Petter. 2007. "Long-Run Trends in Human Body Mass." *Macroeconomic Dynamics*, 11 (3): 367 – 387.

Livingstone, Frank B. 1958. "Anthropological Implications of Sickle Cell Gene Distribution in West Africa." *American Anthropologist*, 60 (3): 533 – 562.

Manica, Andrea, William Amos, François Balloux, and Tsunehiko Hanihara. 2007. "The Effect of Ancient Population Bottlenecks on Human Phenotypic Variation." *Nature*, 448 (7151): 346 – 348.

Mathieson, Iain, et al. 2015. "Genome-Wide Patterns of Selection in 230 Ancient Eurasians." *Nature*, 528 (7583): 499 – 503.

Mekel-Bobrov, Nitzan, et al. 2005. "Ongoing Adaptive Evolution of ASPM, a Brain Size Determinant in Homo sapiens." *Science*, 309 (5741): 1720 – 1722.

Nielsen, Rasmus, Ines Hellmann, Melissa Hubisz, Carlos Bustamante, and Andrew G. Clark. 2007. "Recent and Ongoing Selection in the Human Genome." *Nature Reviews Genetics*, 8 (11): 857 – 868.

Pemberton, Trevor J., Michael DeGiorgio, and Noah A. Rosenberg. 2013. "Population Structure in a Comprehensive Genomic Data Set on Human Microsatellite Variation." *G3: Genes, Genomes, Genetics*, 3 (5): 891 – 907.

Prugnolle, Franck, Andrea Manica, and François Balloux. 2005. "Geography Predicts Neutral Genetic Diversity of Human Populations." *Current Biology*, 15 (5): R159 – R160.

Putterman, Louis, and David N. Weil. 2010. "Post-1500 Population Flows and the Long-Run Determinants of Economic Growth and Inequality." *Quarterly Journal of Economics*, 125 (4): 1627 – 1682.

Ramachandran, Sohini, Omkar Deshpande, Charles C. Roseman, Noah A. Rosenberg, Marcus W. Feldman, and L. Luca Cavalli-Sforza. 2005. "Support from the Relationship of Genetic and Geographic Distance in Human Populations for a Serial Founder Effect Originating in Africa." *Proceedings of the National Academy of Sciences*, 102 (44): 15942 – 15947.

Ray, Debraj, and Joan Esteban. 2017. "Conflict and Development." *Annual Review of Economics*, 9: 263 – 293.

Robson, Arthur J., and Larry Samuelson. 2011. "The Evolutionary Foundations of Preferences." In *Handbook of Social Economics, Volume 1A*, edited by Jess Benhabib, Alberto Bisin, and Matthew O. Jackson, 221 – 310. Amsterdam and Boston: Elsevier, North-Holland.

Rogers, Deborah S., Marcus W. Feldman, and Paul R. Ehrlich. 2009. "Inferring Population Histories using Cultural Data." *Proceedings of the Royal Society B: Biological Sciences*, 276 (1674): 3835 – 3843.

Rosenberg, Noah A., and Jonathan T. L. Kang. 2015. "Genetic Diversity and Societally Important Disparities." *Genetics*, 201 (1): 1 – 12.

Sabeti, Pardis C., et al. 2006. "Positive Natural Selection in the Human Lineage." *Science*, 312 (5780): 1614 – 1620.

Sacerdote, Bruce. 2011. "Nature and Nurture Effects on Children's Outcomes: What Have We Learned from Studies of Twins and Adoptees?" In *Handbook of Social Economics, Volume 1A*, edited by Jess Benhabib, Alberto Bisin, and Matthew O. Jackson, 1 – 30. Amsterdam and Boston: Elsevier, North-Holland.

Simonson, Tatum S., et al. 2010. "Genetic Evidence for High-Altitude Adaptation in Tibet." *Science*, 329 (5987): 72 – 75.

Spolaore, Enrico, and Romain Wacziarg. 2009. "The Diffusion of Development." *Quarterly Journal of Economics*, 124 (2): 469 – 529.

Spolaore, Enrico, and Romain Wacziarg. 2014. "Long-Term Barriers to Economic Development." In *Handbook of Economic Growth, Volume 2A*, edited by Philippe Aghion and Steven N. Durlauf, 121 – 176. Amsterdam and Boston: Elsevier, North-Holland.

Tishkoff, Sarah A., et al. 2001. "Haplotype Diversity and Linkage Disequilibrium at Human *G6PD*: Recent Origin of Alleles That Confer Malarial Resistance." *Science*, 293 (5529): 455 – 462.

Tishkoff, Sarah A., et al. 2007. "Convergent Adaptation of Human Lactase Persistence in Africa and Europe." *Nature Genetics*, 39 (1): 31 – 40.

Tversky, Amos, and Daniel Kahneman. 1991. "Loss Aversion in Riskless Choice: A Reference-Dependent Model." *Quarterly Journal of Economics*, 106 (4): 1039 – 1061.

Voight, Benjamin F., Sridhar Kudaravalli, Xiaoquan Wen, Jonathan K. Pritchard. 2006. "A Map of Recent Positive Selection in the Human Genome." *PLoS Biology*, 4 (3): e72.

von Cramon-Taubadel, Noreen, and Stephen J. Lycett. 2008. "Brief Communication: Human Cranial Variation Fits Iterative Founder Effect Model with African Origin." *American Journal of Physical Anthropology*, 136 (1): 108 – 113.

Weibull, Jörgen W., and Marcus Salomonsson. 2006. "Natural Selection and Social Preferences." *Journal of Theoretical Biology*, 239 (1): 79 – 92.

Wiesenfeld, Stephen L. 1967. "Sickle-Cell Trait in Human Biological and Cultural Evolution: Development of Agriculture Causing Increased Malaria is Bound to Gene-Pool Changes Causing Malaria Reduction." *Science*, 157 (3793): 1134 – 1140.

前沿

Guide

低碳转型风险的全球定价

帕特里克·博尔顿　马钦·卡茨佩尔契克

1. 引言

　　世界各地的公共舆论、政府、商界领袖和机构投资者逐渐意识到应对气候变化的紧迫性。[①] 各界对气候变化问题的日益关注将促使全球能源结构更快、更无序地从化石能源转向可再生能源。迄今为止，全球已有100多个国家和地区提出了碳中和目标，其经济总量占全球GDP的近50%。此外，国际社会也已达成了若干碳减排多边协议和其他承诺。[②] 这就意味着，那些依赖化石能源生产或消费的企业将面临更大的低碳转型风险。从单个企业的角度看，低碳转型风险反映了企业向碳中和转型的进度存在不确定性。从投资者的角度看，低碳转型风险体现了人们对转向更清洁能源的认识的变化。因此，低碳转型风险综合反映了气候政策、市场偏好、声誉影响、技术创新等一系列冲击。本研究从全球金融市场的视角出发，分析全球众多企业面对不同的低碳转型风险时，其股价的变化情况，以此评估投资者对低碳转型风险赋予的经济重要性。

　　遵循诺德豪斯（Nordhaus，1991）的分析框架，气候变化经济学普遍认

---

* Patrick Bolton，哥伦比亚大学经济学教授；Marcin Kacperczyk，伦敦帝国理工学院教授。
① 一些最值得注意的行动包括国家和泛国家倡议，如联合国气候变化框架公约缔约方大会（COP）、联合国支持的国家自主贡献（NDCs）或G20气候相关财务信息披露工作（TCFD）。
② 例如，中国承诺在2060年前实现碳中和，日本和英国承诺到2050年实现碳中和。

为，减缓气候变化是一种公共品，需要实施全球性碳庇古税，将碳排放外部性内部化。有效的碳税应该等于碳的社会成本（SCC），所谓碳的社会成本是指碳颗粒物在大气中累积使气候变暖带来的预期物理损失的贴现值。本文并不讨论依赖化石能源的企业在经济增长转向以可再生能源为基础的过程中面临的低碳转型风险。相比之下，金融学对气候变化的研究更直接地关注气候变化风险的定价问题，尤其是低碳转型风险的定价问题。但是这方面的文献仍处在起步阶段，目前，我们只掌握了关于低碳转型风险定价，尤其是关于风险来源的零星证据。因此，本文尝试比现有的研究更系统、更广泛地分析低碳转型风险定价问题。我们考察了企业碳排放和反映一国低碳转型进展的国家特征如何影响77个国家14 400家上市公司在2005—2018年的股票收益。这几乎涵盖了全球所有能够获得碳排放数据的上市公司，占所有上市公司市值的80%。

众所周知，跨国研究一直以来都受到国家内生性和特征识别的困扰。因为国家层面的特征差异可能由多方面原因导致。本文利用大量国家、行业、企业层面的碳排放差异和其他特征，识别技术转型、社会规范和能源政策对低碳转型风险的影响，从而在一定程度上克服了这类挑战。将这种细化到企业层面的观测值和各种固定效应相结合，可以更好地理解低碳转型风险。据我们所知，这是经济学领域首次使用如此大规模的面板数据研究低碳转型风险。

本文的第一个贡献是揭示了所有样本国家的企业碳排放分布。关于全球碳排放的研究大多以国家为分析单元，很少提供每个国家分解到不同企业的碳排放信息。根据《财富》杂志，2017年全球500强企业的收入合计为30万亿美元[3]，约为全球GDP的37.5%［根据中情局的《世界概况》（World Factbook），2017年全球GDP约80万亿美元］。因此，我们理当从碳排放大国的角度，也需要从碳排放大企业的角度看待如何减缓气候变化。

本文的第二个贡献是，我们测算了滞后的企业排放对股票收益的影响，估计了全球低碳转型风险溢价（以下简称"碳溢价"）的大小。鉴于直到最近人们对气候变化的关注仍然不足，一个合理的零假设（null hypothesis）是在我们的样本期间，企业的股票收益并不会随其碳排放的增大而升高，但欧洲（包括美国、日本和一些其他OECD国家）除外。一个合理的备择假设是，投资者确实关注气候风险，碳溢价仅出现在全球最大、最发达以及碳排放占比最

---

[3] https://fortune.com/global500/2018/.

高的国家。由于这些地区的碳减排紧迫性最高，因此低碳转型风险也最高。

从我们的分析中可以得出一些具有普遍意义的结论。第一个普遍结论就是，在控制了可以预测股票收益的特征后，碳溢价与碳排放量和碳排放量的年变化率呈正相关。由于低碳转型本质上是个暂时的过程，低碳转型风险理论上应该既与碳排放量有关，也涉及其变化。我们还发现，碳溢价既与生产企业的直接排放（排放范围1）相关，也与供应链的间接排放（排放范围2和排放范围3）相关。计算结果在统计上和经济上都非常显著。例如，排放范围1下的排放量增加1个标准差，股票的年化收益率增加1.1%；排放量变化率增加1个标准差，股票收益率增加2.2%。如果考虑行业间的潜在差异，影响程度通常更大。这显示了行业因素在低碳转型风险研究中的重要性。另外，计算结果表明排放范围3对股票收益的影响比范围1和范围2更大。

我们的研究结果表明，企业面临的低碳转型风险与其排放量成正比。这是一个非常稳健的发现，而与此相反的是，业内和气候金融研究者几乎只关注排放强度（碳排放量与销售额、资产或耗电量的比率）。为了实现"零净排放"（Net Zero）目标，无论企业是否大量使用化石能源，未来20年必须大幅减少碳排放。

有趣的是，碳排放量及其增长率对碳溢价的影响是独立的，我们认为，这反映了长期转型风险和短期转型风险。由于碳排放会长期存在，所以碳排放量反映了长期转型风险，而排放量变化则反映了企业短期内减少（或增加）排放带来的风险。排放量变化还可能反映了企业的收入变化，但我们在自变量中加入了企业的净资产收益率（ROE）和销售收入增长率来控制这一影响。

为了让我们对碳溢价的估计更稳健，并部分解决股票收益率随机波动的可能性，我们在碳排放与企业的账面市值比（book to market ration，B/M）之间建立关联。我们发现，在控制了一组固定效应和企业特征后，横截面的直接排放量增加1个标准差将导致企业账面市值比提高13%。这些结果证明了我们基于股票收益得出的研究发现。尤其是，这些结果的经济量级在我们估计的股票收益范围之内。这进一步反驳了碳溢价是由意料不到的收益因素导致的解释。

第二个具有普遍意义的发现是，在世界大多数地区，碳溢价显著大于零。它在北美、欧洲和亚洲均存在，但量级不同。它较少在南半球地区存在，但在这些地区，国家的经济和社会结构具有较大差异。我们的跨国研究结果还表明，全球金融市场并不是完全一体化的。简单地根据经济发展水平对国家进行分类，并不能解释各国之间碳溢价的差异。然而，在更加细分的层面上，我们发现，企业的总部若设在经济发展水平较低的国家，其短期碳溢价通常较高。企业所在国的人均GDP较低、经济产出更多依赖制造业、医疗卫生行业较不发达，其碳溢价通常较高。然而，各国的长期碳溢价并不存在上述特征。这些结果与低碳转型风险只存在于发达国家的普遍认知形成了鲜明对比。

本文的第三个贡献是研究了低碳转型风险的不同来源。我们的研究假设在局部分割的市场中，国家的本地环境可以放大或缩小平均碳溢价。由于国家层面的证据可能受到遗漏变量偏误的影响，所以本文利用企业层面的碳排放差异，并结合各种企业层面的控制变量和固定效应，从而更好地识别每个变量的影响。我们的识别方法与拉詹和津加莱斯（Rajan and Zingales, 1998）在研究金融发展和经济增长之间的关系时使用的方法相似。

本文识别了若干非常重要的国家特征变量。我们将这些特征变量分为政治社会因素和能源因素两大类。在政治社会因素方面，我们发现"话语权"和"法治化程度"会显著影响碳排放量增加导致的短期碳溢价。在其他条件相同的情况下，企业所在国越民主，其碳溢价通常越低。此外，研究发现企业所在国的国内气候政策越严格，其长期碳溢价越高。这一发现表明，投资者认为气候政策是永久性的，不太可能发生逆转。值得注意的是，如果将国内政策和国际协议分开，我们发现仅前者有显著影响，后者的影响有限。这一结果突显了与气候政策相关的协调成本的重要性，这也是近年来困扰国际社会的一个问题。

当考虑国家层面的能源结构差异时，我们发现，企业所在国的可再生能源占比越高，其碳溢价越低；企业所在国对能源部门依赖程度越高，其碳溢价越高。能源结构的影响主要反映在短期碳溢价中，这表明技术冲击是短期影响，或者说从长期看，技术冲击是一个难以估计的因素。有趣的是，我们发现一国的能源消费量对碳溢价影响不大，这表明在研究过程中需要区分能源生产和能源消费。

最后，我们还发现，在气候灾害（洪水、野火、干旱等）带来更大损害的国家，并不存在显著不同的碳溢价。这表明，气候物理风险既不影响碳溢价，也不与低碳转型风险正相关，或者说在气候物理风险不断上升的国家，投资者更重视低碳转型风险。

社会政治因素和能源因素大多通过现金流影响低碳转型风险。可能同样重要的是，贴现率反映了投资者对低碳转型风险的认识。为了评估后者的重要性，我们将样本期间划分为自然时间段。鉴于气候变化直到最近才成为投资者关注的主要问题，我们探讨了碳溢价在近年来的变化。我们比较了2015年《巴黎协定》签署前后两年的溢价情况。从这一分析中得到了几个有趣的结论。首先，当我们把所有国家放在一起时，可以发现在《巴黎协定》之前没有显著的碳溢价，但之后碳溢价显著大于零。这一结果符合《巴黎协定》改变了投资者对气候变化紧迫性的认识这一判断。其次，碳溢价的变化主要与低碳转型的长期风险相关。这表明《巴黎协定》导致投资者改变了认识，他们认为气候政策长期看将更加严格，而短期的技术冲击或政治环境变化并不影响碳溢价。最后，当我们根据大洲分解《巴黎协定》对碳溢价的影响时，发现亚洲的碳溢价大幅上升，北美和欧洲的碳溢价变化较小。实际上，亚洲的碳溢价上升是《巴黎协定》后全球碳溢价上升的主要原因。

一个难以回答的问题是，低碳转型风险的变化如何影响资产价格。从均衡的角度看，我们的结论意味着存在一个过渡阶段，在这一阶段，低排放资产的价格升高，而高排放资产的价格下降，这种变化反映了投资者的认识变化。重新定价的发生阶段则很难确定，因为不同资产可能处于不同阶段，而且不同资产重新定价的时间和速度也不同。但是我们提供了一些证据，表明重新定价的过程确实存在。例如，更多地使用可再生能源技术与石油巨头股票价格的下跌相吻合。在更依赖自然资源的国家，也可以观察到类似的结果。重新定价对经济有巨大影响，突显了能源转型的重要性。

就相关文献而言，我们显然不是在可持续金融领域进行跨国分析的第一人。与本文最接近的是戈尔根等人（Görgen et al., 2020）的研究，该研究利用世界各地"棕色"和"绿色"公司的股票收益差异构建了碳风险因子。他们主要关注转型风险的定价机制，而不是转型风险本身。它没有将股票收益与本文中的任何核心机制联系起来，比如短期风险与长期风险，技术、社会和政策风险。在研究主题方面，迪克等人（Dyck et al., 2019; Gibson et al., 2019）的研究也与此相关。他们考察了由ESG（环境、社会和公司治理）驱动的投资在世界各地的差异。值得注意的是，这两项研究都没有涉及低碳转型风险的定价，而这正是本文的重点。

另外，从跨国研究看，现在有越来越多国家层面的气候金融研究，其中大多数集中在美国。在早期的理论贡献中，亨克尔等人（Heinkel et al.，2001）说明了从高排放公司撤资将如何导致股票收益提高。有研究（Matsumura et al.，2014）发现，企业排放越高，其价值越低。与此相关，查瓦（Chava，2014）发现，企业碳排放越高，其资本成本越高。近期，伊尔汗等人（Ilhan et al.，2021年）发现，碳排放风险反映在看跌期权的价格中。还有人（Hsu et al.，2020）推导并测算了一个模型，表明高污染企业更容易受到环境监管风险的影响，因此需要更高的平均回报。恩格尔等人（Engle et al.，2020）通过对《华尔街日报》和其他媒体的文本分析构建了气候新闻指数，并说明了如何实施动态投资组合策略，以对冲气候变化新闻的风险。莫纳斯泰罗洛和德安吉利斯（Monasterolo and De Angelis，2020）探讨了在第21届联合国气候变化大会（COP21）协议之后，投资者是否对碳密集型资产要求更高的溢价。加维等人（Garvey et al.，2018）研究了直接排放变化对股票收益的影响；我们之前的一项研究（2021a）发现，无论是直接排放还是间接排放，碳排放对美国公司股票收益都有显著的正向影响。在所有这些研究中，最后一项研究与本文相关度最高，因为它关注的是碳定价，并且使用的数据来源类似。不过，它基本上关注碳定价和投资组合经理对转型风险的反应。更重要的是，那项研究完全基于美国数据，也未涉及本文重点关注的转型风险驱动机制。

其他相关研究探讨了与气候事件和全球变暖有关的物理风险对资产定价的影响。班赛尔等人（Bansal et al.，2016）利用均衡分析框架，其中的标准长期风险模型包含了一个内生的气温上升过程，研究了气温上升对资产定价的影响。还有学者（Hong et al.，2021）提出了一种资产定价模型，用企业横截面数据，分析了自然灾害缓解成本（natural disaster mitigation cost）的定价。他们（2019）还发现，由气候变化引起的干旱风险上升并没有有效地反映在股票市场的定价中。

2. 概念框架

我们首先提出了一个概念框架，该框架可以解释未来几十年全球经济脱碳过程中投资者面临的低碳转型风险。低碳转型风险这一基本概念刻画了投资者对企业在碳中和过程中面临的各种变化的不确定性。零净排放目标是指，许多国家和企业基于当前的科学共识认为，若想避免全球平均气温较工业化前水平提高1.5℃进而对人类生存构成威胁，就需要在2050年之前实现碳的零净排放。

图1说明了全球碳排放和气温变化之间的关系。IPCC（联合国政府间气候变化专门委员会）的图表提供了不同碳排放变化情景下的气温变化情况和预测的气温。如前所述，要想将气温上升控制在1.5℃之内，全球排放需要从2018年的新增420亿吨二氧化碳降至2050年的零新增。最新的IPCC报告警告，到2020年新增的碳排放量累计不应超过300亿吨二氧化碳。要实现这一目标，需要将企业完全从棕色能源转变为绿色能源。这种剧烈转变将带来新的风险，本文将此定义为低碳转型风险。重要的是，无论未来气候变化造成什么样的物理损害，这种风险都将存在。

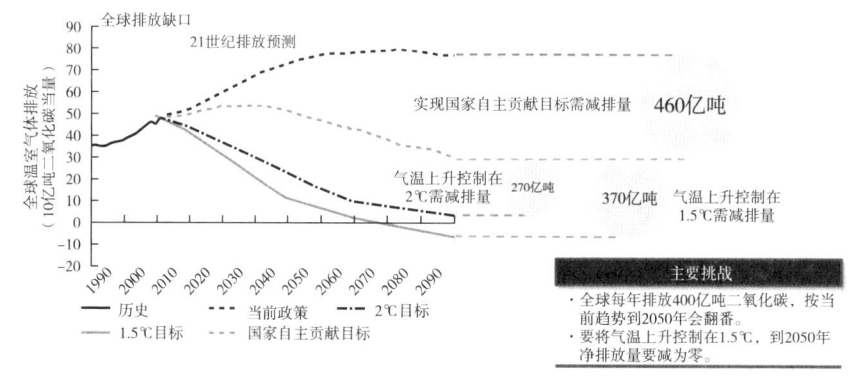

图1 全球排放量和预测的全球平均温度

资料来源：Climate Action Fracker Database，全球排放时间序列数据更新到2017年。INDC、1.5℃目标、2℃目标时间序列数据为最大和最小潜在排放结果的中位值。

我们应该在非稳态的气候变化背景下理解这种低碳转型风险，低碳转型风险随着向大气中排放二氧化碳累计量的变化而变化。由于潜在的经济和气候是非稳态的，低碳转型风险也是一种非稳态的风险。由于经济是非稳态的，所以即使一家企业的排放量没有意外的变化，其碳溢价也会随时间变化。此外，排放的边际效应也会因与临界点距离不同而有所不同。越是接近碳预算边界，边际排放的影响越大。由于向净零排放经济转型的时间是有限的，因此在相同的排放水平下，越接近目标实现的日期（比如2050年），减排压力越大，进而企业面临的风险也越大。即使一家企业的排放水平没有变化，碳溢价也可能会随时间上升。当然，这并不一定意味着碳溢价将随时间稳步上升。一种更合理的情况是棕色资产突然出现向下的重新定价，或绿色资产突然出现向上的重新定价。

从资产定价的角度看，我们可以将低碳转型风险分成两个独立的来源：与现金流相关的风险，以及与贴现率变化相关的风险。与现金流相关的风险涉及减排成本、资产处置和技术冲击。此外，这些转型成本和转型速度受到气候政策严格程度的影响，但严格程度本身是不确定的。另一种放大效应通过资本支出发挥作用，这将重塑经济对可再生能源的使用情况。未来几十年资本支出增加的速度难以预测。即使人们可以预测某些行业的相对脆弱性，企业现金流和投资者对单个企业的信心也是不确定的。以汽车产业为例，现在所有的汽车制造企业都在争先恐后地转向电动汽车。除了特斯拉和进入电动汽车市场的新企业，传统汽车制造企业的市值都遭受了打击（换句话说，它们的股票存在碳溢价）。但是，难以确定这些公司中哪家将成功转型为纯电动汽车。

目前还没有模型能够评估能源转型过程中的低碳转型风险。柯冈和帕帕尼古拉乌等人（Kogan and Papanikolaou，2014；Hsu et al.，2020）使用均衡模型对技术风险进行定价，这些研究对低碳转型风险分析具有参考意义。此外，有学者（Hong et al.，2021）的资产定价模型将自然灾害缓解成本与企业资产价格联系起来，用于测算未来预期的低碳转型成本对企业估值的影响。其他有用的相关框架包括布鲁姆等人（Bloom，2009；Pastor and Veronesi，2013）使用均衡模型分析政策变化的不确定性。这些模型的基本判断是，风险厌恶型投资者会因为持有存在低碳转型风险的资产而要求补偿。因此，企业面临的低碳转型风险越高，其需要提供的预期收益越高。请注意，如果投资者对棕色企业反感，也会得出同样的预测结果。投资者会因为持有让人反感的棕色资产而要求补偿，因此在均衡状态下，棕色公司需要提供更高的回报。

碳溢价也会受到贴现率变化和投资者对低碳转型风险预期的影响。具体来说，需要重点关注社会经济环境如何影响投资者对气候变化的态度和看法。在一个重视环境保护和应对气候变化的社会中，投资者可能会对持有高碳排放资产提出更高的收益要求。在莫顿等人（Merton，1987；Pastor et al.，2021；Pedersen et al.，2020）的均衡模型中，社会偏好与特定的不完全信息的作用机制类似，它限制了投资者的有效投资机会组合，因此存在更高的碳溢价。贴现率的影响与退出"罪恶股"（Hong and Kacperczyk，2009）投资的影响在传导机制上有所不同。主要区别在于，投资者会对持有低碳转型风险较高的资产要求更高的补偿，而不会直接退出对部分类型资产的投资。当然，在实践中，贴现率和退出投资两方面的影响都可能出现。我们发现，所有行业都存在显著的碳溢价，而不仅仅是在煤炭、石油和天然气行业，这表明贴现率是一个重要的影响因素，碳溢价并不仅仅是由退出投资引起的。

低碳转型风险可能是由多种传导机制产生的。不同机制之间的相对重要性很大程度上是一个实证分析问题。此外，确定碳溢价的大小也是一个重要的实证分析问题。我们的实证分析旨在对每个传导机制做定量评估。与我们之前的研究（2021a）一样，本文使用企业层面的碳排放作为企业面临的低碳转型风险的代理变量，具体包括碳排放量水平和排放量增长率两个变量，前者表示企业碳排放与净零排放目标之间的差距（衡量长期风险），后者表示企业减排的速度（衡量短期风险）。企业的排放量增加意味着其低碳转型风险增大，因为它们在脱碳方面面临的未来挑战将更大。碳排放属于投资者关心程度日益提高的状态变量，类似于投资者关心的供应链瓶颈、大宗商品价格变化等。在本文的实证检验中，我们使用上述两个衡量指标的横截面差异，尤其是产业部门内的横截面差异，刻画企业面临的低碳转型风险的差异。有趣的是，我们发现企业低碳转型的长期和短期风险相关性不高。这可能是由于不同企业的减排进程不同。

我们的实证分析有一个突出优势，即覆盖全球数据。考虑到不同国家的企业可能采取不同的低碳转型路径，理应探讨地理位置差异对资产价格的影响。从投资者定价的角度看低碳转型风险，很重要的一点是不同资产之间以及不同投资者之间风险分担的能力。在市场完全一体化和全球代表性投资者的假设下，可以预计不同地区低碳转型风险的定价不会有很大差异。另一方面，在市场局部分割的情况下，我们可能会发现不同地区的低碳转型风险定价有明显差异。这种差异可能来自不同的政策体制、不同的技术进步情况以及对气候变化威胁的不同判断。因此，我们的实证检验在一定程度上也揭示了低碳转型风险的市场一体化程度。

在本文的其余部分，我们将基于上述概念框架，运用全球各地上市公司的大量横截面数据，对低碳转型风险的定价进行实证检验。

3. 数据和样本

本研究的数据主要来源于 Trucost 和 FactSet。前者提供了企业每年的碳排放和其他温室气体排放的信息，后者汇总了企业的股票收益和资产负债表数据。我们使用国际证券识别编号体系（ISIN）来匹配两个数据源的数据。在某些情况下，ISIN无法获得，因此难以实现完美匹配，则基于企业名称进行数据匹配。④当某企业拥有多个子公司时，则通过地址进行匹配。最终，在Trucost的16 222家企业中，有77个国家的14 468家企业完成了数据匹配。在无法匹配的企业中，超过三分之二没有上市，其余的企业通常规模较小，且在Factset中没有相应的数据。数据缺失最多的三个国家是中国、日本和美国。本研究样本涵盖了超过98%有排放数据的上市公司（按照市值计算），占Factset中所有上市公司市值的80%~85%。由于Trucost对不同行业的企业进行了统一的抽样处理，本研究样本可以得到Factset数据库中按照市值加权的碳排放近似值。本研究补充了大量国家层面的数据，包括由世界银行和德国观察（German Watch）提供的全球气候政策指数和气候风险指数（CRI），以及摩根士丹利的MSCI全球指数等变量。

3.1 企业碳排放数据

Trucost EDX企业排放数据库遵循《温室气体议定书》⑤ 中的企业排放测算方法。该议定书制定了企业排放测量标准，并区分了三种不同的排放口径：排放范围1，即企业拥有或控制一年以上的机构的直接排放，包括生产环节使用化石能源的所有排放；排放范围2，即企业外购能源（热力、蒸汽、电力）的生产过程中的排放；排放范围3，即由企业经营和产品导致的排放，但排放源是那些不属于企业所有或控制的资源，包括原材料生产、产品使用、废弃物处理和外包活动产生的排放。《温室气体议定书》就如何界定和计算排放范围3提供了详细指导。对于购买的商品和服务，这一过程包括投入品或活动数据的计量、通过排放因子（emission factors）将活动数据转变为排放数据等。在Trucost数据库中，范围3的排放数据由投入产出模型计算得到，其中包含了某个产业对其他各产业的支出比例。该模型还可以扩展到包含产业层面的排放因子，从而可以根据企业从各产业购买投入品的支出得到范围3的排放量估计值（详见Trucost，2019）。⑥

---

④ 分别对FactSet和Trucost中的公司名称进行标准化处理，选择标准化后公司名称相似的企业进行配对。
⑤ https：//ghgprotocol.org.
⑥ 企业也可以估计并越来越多地披露使用上游产品导致的排放范围3，目前正有越来越多的企业披露。Trucost最近刚刚开始收集这些数据。由于数据时间跨度太短，因此本研究没有使用这些数据。

Trucost数据库以吨二氧化碳/年为单位，统计了上述三种排放范围的碳排放量。首先，我们对Trucost中77个国家的碳排放情况给出了基本的汇总统计。表1给出了样本企业在国家层面的分布，以及三种排放范围：范围1（*S1*）、范围2（*S2*）和范围3（*S3*）。我们考虑了包括三种范围下各国企业的平均年排放量（*S1TOT*、*S2TOT*和*S3TOT*）、年排放量变化率（*S1CHG*、*S2CHG*和*S3CHG*）以及国家的年总排放量（*TOTS1*、*TOTS2*和*TOTS3*）。

观测值数量最多的国家显然是美国，约占观测值总量的19.8%。其次是日本，占观测值总量的14%。中国位居第三，占观测值总量的约8.2%。对我们的分析来说，重要的是，表1显示我们样本中的大多数上市公司并没有集中在上述三大经济体。总的来说，全部样本在排放范围1下的排放量合计为118.1亿吨/年，在排放范围2下的排放量合计为16.2亿吨/年，在排放范围3下的排放量合计为79.9亿吨/年。从碳排放总量来看，在排放范围1下，中国每年的碳排放总量为29.1亿吨，其次是美国的23.3亿吨和日本的9.80亿吨。上述三个国家在排放范围2和排放范围3下的排放量依然位居前三，但排序不同。在排放范围3下，美国、日本和中国分别产生21亿吨、12.5亿吨和8.41亿吨碳排放。

由于各国相对规模不同，全球碳排放量并不一定反映每个企业对总排放量的贡献。事实上，在排放范围1下，按企业平均碳排放量排序，位居前三的国家是俄罗斯、荷兰和希腊，它们的碳排放量分别为1 010万吨/年、560万吨/年和420万吨/年。在排放范围3下，俄罗斯每家企业平均排放610万吨二氧化碳，位居第一。其后是德国和法国，分别为340万吨和290万吨。在比较企业排放强度时，可以得到略有不同的结果。在排放范围1下，排放强度最高的国家包括爱沙尼亚、摩洛哥和秘鲁。在大型经济体中，俄罗斯、印度和中国的排序相对较高，而法国、日本和英国的排序较低。

另一个有意思的现象是，在样本期内，大多数国家的碳排放量都在增长。在排放范围1下，排放量增速最快的国家是毛里求斯，年均增速为45%。保加利亚排名第二，年均增速为35%。冰岛、肯尼亚和立陶宛分别为第三至第五位。在样本期内，这五个国家的GDP也实现了快速增长。在大型经济体中，排放快速增长的国家有中国（近18%）、俄罗斯（16%）、美国（7.9%）和德国（7.1%）。在排放范围1下，增速最低的国家包括沙特阿拉伯为−10.5%（可能由于样本期内许多企业退市，从而降低了每家企业的平均排放量），卢森

表1 各国碳排放量：2005—2018 年

代码	国家	样本数量	百分数	企业数	S1TOT	S2TOT	S3TOT	S1CHG (%)	S2CHG (%)	S3CHG (%)	TOTS1	TOTS2	TOTS3
AE	阿联酋	1 748	0.2	34	382 822	45 424	133 220	10.93	16.32	11.05	13 000 000	1 106 904	3 338 979
AR	阿根廷	550	0.06	6	1 977 235	259 067	1 032 782	11.18	38.18	10.24	9 816 885	1 137 898	4 831 946
AT	奥地利	3 741	0.42	42	1 543 117	175 280	1 478 427	10.00	16.37	7.56	34 500 000	4 073 719	33 900 000
AU	澳大利亚	37 405	4.21	471	580 313	225 151	390 624	14.38	20.19	11.88	141 000 000	51 700 000	91 500 000
BD	孟加拉	254	0.03	5	112 458	23 661	145 789	16.66	25.97	14.83	490 572	106 452	624 504
BE	比利时	3 883	0.44	52	1 611 505	398 625	1 586 838	5.88	11.12	6.28	35 200 000	9 368 517	39 000 000
BG	保加利亚	123	0.01	3	49 815	11011	44 659	34.85	6.04	14.60	1 010 125	85 163	303 958
BH	巴林	198	0.02	3	1 986	5 858	28 640	7.04	8.84	9.21	5 696	16 924	83 299
BR	巴西	10 249	1.15	126	184 6871	200 604	2 147 921	11.05	16.74	9.09	119 000 000	12 700 000	145 000 000
BW	博茨瓦纳	68	0.01	2	3 986	16 534	38 093	12.15	21.45	21.82	6 650	28 041	64 964
CA	加拿大	25 479	2.87	399	1 179 827	194 523	794 471	13.80	18.99	11.30	226 000 000	35 700 000	147 000 000
CH	瑞士	12 638	1.42	172	1 751 558	219 020	1 848 782	5.40	9.95	5.63	142 000 000	18 500 000	144 000 000
CI	科特迪瓦	154	0.02	2	10 867	13 642	102 418	5.46	6.50	6.45	18 779	25 697	181 503
CL	智利	3 991	0.45	37	2 520 658	150 335	526 513	9.99	17.85	9.09	61 800 000	3 816 032	13 500 000
CN	中国	73 490	8.28	1 660	4 009 318	258 028	1 121 424	17.16	24.86	16.47	2 910 000 000	232 000 000	841 000 000
CO	哥伦比亚	1 141	0.13	13	2 638 497	153 165	1 602 004	16.65	23.03	13.89	24 900 000	1 460 375	14 600 000
CZ	捷克	446	0.05	5	80 966	84133	106 096	3.29	8.69	-2.05	298 304	276 486	311 847
DE	德国	19 023	2.14	253	4 126 920	584 281	3 403 940	7.12	13.69	7.24	458 000 000	70 800 000	397 000 000
DK	丹麦	4 310	0.49	48	1 830 641	81 427	715 844	6.29	8.37	5.98	48 000 000	2 101 215	19 200 000
EE	爱沙尼亚	116	0.01	2	1 324 801	23 427	72 707	10.45	18.91	5.49	2 649 601	46 855	145 415

(续表)

代码	国家	样本数量	百分数	企业数	S1TOT	S2TOT	S3TOT	S1CHG (%)	S2CHG (%)	S3CHG (%)	TOTS1	TOTS2	TOTS3
EG	埃及	2 855	0.32	30	1 300 763	71 534	347 754	4.98	10.42	5.58	22 200 000	1 285 661	6 255 982
ES	西班牙	7 140	0.8	84	3 733 641	254 727	2 095 625	9.14	15.39	6.55	153 000 000	11 100 000	89 400 000
FI	芬兰	4 049	0.46	42	1 401 658	320 239	1 548 562	2.96	10.18	3.74	34 300 000	7 964 368	37 800 000
FR	法国	20 256	2.28	248	3 537 015	457 697	2 902 571	7.12	11.09	6.26	411 000 000	57400 000	355 000 000
GB	英国	68 153	7.68	660	1 037 499	263 688	1 350 755	7.47	8.86	6.25	436 000 000	110 000 000	560 000 000
GH	加纳	235	0.03	2	3 583	3 103	68 338	0.63	3.23	2.96	6 882	5 945	133 928
GR	希腊	1 929	0.22	23	4 208 318	155 010	938 891	13.98	18.93	7.11	47 800 000	2 284 545	11 200 000
HK	香港地区	28 827	3.25	830	1 963 473	177 584	524 083	14.95	28.14	14.69	383 000 000	45 200 000	119 000 000
HR	克罗地亚	128	0.01	2	839 807	101 136	745 120	−6.99	−1.29	12.21	1 503 091	194 606	1 321 002
HU	匈牙利	474	0.05	3	2 033 690	348 850	2 292 191	8.91	22.72	0.16	6 100 691	1 046 018	6 871 986
ID	印度尼西亚	8 865	1	130	982 778	83 318	416 476	12.58	14.81	10.12	62 100 000	5 377 655	28 000 000
IE	爱尔兰	1 749	0.2	20	1 013 523	83 576	854 927	5.99	9.48	5.64	12 700 000	1 108 046	10 300 000
IL	以色列	5 688	0.64	92	207 414	49 185	289 135	12.32	15.74	9.46	9 144 490	1 943 727	10 900 000
IN	印度	33 514	3.78	518	3 452 714	141 930	1 006 817	13.04	19.06	12.24	831 000 000	34 700 000	248 000 000
IS	冰岛	81	0.01	3	1 257	1 412	26 849	32.91	28.11	28.32	3 156	3 806	67 937
IT	意大利	6 656	0.75	107	4 129 000	307 340	2 549 945	6.26	11.40	5.64	169 000 000	14300 000	118 000 000
JM	牙买加	68	0.01	2	335	1 422	11 711	1.05	16.31	12.74	671	2 843	23 423
JO	约旦	196	0.02	4	1 325	6 190	30 871	−7.52	0.47	6.09	4 338	17 295	102 857
JP	日本	124 903	14.07	2 258	1 312 299	231 427	1 511 355	4.90	10.72	5.22	980 000 000	204 000 000	1250 000 000
KE	肯尼亚	524	0.06	8	103 831	8 819	75 464	24.97	27.08	14.38	799 872	58 883	458 581

KW	韩国	51 738	5.83	843	1 243 235	166 251	1 001 098	10.34	14.19	9.15	397 000 000	60700 000	344 000 000
KZ	哈萨克斯坦	45	0.01	1	1 153	1 005	21 863	19.74	18.64	13.32	1 153	1 005	21 863
LB	黎巴嫩	85	0.01	2	3 788	11 484	34 112	10.68	13.73	19.42	5 696	17 485	54 787
LK	斯里兰卡	452	0.05	4	11 715	29 408	42 644	10.17	23.04	6.94	28 522	89 216	136 662
LT	立陶宛	58	0.01	1	1 590	4 595	18 366	23.73	20.36	21.61	1 590	4 595	18 366
LU	卢森堡	54	0.01	3	1 035	1 368	8 149	−33.03	−36.01	−24.82	2 263	2 823	17 197
MA	摩洛哥	1 352	0.15	13	1 690 454	67 664	307 399	6.16	8.18	5.86	15 400 000	582 425	2 563 349
MU	毛里求斯	114	0.01	3	925	1 368	9 340	45.24	67.68	27.90	2 115	3 259	22 106
MX	墨西哥	4 157	0.47	65	630 508	322 220	1 146 013	10.20	15.58	9.50	23 000 000	10 100 000	36 900 000
MY	马来西亚	12 596	1.42	188	1 289 048	58 716	364 614	12.85	18.36	9.32	108 000 000	6 093 201	32 100 000
NG	尼日利亚	1 182	0.13	16	1 556 752	68 555	299 827	1.31	5.69	0.65	23 600 000	1 024 925	4 236 235
NL	荷兰	5 579	0.63	63	5 563 867	702 550	2 898 875	5.06	7.38	4.50	188 000 000	23 700 000	97 700 000
NO	挪威	5 680	0.64	97	1 269 294	294 583	1 627 966	10.02	13.26	9.33	49 000 000	9 238 739	56 700 000
NZ	新西兰	3 011	0.34	50	393 267	32 502	239 998	5.67	9.68	8.79	8 036 961	707 115	5 067 580
OM	阿曼	488	0.05	8	369 577	60 682	106 543	6.60	16.64	8.10	2 686 115	433 197	755 255
PE	秘鲁	544	0.06	5	1 023 906	213 257	201 341	15.87	18.77	10.71	3 617 539	755 370	721 199
PH	菲律宾	5 583	0.63	72	1 077 980	87 818	518 201	17.10	26.63	12.56	49 100 000	4 010 504	23 100 000
PK	巴基斯坦	3 169	0.36	51	75 0597	40 021	217 645	12.02	14.41	9.61	25 900 000	1 223 456	6 959 005
PL	波兰	5 672	0.64	60	2 368 805	158 750	619 717	12.22	18.37	10.16	94 300 000	6 032 271	22 200 000
PT	葡萄牙	1 351	0.15	17	3 179 836	233 808	1 365 071	2.71	12.34	3.92	26 400 000	1 974 726	11 800 000
QA	卡塔尔	1 222	0.14	23	611 145	45 424	210 790	7.31	12.18	6.43	10 900 000	812 774	3 752 829
RO	罗马尼亚	250	0.03	4	88 6381	56 688	680 844	14.92	9.79	8.08	3 381 664	202 319	2 430 224
RS	塞尔维亚	168	0.02	3	272 240	23 975	196 896	23.17	18.38	19.48	601 691	55 795	452 004

(续表)

代码	国家	样本数量	百分数	企业数	S1TOT	S2TOT	S3TOT	S1CHG (%)	S2CHG (%)	S3CHG (%)	TOTS1	TOTS2	TOTS3
RU	俄罗斯	1 925	0.22	2 610	100 000	816 962	6 098 643	16.11	19.48	9.72	147 000 000	10 800 000	72 600 000
SA	沙特阿拉伯	1 088	0.12	98	2 345 8661	002 530	1 190 067	-10.47	8.66	4.26	66 100 000	22 600 000	43 600 000
SE	瑞典	11 560	1.3	174	228 060	74 868	703 569	7.48	11.15	7.68	17 000 000	6 014 555	53 200 000
SG	新加坡	9 881	1.11	145	864 602	122194	1 143 235	12.55	18.94	10.64	55 800 000	8 285 673	74100 000
SI	斯洛文尼亚	220	0.02	3	13 270	26 995	71 210	1.05	21.79	5.40	37 469	78 045	203 048
TH	泰国	5 767	0.65	106	208 9681	167 475	674 012	14.69	23.17	13.21	88 800 000	6 770 391	31 000 000
TN	突尼斯	140	0.02	2	239	235	5 106	-6.55	0.70	-1.53	477	469	10 212
TR	土耳其	4 706	0.53	58	1 697 617	130 762	768 350	15.98	18.69	8.58	55 000 000	4 237 040	23 400 000
TW	台湾地区	41 061	4.63	684	530 858	134 310	531 483	10.24	17.23	7.74	135 000 000	41 300 000	147 000 000
UG	乌干达	88	0.01	1	842	1 470	4 194	34.73	71.91	4.62	842	1 470	4 194
US	美国	175 377	19.76	3 013	2 012 926	323 727	1 733 058	7.87	13.84	8.24	2 330 000 000	403 000 000	2 100 000 000
VN	越南	820	0.09	15	479 322	43 086	343 905	12.19	18.35	14.68	6 087 639	552 733	4 260 247
ZA	南非	14 883	1.68	148	1 074 195	444 228	423 650	10.53	17.41	6.08	95 900 000	41 400 000	40 100 000
ZW	津巴布韦	56	0.01	2	15 480	14 546	138 070	-6.75	1.28	8.77	48 346	45 915	457 559
合计		887 429	100	14 468	1 874 065	246 606	1 301 047	9.73	15.35	8.86	11 813 099 883	615 895 170	799 006 6031

注：S1TOT（S2TOT、S3TOT）表示在排放范围1（排放范围2、排放范围3）下的碳排放量（吨二氧化碳当量）。S1CHG（S2CHG、S3CHG）表示在排放范围1（排放范围2、排放范围3）下的碳排放量变化率（在2.5%水平上缩尾）。TOTS1（TOTS2、TOTS3）是各国S1TOT（S2TOT、S3TOT）之和。

堡为-33%，约旦为-7.5%。从排放范围3的排放增长率看，有些国家的排名则发生了逆转。这主要是因为有些国家对高排放产品的进口依赖度较高。例如，在排放范围3下，沙特阿拉伯的排放增长率为4.3%。

年平均总排放量最高的国家包括GDP最高的国家、人口最多的国家，以及出口最多的国家。重要的例外是瑞典，它的排放量在发达国家中最低，冰岛与捷克共和国也属例外。对我们的分析来说，重要的是不同国家的总排放量存在显著差异。由于碳溢价反映了人们对碳排放量的关注，我们可以预计不同国家的碳溢价存在显著不同。

我们将整个样本期分为2005—2011年和2012—2018年两个时间段，进一步分析各国碳排放量是如何变化的。结果表明，拉丁美洲、俄罗斯、土耳其和澳大利亚的总排放量都呈现大幅增长的态势。

有趣的是，一国的总排放量与企业的平均排放量几乎无关。全球范围内，企业平均排放量最高的国家包括美国、沙特阿拉伯、阿根廷、哥伦比亚、中国、俄罗斯、印度、日本和欧盟（不含英国）。

表2A以使用自然对数进行标准化处理的二氧化碳年排放吨数为单位，展示了每家企业的平均碳排放量的汇总统计。在排放范围1下，企业平均排放量的自然对数值（$LOGS1TOT$）为10.32，标准差为2.95。在排放范围3下，企业平均排放量的自然对数值（$LOGS3TOT$）最大，表明大多数样本企业有显著的间接排放。为降低异常值的影响，我们在2.5%的水平上对所有增长和强度指标进行缩尾处理。表2B展示了在三种排放范围下的总排放量和排放量变化率的相关系数。有趣的是，这两者的相关系数相当低，表明两个变量反映了数据中的不同特征。

表2C展示了排放量变化水平和排放量变化率的自相关模式。我们用各个年排放量指标滞后一年的排放量（第1~3列）、年/月固定效应和企业固定效应（第4~6列）估计了这些指标的回归模型。我们用企业和年对标准差进行双重聚类。回归结果表明，即使在控制了固定效应之后，排放量的影响也长期显著存在，而排放量变化率几乎没有影响。这些结果为我们用排放量测度长期转型风险，用排放量变化率测度短期转型风险提供了进一步的实证支持。

最后，表2D展示了股票收益率和我们在后续检验中使用的若干控制变量的汇总统计。在我们的横截面股票收益回归模型中，因变量$RET_{i,t}$是股票i在t月的月度收益率，控制变量包括$LOGSIZE_{i,t}$，即企业规模，由企业i在t年年

表2 统计结果

A 排放量

变量	均值	中位数	标准差
LOGS1TOT	10.317	10.135	2.951
LOGS2TOT	10.173	10.233	2.265
LOGS3TOT	11.966	12.021	2.219
S1CHG（在2.5%水平上缩尾）	9.73%	3.34%	41.34%
S2CHG（在2.5%水平上缩尾）	15.35%	5.83%	49.01%
S3CHG（在2.5%水平上缩尾）	8.86%	5.44%	25.74%

B 排放量：相关系数

	S1CHG	S2CHG	S3CHG	LOGS1TOT	LOGS2TOT	LOGS3TOT
S1CHG	1					
S2CHG	0.485	1				
S3CHG	0.555	0.503	1			
LOGS1TOT	0.040	−0.004	−0.045	1		
LOGS2TOT	−0.020	0.045	−0.061	0.736	1	
LOGS3TOT	−0.047	−0.046	−0.059	0.808	0.824	1

C 自相关

变量	(1) LOGS1TOT	(2) LOGS2TOT	(3) LOGS3TOT	(4) LOGS1TOT	(5) LOGS2TOT	(6) LOGS3TOT
$LOGS1TOT_{t-12}$	0.981*** (0.002)			0.640*** −0.03		
$LOGS2TOT_{t-12}$		0.962*** (0.005)			0.613*** (0.029)	
$LOGS3TOT_{t-12}$			0.973*** (0.005)			0.647*** (0.027)
常数项	0.222*** (0.027)	0.462*** (0.069)	0.386*** (0.067)	3.809*** (0.313)	4.076*** (0.301)	4.349*** (0.332)
年份固定效应	否	否	否	是	是	是

（续表）

变量	（1）LOGS1TOT	（2）LOGS2TOT	（3）LOGS3TOT	（4）LOGS1TOT	（5）LOGS2TOT	（6）LOGS3TOT
企业固定效应	否	否	否	是	是	是
观测值	64 568	64 575	64 635	61 357	61 366	61 426
R^2	0.962	0.936	0.973	0.975	0.956	0.983

D 回归的控制变量

变量	均值	中位数	标准差
RET（%）	1.076	0.054	10.229
LOGSIZE	11.105	9.644	5.212
B/M（在2.5%水平上缩尾）	0.572	0.440	0.510
LEVERAGE（在2.5%水平上缩尾）	0.227	0.209	0.175
MOM（在2.5%水平上缩尾）	0.136	0.089	0.383
INVEST/A（在2.5%水平上缩尾）	0.049	0.035	0.048
HHI	0.798	0.985	0.252
LOGPPE	7.748	7.684	3.313
ROE（在2.5%水平上缩尾）	11.094	10.870	16.076
VOLAT（在2.5%水平上缩尾）	0.09	0.079	0.051
MSCI	0.337	0	0.473
SALESGR（在2.5%水平上缩尾）	0.095	0.062	0.240
LTG（在1%水平上缩尾）	12.80	11.55	11.48
GDPPC	36 540.75	44 508	19 253
MANUFPERC（%）	15.93	12.99	7.43
HLTHEXPPC	4 235.74	4 099.47	3 025.87
ELRENEW（%）	5.33	3.83	5.71
ENINT	5.19	5.20	1.66
ENUSEPC	4 476.64	3 921.90	2 186.91
RULELAW	1.15	1.53	0.77

（续表）

变量	均值	中位数	标准差
VOICE	0.73	1.03	0.85
GINI（%）	36.96	35.40	6.32
INTPOLICY	0.49	0.58	0.29
DOMPOLICY	0.53	0.51	0.27
CRI	46.84	44.83	25.86

注：该表展示了汇总统计量（包括均值、中位数、标准差）。样本期间为2005—2018年。表2A和表2B分别为碳排放量及各变量之间的相关系数。表2C展示了以年为频率的碳排放量和碳排放量变化的自相关分析结果。第1~3列为不包括固定效应的估计结果，第4~6列是包括年份和企业固定效应的估计结果。括号中的标准差按企业和年份进行双重聚类。表D展示了控制变量的汇总统计量。RET、LOGSIZE、B/M、ROE、LEVERAGE、MOM、INVEST/A、HHI、LOGPPE、VOLAT、$MSCI_{i,t}$、SALESGR、LTG等变量的定义见正文；GDPPC是一国的人均GDP；MANUFPERC是制造业在一国产出中的占比；HEALTHEXPPC是人均卫生支出；ELRENEW是一国可再生能源在总能源生产中的占比；ENINT是一国的能源强度；ENUSEPC是一国的人均能耗；法治指标RULELAW是行为人对社会规则的信心和遵守程度，特别是合同执行质量、产权、警察和法院，以及犯罪和暴力的可能性，这一指标被标准化为-2.5~2.5。VOICE反映了一国的公民在选择政府官员上的参与度，以及言论自由和媒体自由的程度，这一指标被标准化为-2.5~2.5。GINI是以百分比表示的一国不平等指数。INTPOLICY是一国执行国际气候政策的严格程度。DOMPOLICY是一国国内气候政策的严格程度。CRI是一国的气候物理风险指数。

底市值的自然对给出数；$B/M_{i,t}$，即账面市值比，等于企业i的账面价值除以其t年年底的市值；$LEVERAGE_{i,t}$，即杠杆率，等于企业有息负债除以资产的账面价值；$MOM_{i,t}$，即动量，等于企业i最近12个月的平均股票收益率；INVEST/A，即投资支出，等于企业的资本支出除以资产账面价值；HHI，即企业的集中度指数，是按照企业不同业务板块的收入情况计算的赫芬达尔－赫希曼指数；LOGPPE，即房地产、厂房和设备的自然对数；$ROE_{i,t}$，即净资产收益率，等于企业i在t年的净利润除以净资产价值；$VOLAT_{i,t}$，即过去12个月企业i收益的标准差；$MSCI_{i,t}$，如果企业股权在t时间被纳入MSCI全球指数则为1，否则为0；$SALESGR_{i,t}$，即企业收入年增长率；$LTG_{i,t}$，即分析师对企业i在时间t的长期收益增速的预测值。为降低异常值的影响，本研究在2.5%的水平上对B/M、LEVERAGE、INVEST/A、ROE、MOM和VOLAT进行缩尾处理，在1%的水平上对LTG进行缩尾处理。

表2D汇总了我们在横截面分析中使用的所有变量，包括技术进步、能源

强度、社会经济发展、政策环境和气候物理风险等。第4节在各变量的检验中给出了各自的明确定义。企业的平均月度股票收益率为1.08%，标准差为10.23%。企业的平均市值为660亿美元，显著大于样本企业150亿美元的市值中位数。$B/M_{i,t}$的平均值为0.57，杠杆率平均为23%。$ROE_{i,t}$的平均值为11.1%，略大于中位数10.87%。

表3按年展示了任一给定年份的样本企业总数，以及三种排放范围下的排放量和排放量变化率的汇总统计。需要特别指出的是，企业数量由2015年的5 427家增至2016年的11 961家。这是因为Trucost从2016年起扩充了可收集到碳排放数据的企业数据库。我们的大部分实证检验主要依赖于数据中的横截面差异，因此受2016年数据结构变化的影响较小。此外，即使将样本限制在2016年之前存在于样本中的企业，我们的许多结论仍然成立。

附表A1根据全球行业6位数分类标准（以下简称"GIC6"），展示行业的企业分布。我们的全球数据库反映了比发达经济体更高比例的制造业和农业企业。这实际上也是表4所反映的，其中有580家机械制造企业、530家化学制品企业、520家电子设备仪器及元器件企业、506家金属与采矿企业、440家食品企业、679家商业银行企业、619家房地产开发企业。

最后，我们在表4中展示了碳排放决定因素的汇总统计。我们根据企业层面的以下特征，即 LOGSIZE、B/M、LEVERAGE、INVEST/A、ROE、HHI、LOGPPE 和 MSCI，分别对企业排放量和企业排放量变化率的对数进行回归。考虑到不同国家和不同时间段的差异，模型增加了年/月固定效应和国家固定效应，因此我们的识别结果来自企业之间的国内差异。表4的第4~6列进一步增加了行业固定效应（按照Trucost⑦行业分类），以考虑可能的行业差异。使用GIC 6编码对行业进行分类，会使结果不那么理想，但仍然稳健，因为它们考虑了不同排放情况的企业。

从表4A中可以看出，这些变量对排放的影响存在相当大的行业差异（例如，当我们加入行业固定效应，对 LOGS1TOT 进行回归时，R^2从0.696增加至0.779）。因此，我们关注考虑了行业固定效应的回归，并发现企业排放量随着企业市值（特别是如果企业被纳入 MSCI 全球指数）、账面市值比、杠杆率、

---

⑦ 大致对应于SIC（标准行业分类）的三级分类。

表3　历年二氧化碳排放量

年份	企业数	S1TOT	S2TOT	S3TOT	S1CHG	S2CHG	S3CHG	TOTS1	TOTS2	TOTS3
2005	3 232	2 391 417	246 612	1 822 093	—	—	—	917 000 000	106 000 000	828 000 000
2006	3 532	2 367 787	264 064	1 705 187	16.18%	18.59%	9.83%	894 000 000	115 000 000	749 000 000
2007	3 689	2 488 889	290 500	1 800 563	18.89%	22.94%	15.94%	934 000 000	125 000 000	766 000 000
2008	3 736	2 541 971	330 705	1 679 148	9.34%	18.13%	−0.16%	955 000 000	146 000 000	728 000 000
2009	3 949	2 285 281	311 700	1 643 489	3.24%	8.47%	10.02%	870 000 000	136 000 000	720 000 000
2010	4 098	2 407 166	308 070	1 633 414	14.26%	18.14%	8.34%	904 000 000	130 000 000	689 000 000
2011	4 221	2 563 380	322 518	1 825 353	9.51%	15.73%	14.51%	937 000 000	136 000 000	761 000 000
2012	4 253	2 402 493	317 779	1 791 769	8.71%	10.60%	3.31%	868 000 000	133 000 000	748 000 000
2013	4 912	2 211 603	297 793	1 619 450	7.06%	8.43%	4.06%	878 000 000	135 000 000	743 000 000
2014	5 323	2 118 666	292 460	1 432 881	6.88%	20.46%	4.90%	895 000 000	142 000 000	694 000 000
2015	5 427	2 009 876	276 453	1 228 497	3.87%	2.48%	−1.76%	860 000 000	137 000 000	604 000 000
2016	11 961	1 038 161	143 425	693 127	5.95%	11.13%	10.81%	1 130 000 000	183 000 000	902 000 000
2017	12 817	1 046 853	167 407	759 076	13.60%	26.03%	19.03%	1 230 000 000	221 000 000	1 050 000 000
2018	8 781	1 136 396	148 745	729 199	10.53%	12.24%	6.21%	1 050 000 000	142 000 000	663 000 000

注：该表展示了2005—2018年历年全部样本的平均排放量情况。

表4 碳排放量的预测指标
A 排放量

变量	（1）LOGS1TOT	（2）LOGS2TOT	（3）LOGS3TOT	（4）LOGS1TOT	（5）LOGS2TOT	（6）LOGS3TOT
LOGSIZE	-0.085**	0.265***	0.210***	0.329***	0.472***	0.453***
	(0.039)	(0.023)	(0.016)	(0.020)	(0.027)	(0.023)
B/M	-0.093	0.108**	-0.007	0.371***	0.451***	0.381***
	(0.061)	(0.040)	(0.037)	(0.044)	(0.051)	(0.047)
ROE	0.010***	0.011***	0.014***	0.008***	0.008***	0.009***
	(0.002)	(0.001)	(0.001)	(0.001)	(0.001)	(0.001)
LEVERAGE	0.533**	0.326	-0.363*	0.669***	0.671***	0.370***
	(0.221)	(0.226)	(0.170)	(0.099)	(0.127)	(0.097)
INVEST/A	5.021***	1.079**	-1.882***	-1.136***	-1.928***	-3.089***
	(0.698)	(0.396)	(0.300)	(0.371)	(0.322)	(0.287)
HHI	-2.038***	-0.763***	-1.232***	-1.216***	-0.660***	-0.722***
	(0.145)	(0.087)	(0.118)	(0.074)	(0.059)	(0.062)
LOGPPE	0.782***	0.469***	0.534***	0.428***	0.336***	0.346***
	(0.026)	(0.014)	(0.014)	(0.015)	(0.016)	(0.016)
MSCI	0.119*	0.226***	0.203***	0.176***	0.256***	0.218***
	(0.059)	(0.045)	(0.041)	(0.040)	(0.049)	(0.042)
常量项	6.359***	3.850***	6.456***	3.902***	2.415***	4.555***
	(0.383)	(0.263)	(0.240)	(0.215)	(0.260)	(0.212)
年/月固定效应	是	是	是	是	是	是
国家固定效应	是	是	是	是	是	是
行业固定效应	否	否	否	是	是	是
企业固定效应	否	否	否	否	否	否
观测值	886 751	886 895	887 429	874 592	874 736	875 270
R^2	0.544	0.531	0.621	0.779	0.715	0.793

表B 排放量变化率

变量	（1）S1CHG	（2）S2CHG	（3）S3CHG	（4）S1CHG	（5）S2CHG	（6）S3CHG
LOGSIZE	0.025***	0.029***	0.025***	0.025***	0.027***	0.025***
	(0.002)	(0.005)	(0.002)	(0.002)	(0.005)	(0.003)
B/M	-0.060***	-0.061***	-0.066***	-0.067***	-0.069***	-0.070***
	(0.009)	(0.009)	(0.006)	(0.009)	(0.009)	(0.007)

（续表）

变量	（1） S1CHG	（2） S2CHG	（3） S3CHG	（4） S1CHG	（5） S2CHG	（6） S3CHG
ROE	-0.002*** (0.000)	-0.002*** (0.000)	-0.001*** (0.000)	-0.001*** (0.000)	-0.002*** (0.000)	-0.001*** (0.000)
LEVERAGE	0.060*** (0.015)	0.064*** (0.012)	0.049*** (0.011)	0.060*** (0.012)	0.063*** (0.012)	0.043*** (0.008)
INVEST/A	0.594*** (0.073)	0.589*** (0.098)	0.372*** (0.069)	0.451*** (0.085)	0.525*** (0.063)	0.317*** (0.052)
HHI	0.007 (0.008)	-0.022 (0.012)	0.019*** (0.005)	0.011* (0.005)	-0.017 (0.014)	0.020*** (0.004)
LOGPPE	-0.021*** (0.003)	-0.021*** (0.002)	-0.020*** (0.002)	-0.023*** (0.003)	-0.022*** (0.002)	-0.021*** (0.002)
MSCI	-0.033*** (0.005)	-0.041*** (0.005)	-0.030*** (0.005)	-0.033*** (0.005)	-0.040*** (0.005)	-0.029*** (0.004)
常数项	0.004 (0.024)	0.037 (0.059)	-0.025 (0.026)	0.02 (0.024)	0.071 (0.062)	-0.015 (0.031)
年/月固定效应	是	是	是	是	是	是
国家固定效应	是	是	是	是	是	是
行业固定效应	否	否	否	是	是	是
企业固定效应	否	否	否	否	否	否
观测值	765 387	765 397	765 949	755 257	755 267	755 819
R^2	0.036	0.044	0.119	0.047	0.055	0.131

注：样本期间为2005—2018年。因变量是企业排放量（表4A）和企业排放量变化率（表4B）。变量定义与表1和表2一致。我们给出了联合回归的结果，其中包含了企业和年份层面的双重聚类标准差（括号内）。所有回归都考虑了年/月固定效应和国家固定效应。第4~6列还增加了行业固定效应。***显著性水平为1%，**显著性水平为5%，*显著性水平为10%。

固定资产的增大而增加。这并不令人意外，因为企业经济活动带来的碳排放与企业规模呈正比。有些令人意外的是，杠杆率的影响显著。一个可能的解释是有更高排放的企业会面临更大的低碳转型风险，所以企业的预期盈利能力下降，最终导致企业的杠杆率提高。有意思的是，投资支出对碳排放有强烈的负向影响，这表明新的资本投资往往更加低碳。产业专业化程度（HHI高）也对碳排放有负向影响，这可能是因为非专业化的企业集团往往规模更大。换言之，特定行业高排放的潜在成本将促使企业走上集团化的发展道路。

4. 模型结果

本节将分成三个小节。第4.1节分析全球范围内低碳转型风险的定价,第4.2节分析低碳转型风险的特定驱动因素,第4.3节讨论在经济体摆脱化石能源的转型过程中低碳转型风险的定价机制。

4.1 全球低碳转型风险的定价分析

本小节将介绍本文在低碳转型风险定价方面的主要发现。首先,我们将介绍全部样本的分析结果;然后,介绍碳溢价的地区差异。

4.1.1 基准研究模型

我们对低碳转型风险的分析主要利用两个横截面回归模型,这两个模型都将各个企业的股票收益率与碳排放相联系。我们的建模方法参考了丹尼尔和蒂特曼(Daniel and Titman,1997)的企业特征分析法。由于我们样本企业中的企业特征有较大的横截面差异,因此这一方法特别适合。[⑧] 我们之前的研究(2021a)表明,当碳排放是排序变量时,与企业特征有显著的相关关系,具体企业特征变量包括:*LOGSIZE*、*B/M*、*LEVERAGE*、*INVEST/A*、*PPE*、*ROE*、收入增速、产业多样化、股价走势指标和股价波动性指标。该方法可以充分考虑时间、国家以及行业的固定效应。此外,聚类分析法可以更好地解释残差的潜在相关性。最后,采用特征分析法的好处是不需要事先设定基本的资产定价模型。由于气候变化等问题的复杂性,很难事先确定资产定价模型的结构。然而,由于没有使用风险因子模型,本研究无法分析"碳阿尔法"(carbon alpha)是否存在或低碳转型风险定价是否有误。本研究聚焦于全面描述各国企业的股票收益率的横截面差异。换句话说,本研究重点关注企业的"碳贝塔"(carbon beta)。

首先,我们将企业月度股票收益率作为因变量,将滞后一个月的企业排放量和其他特征变量作为自变量构建回归模型。这一回归模型反映了长期变化趋势、结构变化、企业排放等因素对企业股票收益的影响。如果以绝对碳中和作为基准,则碳排放量可以粗略地作为企业面临低碳转型风险的代理变量。具体

[⑧] 风险因子法是一个广泛使用的用于衡量单一国家碳溢价的方法,但在研究全球问题时,这种方法难以在有限的数据下对大量国家选择适当的风险因子。此外,跨国数据之间存在数据可比性问题。

地，我们可以估计如下模型：

$$RET_{i,t} = \alpha_0 + \alpha_1 (TOT\ Emissions)_{i,t} + \alpha_2 Controls_{i,t-1} + \mu_t + \varepsilon_{i,t} \quad (1)$$

其中，$RET_{i,t}$ 代表企业 i 在 t 月的股票收益率，$TOT\ Emissions$ 代表三种范围下企业年排放量的自然对数（$LOGS1TOT$、$LOGS2TOT$ 和 $LOGS3TOT$）。$Controls_{i,t-1}$ 表示企业的控制变量，包括 $LOGSIZE$、B/M、$LEVERAGE$、MOM、$INVEST/A$、HII、$LOGPPE$、ROE 和 $VOLAT$。

第二步，我们以企业月度股票收益率为因变量，以滞后一个月的企业排放量变化率和其他特征变量作为自变量构建如下横截面回归模型：

$$RET_{i,t} = \alpha_0 + \alpha_1 \Delta (TOT\ Emissions)_{i,t} + \alpha_2 Controls_{i,t-1} + \mu_t + \varepsilon_{i,t} \quad (2)$$

企业碳排放量变化率（$S1CHG$、$S2CHG$ 和 $S3CHG$）用于表征碳排放对股票收益率的短期影响。尤其是，碳排放量变化率反映了企业面临的低碳转型风险增加或减少的程度。从低碳转型角度看，它度量了企业在向碳中和转型的长期过程中所处的位置。就此而言，它是对企业碳排放量表征的长期目标的重要补充。

我们用混合普通最小二乘估计法（pooled OLS）对上述两个横截面回归模型进行估计。这两个模型都包含了国家固定效应和年/月固定效应。因此，我们的识别本质上是截面的。在某些检验中，我们还纳入了与表4相同的行业固定效应，以反映行业内企业之间的差异。在所有的模型设定中，我们在企业和年份层面上对标准差进行聚类，这使我们可以解释残差中的跨企业相关性，并表明某些控制变量，包括排放量是以年度频率衡量的。我们重点关注的参数是 α_1。

4.1.2 来自中美两国的证据比较

我们为中美两个排放量最大的经济体构建了回归模型，并比较了从这两个模型中得到的结果，如表5所示。这两个国家截然不同，可以预期的是碳溢价将反映两国在经济和金融发展，以及法律和政治制度方面的差异。但我们发现，就排放范围1下的回归结果而言，中美两国惊人地相似。这说明，企业层面的排放量差异较之国家层面的排放量差异更能体现低碳转型风险。具体来说，一旦控制住产业、时间以及一系列企业特征，中美企业在排放范围1下的排放量差异导致了中美两国有着大体相似且非常高的碳溢价，中国为0.069，美国为0.071，这相当于两国各自的总排放量每变化1个标准差，会分别产生

1.18%和0.95%的年化碳溢价。⑨ 我们之前（2021a）使用2005—2017年的数据分析美国企业，其结果略低于本研究结果，为0.060。本研究采取2005—2018年的数据，与之前（2021a）的研究结果相比，碳溢价随时间提高，这说明在2015年《巴黎协定》之后碳溢价有所升高。

表5 碳排放与股票收益：中国和美国

A 排放量

因变量：RET	(1)	(2)	(3)	(4)	(5)	(6)
		美国			中国	
LOGS1TOT	0.071***			0.069**		
	(0.021)			(0.030)		
LOGS2TOT		0.075*			0.147*	
		(0.036)			(0.073)	
LOGS3TOT			0.126**			0.208*
			(0.044)			(0.106)
LOGSIZE	−0.115	−0.134	−0.159	−0.338***	−0.369***	−0.387***
	(0.129)	(0.135)	(0.138)	(0.096)	(0.111)	(0.114)
B/M	0.535	0.522	0.496	1.003**	0.963**	0.944**
	(0.347)	(0.340)	(0.345)	(0.395)	(0.373)	(0.363)
LEVERAGE	−0.453	−0.456	−0.467*	−0.113	−0.121	−0.194
	(0.266)	(0.257)	(0.261)	(0.198)	(0.186)	(0.172)
MOM	0.296	0.305	0.307	1.014*	1.005*	0.993*
	(0.328)	(0.327)	(0.328)	(0.517)	(0.511)	(0.501)
INVEST/A	0.407	0.507	0.734	−0.403	−0.150	−0.062
	(2.422)	(2.420)	(2.343)	(0.786)	(0.866)	(0.869)
HHI	0.013	−0.037	0.001	0.610	0.561	0.563
	(0.117)	(0.093)	(0.108)	(0.431)	(0.418)	(0.413)
LOGPPE	0.011	0.014	0.000	0.058	0.038	0.003
	(0.043)	(0.045)	(0.044)	(0.079)	(0.066)	(0.054)
ROE	0.005*	0.005*	0.005	0.026*	0.025*	0.023*
	(0.003)	(0.003)	(0.003)	(0.013)	(0.012)	(0.012)

⑨ 在本研究中，当我们提到1个标准差的变化时，我们是在计算某个变量的标准差，同时考虑了模型中所有其他控制变量的影响，包括固定效应。这相当于在模型中计算排放量/排放量变化率预测模型的残差标准差。

(续表)

因变量：RET	（1）	（2）	（3）	（4）	（5）	（6）
	美国			中国		
VOLAT	3.793	3.635	3.715	-2.932	-2.983	-2.829
	(3.655)	(3.597)	(3.636)	(1.966)	(1.941)	(1.911)
常数项	0.548	0.704	0.195	2.882*	2.727	2.251
	(0.944)	(1.000)	(1.003)	(1.585)	(1.613)	(1.814)
年/月固定效应	是	是	是	是	是	是
行业固定效应	是	是	是	是	是	是
观测值	143 367	143 340	143 461	60 210	60 210	60 210
R^2	0.224	0.224	0.224	0.301	0.301	0.301

B 排放量变化率

因变量：RET	（1）	（2）	（3）	（4）	（5）	（6）
	美国			中国		
S1CHG	0.679***			0.759**		
	(0.159)			(0.256)		
S2CHG		0.294*			0.587**	
		(0.137)			(0.193)	
S3CHG			1.254**			1.899***
			(0.467)			(0.504)
LOGSIZE	-0.145	-0.130	-0.163	-0.315***	-0.307***	-0.337***
	(0.103)	(0.103)	(0.103)	(0.092)	(0.090)	(0.098)
B/M	0.560	0.538	0.603*	0.969**	0.903**	1.031**
	(0.343)	(0.343)	(0.320)	(0.386)	(0.361)	(0.382)
LEVERAGE	-0.593**	-0.567**	-0.598**	-0.047	-0.002	-0.104
	(0.250)	(0.251)	(0.253)	(0.226)	(0.218)	(0.237)
MOM	0.209	0.238	0.151	0.872	0.876	0.717
	(0.331)	(0.335)	(0.320)	(0.509)	(0.493)	(0.450)
INVEST/A	-0.283	-0.086	-0.556	-0.987	-1.312	-1.401
	(2.425)	(2.374)	(2.453)	(0.785)	(0.754)	(0.793)
HHI	-0.114	-0.081	-0.125	0.539	0.534	0.426
	(0.096)	(0.100)	(0.096)	(0.425)	(0.414)	(0.395)
LOGPPE	0.074	0.061	0.089	0.091	0.085	0.103
	(0.048)	(0.046)	(0.051)	(0.083)	(0.083)	(0.093)

（续表）

因变量：RET	（1）	（2）	（3）	（4）	（5）	（6）
	美国			中国		
ROE	0.007**	0.006**	0.007**	0.027*	0.026*	0.026*
	(0.003)	(0.003)	(0.003)	(0.013)	(0.013)	(0.013)
VOLAT	2.678	2.842	2.622	−2.699	−2.833	−2.934
	(3.904)	(3.895)	(3.998)	(1.964)	(2.031)	(2.018)
常数项	1.335	1.264	1.354	3.050*	3.031*	3.198*
	(0.753)	(0.765)	(0.777)	(1.604)	(1.586)	(1.608)
年/月固定效应	是	是	是	是	是	是
行业固定效应	是	是	是	是	是	是
观测值	141 035	140 974	141 106	58 980	58 980	58 980
R^2	0.227	0.227	0.227	0.303	0.302	0.304

注：样本期间为2005—2018年。因变量为以月度衡量的RET。主要自变量为排放量（表5A）和排放量变化率（表5B）。所有变量的定义与表1和表2一致。我们给出了联合回归的结果，其中包含了企业和年份层面的双重聚类标准差（括号内）。所有回归都考虑了年/月固定效应、国家固定效应和行业固定效应。*** 显著性水平为1%，** 显著性水平为5%，* 显著性水平为10%。

有关中国上市公司碳溢价的研究结果令人耳目一新且出乎意料。虽然中国是推动新能源的开路先锋，但是并没有得到ESG投资者和关注碳排放的机构投资者的充分认可。中国的金融市场确实对企业直接排放和间接排放的碳溢价进行了定价。中国的碳溢价略低于美国。表5B表明，两国以排放量变化率度量的碳溢价略有差异，两国的碳溢价在统计上都非常显著，且中国的碳溢价较美国高10%~20%。这可能是因为中国只有小部分企业披露了碳排放量，而且中国企业的排放量增长率普遍较高。

4.1.3 基准计算结果

接下来，本研究对77个国家全部样本模型进行了估计。相对于我们以前的设定，我们还纳入了国家固定效应以考虑数据中的国别差异。表6展示了估计结果，第1~3列是未经行业调整的回归估计结果，第4~6列考虑了行业固定效应。在表6A中，我们给出了碳排放量的结果。在所有模型设定中，碳排放量对个股的收益率都具有显著的正向影响，这与高排放企业低碳转型风险更高的假设相一致。有趣的是，如果不考虑行业固定效应，在排放范围1下，企业层面的碳溢价的经济显著性就会小得多。一个可能的原因是部分高排放企业

（或行业）经历了意外的收益下降。例如，随着近期大宗商品价格下降，能源行业的资产价值在下降。因此，关注碳排放的行业内差异是合情合理的。事实上，当我们加入行业固定效应后，碳溢价很大且非常显著。企业的 $LOGS1TOT$ 每增加1个标准差，即1.4，其股票的年化收益溢价为1.06%。这些结果表明，不同行业的股票收益率差异掩盖了特定行业内企业排放的差异。在那些表6未展示的估计结果中，我们纳入了年/月固定效应与国家固定效应的交互项，以及年/月固定效应与行业固定效应的交互项，以考虑需求冲击对不同国家和行业的影响。这些模型估计的碳溢价仅比前述估计结果略小。这表明本研究的结果不受短期经济周期冲击的影响，而是更多地反映了长期冲击，例如低碳转型风险。

表6 碳排放与股权收益：全样本

A 排放量

因变量：RET	（1）	（2）	（3）	（4）	（5）	（6）
$LOGS1TOT$	0.027			0.063***		
	(0.021)			(0.015)		
$LOGS2TOT$		0.093***			0.113***	
		(0.029)			(0.027)	
$LOGS3TOT$			0.112***			0.164***
			(0.031)			(0.035)
$LOGSIZE$	-0.149***	-0.180***	-0.180***	-0.185***	-0.222***	-0.244***
	(0.041)	(0.042)	(0.043)	(0.041)	(0.042)	(0.044)
B/M	0.519**	0.512**	0.522**	0.630**	0.608**	0.597**
	(0.217)	(0.215)	(0.216)	(0.218)	(0.212)	(0.213)
$LEVERAGE$	-0.426**	-0.431**	-0.362**	-0.373**	-0.402**	-0.386**
	(0.180)	(0.167)	(0.165)	(0.158)	(0.146)	(0.150)
MOM	1.028**	1.035**	1.035**	1.021**	1.030**	1.033**
	(0.365)	(0.366)	(0.364)	(0.370)	(0.370)	(0.369)
$INVEST/A$	-0.741	-0.693	-0.392	-0.435	-0.275	0.006
	(1.102)	(1.157)	(1.215)	(1.064)	(1.090)	(1.103)
HHI	0.010	0.028	0.097	0.055	0.056	0.102
	(0.119)	(0.117)	(0.114)	(0.125)	(0.121)	(0.127)
$LOGPPE$	-0.002	-0.024	-0.039	0.009	-0.001	-0.020
	(0.018)	(0.022)	(0.023)	(0.017)	(0.017)	(0.018)

（续表）

因变量：RET	（1）	（2）	（3）	（4）	（5）	（6）
ROE	0.014***	0.013***	0.012***	0.013***	0.013***	0.013***
	(0.004)	(0.004)	(0.004)	(0.004)	(0.004)	(0.004)
VOLAT	0.129	−0.052	0.009	0.359	0.309	0.334
	(3.539)	(3.482)	(3.522)	(3.203)	(3.182)	(3.201)
年/月固定效应	是	是	是	是	是	是
国家固定效应	是	是	是	是	是	是
行业固定效应	否	否	否	是	是	是
观测值	746 499	746 642	747 139	736 711	736 854	737 351
R^2	0.150	0.150	0.150	0.151	0.151	0.151

B 排放量变化率

因变量：RET	（1）	（2）	（3）	（4）	（5）	（6）
S1CHG	0.437***			0.453***		
	(0.086)			(0.088)		
S2CHG		0.250***			0.255***	
		(0.067)			(0.069)	
S3CHG			1.157***			1.175***
			(0.278)			(0.288)
LOGSIZE	−0.156***	−0.153***	−0.170***	−0.170***	−0.166***	−0.183***
	(0.041)	(0.040)	(0.041)	(0.039)	(0.039)	(0.040)
B/M	0.506**	0.500**	0.537**	0.640**	0.633**	0.672**
	(0.217)	(0.216)	(0.217)	(0.221)	(0.220)	(0.220)
LEVERAGE	−0.459**	−0.444**	−0.492**	−0.393**	−0.379**	−0.421**
	(0.179)	(0.173)	(0.173)	(0.150)	(0.145)	(0.144)
MOM	0.958**	0.974**	0.880**	0.944**	0.961**	0.867**
	(0.362)	(0.363)	(0.350)	(0.368)	(0.369)	(0.356)
INVEST/A	−1.000	−0.870	−1.180	−0.785	−0.690	−0.963
	(1.180)	(1.194)	(1.204)	(1.059)	(1.058)	(1.058)
HHI	−0.046	−0.036	−0.064	−0.033	−0.022	−0.051
	(0.127)	(0.128)	(0.124)	(0.122)	(0.124)	(0.120)
LOGPPE	0.029	0.025	0.041*	0.047**	0.043**	0.060***
	(0.021)	(0.020)	(0.020)	(0.017)	(0.017)	(0.018)
ROE	0.014***	0.014***	0.014***	0.014***	0.014***	0.014***
	(0.004)	(0.004)	(0.004)	(0.004)	(0.004)	(0.004)

(续表)

因变量：RET	(1)	(2)	(3)	(4)	(5)	(6)
VOLAT	-0.146	-0.059	-0.175	0.182	0.252	0.169
	(3.602)	(3.619)	(3.670)	(3.258)	(3.274)	(3.308)
年/月固定效应	是	是	是	是	是	是
国家固定效应	是	是	是	是	是	是
行业固定效应	否	否	否	是	是	是
观测值	735 359	735 362	735 903	725 745	725 748	726 289
R^2	0.151	0.151	0.152	0.153	0.153	0.153

C 联合回归

因变量：RET	(1)	(2)	(3)	(4)	(5)	(6)
LOGS1TOT	0.016			0.046***		
	(0.021)			(0.014)		
S1CHG	0.429***			0.430***		
	(0.086)			(0.087)		
LOGS2TOT		0.082**			0.099***	
		(0.029)			(0.025)	
S2CHG		0.221***			0.213***	
		(0.068)			(0.069)	
LOGS3TOT			0.104***			0.150***
			(0.029)			(0.033)
S3CHG			1.138***			1.135***
			(0.279)			(0.285)
控制变量	是	是	是	是	是	是
年/月固定效应	是	是	是	是	是	是
国家固定效应	是	是	是	是	是	是
行业固定效应	否	否	否	是	是	是
观测值	735 121	735 206	735 903	725 507	725 592	726 289
R^2	0.151	0.151	0.152	0.153	0.153	0.153

需要注意的是，无论是否考虑行业固定效应，LOGS3TOT的系数都非常显著。在不考虑行业固定效应，LOGS3TOT每增加1个标准差，企业的股票收益溢价为1.81%；考虑行业固定效应时，则为1.97%。

与碳排放量变化率相关的这些估计结果都是非常显著的，即使考虑行业固

6D 不同时滞（排放量）

因变量：RET	(1)	(2) Lag 3	(3)	(4)	(5) Lag 6	(6)	(7)	(8) Lag 12	(9)
LOGS1TOT	0.056*** (0.016)			0.042** (0.015)			0.023 (0.015)		
LOGS2TOT		0.108*** (0.027)			0.095*** (0.028)			0.074** (0.025)	
LOGS3TOT			0.149*** (0.035)			0.117*** (0.032)			0.080** (0.027)
控制变量	是	是	是	是	是	是	是	是	是
年/月固定效应	是	是	是	是	是	是	是	是	是
国家固定效应	是	是	是	是	是	是	是	是	是
行业固定效应	是	是	是	是	是	是	是	是	是
观测值	736 433	736 552	737 057	736 023	736 106	736 623	735 197	735 208	735 749
R^2	0.151	0.151	0.151	0.151	0.151	0.151	0.151	0.151	0.151

E 不同时滞（排放量变化率）

因变量：RET	(1)	(2) Lag 3	(3)	(4)	(5) Lag 6	(6)	(7)	(8) Lag 12
S1CHG	0.377*** (0.078)			0.259*** (0.074)			-0.078 (0.075)	
S2CHG		0.214** (0.070)			0.165** (0.074)			-0.054 (0.058)

(续表)

因变量：RET	(1)	(2) Lag 3	(3)	(4)	(5) Lag 6	(6)	(7)	(8) Lag 12	(9)
S3CHG			1.009*** (0.273)			0.684** (0.310)			−0.079 (0.188)
控制变量	是	是	是	是	是	是	是	是	是
年/月固定效应	是	是	是	是	是	是	是	是	是
国家固定效应	是	是	是	是	是	是	是	是	是
行业固定效应	是	是	是	是	是	是	是	是	是
观测值	703 278	703 267	703 806	669 337	669 305	669 841	600 010	599 938	600 466
R^2	0.155	0.155	0.156	0.160	0.160	0.160	0.172	0.172	0.172

注：样本期间为2005—2018年。因变量为RET。主要自变量为企业排放量（表6A）和排放量变化率（表6B）。表6C同时考虑了企业排放量和排放量变化率。在表6D和表6E中，我们考虑了排放指标的不同时滞结构（月）。变量的定义与表1和表2一致。我们给出了联合回归的结果，其中包含了企业和年份层面的双重聚类标准差（括号内）。所有回归同时都考虑了年/月固定效应、国家固定效应。第4～6列还考虑了行业固定效应。表6D和表6E只包括考虑了全部固定效应的模型。*** 显著性水平为1%，** 显著性水平为5%，* 显著性水平为10%。

定效应，也完全不受影响，如表6B所示。当考虑行业固定效应时，在排放范围1和排放范围3下的总排放量发生1个标准差的变化，对应的收益溢价分别为2.17%和3.38%。当然，从统计上讲，考虑排放差异相当于在包含总排放量的回归模型中纳入企业固定效应。[10]

我们的概念框架假设用两个不同的排放指标作为两种转型风险的代理变量，即短期风险和长期风险。一个自然而然的问题是这两个指标能够在多大程度上反映股票收益的独立变化。表2中的估计结果表明，考虑到相对小的相关性，这两个指标基本上是相互独立的。我们使用了同时包含这两个指标的收益回归模型来检验其相对独立性，结果见表6C。第1~3列展示的结果考虑了国家和时间固定效应，第4~6列的结果则考虑了行业固定效应。我们发现，在这个模型中，两个排放指标的系数均大于零，并且经济上显著。这进一步证实了可以用这两个指标反映不同经济来源的风险。

在另一个检验中，我们用碳排放强度，即企业总排放量除以总收入，评估我们的实证模型的预测。该方法在部分研究人员中颇为流行，但我们认为它在经济上与转向零净排放隐含的风险不同。在低碳转型框架中，虽然降低碳排放水平也能实现更低的碳排放强度，但重要的是降低碳排放量而非降低碳排放强度。事实上，实践者认识到碳排放强度并不能充分反映低碳转型风险，因此他们不再仅仅关注按比例排放（scaled emission）。对低碳转型风险来说，排放强度日益被视为一个错误设定的噪声代理变量（noisy proxy）。排放强度的下降并不一定对应于总排放量的减少。例如，假设收入增速快于排放量增速，虽然碳排放强度下降，但总排放量增加。我们的实证模型使用碳排放强度作为低碳转型风险的代理变量，我们发现它与股票收益之间没有统计上的显著相关性（这些结果见在线附表A3）。

本小节分析得出的主要结论是，各国企业的股票收益反映了企业碳排放量和排放量变化率的差异，这表明投资者分别从长期和短期的角度对低碳转型风险进行定价。

---

[10] 我们还考察了排放量变化率指标的不同截断值（cut-offs）是否影响估计结果的稳健性。具体来说，我们考虑了那些在1%水平上缩尾的指标。结果见附表A2，它们与基准模型的结果大体一致。需要注意的是，由于经验分布（empirical distribution）的右尾存在显著的异常值，所以对于未做缩尾处理的指标，即使统计上显著，也不太理想。

4.1.4 账面市值比

众所周知，股票收益是股票预期收益的噪声代理变量。基于分析师的预测，有时我们能够得到更精确的预期收益指标。然而，这种方法的主要挑战是：（1）分析师只预测全球股票中的少部分股票；（2）由于行业激励结构，分析师的预测可能是有偏差的；（3）隐含股权成本（implied cost of equity）的指标主要取决于假设的估值模型。

另一个方法是，我们从一个不同的角度来考察碳排放定价问题，并在企业排放量和企业账面市值比之间建立联系，因为账面市值比通常更稳定，而且在大多数企业中都是可得的。考察账面市值比有助于我们在解释结果时区分基于必要预期收益（required expected return）的解释和归因于运气的解释。于是，我们对如下模型进行估计：

$$LNBM_{i,t} = \alpha_0 + \alpha_1 (TOT\ Emissions)_{i,t} + \alpha_2 Controls_{i,t-1} + \mu_t + \varepsilon_{i,t} \quad (3)$$

我们的因变量是企业账面市值比，即 $LNBM$ 的自然对数。我们的控制变量包括 $MSCI$、MOM、$VOLAT$、$SALESGR$。此外，我们用提前 1~2 年的 $SALESGR$ 作为未来现金流增长的代理变量，用 LTG 作为长期收入预测的代理变量。所有设定都考虑了国家固定效应和年/月固定效应（计算结果如表 7 所示）。

表7 碳排放与股票账面市值比：全样本

A 排放量

因变量：$LNBM$	（1）	（2）	（3）	（4）	（5）	（6）
LOGS1TOT	0.021** (0.007)			0.056*** (0.009)		
LOGS2TOT		-0.005 (0.010)			0.057*** (0.009)	
LOGS3TOT			0.016 (0.014)			0.079*** (0.012)
MSCI	-0.208*** (0.034)	-0.173*** (0.036)	-0.203*** (0.035)	-0.235*** (0.031)	-0.255*** (0.033)	-0.274*** (0.033)
MOM	-0.634*** (0.070)	-0.623*** (0.069)	-0.631*** (0.069)	-0.596*** (0.057)	-0.591*** (0.055)	-0.597*** (0.056)
VOLAT	1.982** (0.629)	1.928** (0.623)	1.965*** (0.618)	2.151*** (0.426)	2.028*** (0.410)	2.197*** (0.399)
SALESGR	-0.496*** (0.058)	-0.513*** (0.056)	-0.504*** (0.057)	-0.487*** (0.058)	-0.498*** (0.058)	-0.498*** (0.058)

（续表）

因变量：LNBM	（1）	（2）	（3）	（4）	（5）	（6）
$SALESGR_{t+12}$	-0.376***	-0.411***	-0.389***	-0.307***	-0.311***	-0.290***
	(0.037)	(0.046)	(0.044)	(0.038)	(0.038)	(0.037)
$SALESGR_{t+24}$	-0.351***	-0.384***	-0.361***	-0.282***	-0.282***	-0.269***
	(0.069)	(0.075)	(0.074)	(0.046)	(0.049)	(0.046)
LTG	-0.012***	-0.013***	-0.013***	-0.008***	-0.008***	-0.008***
	(0.002)	(0.002)	(0.002)	(0.002)	(0.002)	(0.001)
年/月固定效应	是	是	是	是	是	是
国家固定效应	是	是	是	是	是	是
行业固定效应	否	否	否	是	是	是
观测值	88 390	88 349	88 426	87 093	87 052	87 129
R^2	0.263	0.259	0.260	0.475	0.474	0.477

B 排放量变化率

因变量：LNBM	（1）	（2）	（3）	（4）	（5）	（6）
S1CHG	0.066***			0.029		
	(0.020)			(0.021)		
S2CHG		0.045***			0.022*	
		(0.013)			(0.012)	
S3CHG			0.030			-0.027
			(0.123)			(0.037)
MSCI	-0.180***	-0.181***	-0.180***	-0.165***	-0.165***	-0.165***
	(0.033)	(0.033)	(0.033)	(0.029)	(0.029)	(0.029)
MOM	-0.624***	-0.624***	-0.624***	-0.587***	-0.587***	-0.587***
	(0.069)	(0.069)	(0.069)	(0.056)	(0.056)	(0.056)
VOLAT	1.909**	1.917**	1.916**	1.884***	1.882***	1.884***
	(0.623)	(0.623)	(0.628)	(0.457)	(0.457)	(0.456)
SALESGR	-0.566***	-0.552***	-0.541***	-0.524***	-0.521***	-0.473***
	(0.063)	(0.052)	(0.134)	(0.072)	(0.060)	(0.076)
$SALESGR_{t+12}$	-0.411***	-0.412***	-0.406***	-0.349***	-0.350***	-0.347***
	(0.044)	(0.044)	(0.044)	(0.041)	(0.040)	(0.039)
$SALESGR_{t+24}$	-0.379***	-0.379***	-0.379***	-0.327***	-0.325***	-0.327***
	(0.071)	(0.071)	(0.071)	(0.053)	(0.054)	(0.052)
LTG	-0.013***	-0.013***	-0.013***	-0.009***	-0.009***	-0.009***
	(0.002)	(0.002)	(0.002)	(0.002)	(0.002)	(0.002)

（续表）

因变量：LNBM	（1）	（2）	（3）	（4）	（5）	（6）
年/月固定效应	是	是	是	是	是	是
国家固定效应	是	是	是	是	是	是
行业固定效应	否	否	否	是	是	是
观测值	88 414	88 338	88 426	87 117	87 041	87 129
R^2	0.260	0.260	0.259	0.466	0.466	0.466

注：样本期间为2005—2018年。因变量为 LNBM。主要自变量为企业排放量（表7A）和排放量变化率（表7B）。变量的定义与表1和表2一致。我们给出了联合回归的结果，其中包含了企业和年份层面的双重聚类标准差（括号内）。所有回归都考虑了年/月固定效应、国家固定效应。第4~6列还考虑了行业固定效应。*** 显著性水平为1%，** 显著性水平为5%，* 显著性水平为10%。

在表7A中，主要的自变量是 LOGS1TOT、LOGS2TOT 和 LOGS3TOT。我们假设存在低碳转型风险，与这一假设一致，我们发现，高排放企业有更高的账面市值比。在不考虑行业固定效应的模型（1~3列）中，碳排放的系数具有统计显著性。在不考虑行业固定效应的模型中，这一影响在统计上是显著的，见第1~3列。和前文一样，当我们加入行业固定效应时，这一影响的程度变得更大。从经济显著性来看，排放范围1下的排放量每增加1个标准差，账面市值比上升13.2%。排放范围2和排放范围3的结果与排放范围1相近。

一个自然的问题是从不同回归中得出的这些影响程度是否可比。为了回答这个问题，我们使用简单的戈登增长模型，其中预期增长率为4%，预期收益率为12%（这些数字大致与平均水平接近），并提出了如下问题：高排放企业的股票预期收益率提高多少才能使其估值下降13%？在上述参数设定下，答案是略低于1.4%。该结果略高于本研究的计算结果，但是在收益系数的1个标准差范围内。因此，两个结果并不存在统计上的显著差异。

在表7B中，我们考虑了将排放量变化率作为主要自变量的模型设定。我们估计的实证模型和前文的一样。我们发现，排放量变化率对账面市值比有很强的正向影响。无论是否考虑行业固定效应，该结果在统计上和经济上都非常显著。

我们注意到，在上述检验中，计算 LTG 带来的数据局限限制了样本规模。为了确保计算结果不是由小样本驱动的，我们使用没有 LTG 变量的模型重复上述分析（结果如附表 A4 所示）。在大样本数据中，我们发现，这些结果在统计上更显著，其大小与我们的基本结论大体上一致。

总之，我们认为，我们关于股票收益的基本结论不可能用预期收益（或噪声）来解释。它们与考虑不同排放量及排放量变化率的资产重新定价更吻合。因此，本文的其余部分将继续使用以股票收益作为主要因变量的模型设定。

4.1.5 信息可观测性与碳溢价

碳溢价分析的一个重要方面是考虑投资者在进行投资决策时所需信息的可度量性。在我们的分析中，虽然某些元素是文献标准方法中常见的，但其他元素是低碳转型风险中特有的。正如我们指出的，碳排放量变化率反映了低碳转型的进程，因此我们应该预计到，先验的低碳转型风险与排放量和排放量变化率相关。即使在短期，这样的横向效应也会出现。因此，我们应该想到，碳溢价与我们在什么时间观察相对于股价的碳排放并非没有关系。相较于稳态世界的假设和随机一般均衡的传统资产定价模型，这是一个重要的差别。

为了确保收益实现时，投资决策依赖的信息都在投资者的信息集合中，我们使用排放信息的不同时滞进行了若干稳健性检验，因为投资者的信息集合并不是完全可观察的。我们分别考虑了从报告排放量那年的年底到收益实现的那个月之间的 3 个月、6 个月和 12 个月作为时滞。运用这些不同的时滞，我们估计了以（1）式和（2）式表示的模型，表 6D 和表 6E 分别展示了排放量和排放量变化率的估计结果。在大多数模型设定中，排放量的碳溢价都是大而显著的。相反，基于排放量变化率的碳溢价在时滞为 6 个月时显著大于零，但时滞超过 12 个月则不再显著。

这些结果延伸出两个问题。首先，碳溢价为什么持续这么长时间？其次，为什么 12 个月后碳溢价消失了？我们对第一个问题的回答是，投资者的注意力有限，无法立即消化企业的所有碳排放信息（Kacperczyk et al.，2016）。企业第 t 年的碳排放信息会逐渐反映在这一年的股票收益中。为这种摩擦建立微观基础的一个相关方法是构建一个包含资本缓慢变化的模型（Duffie，2010）。我们对第二个问题的回答是，各种碳排放数字在一段时间后不再新鲜，一年之后这些数字中的信息会被更新的数字消解。有趣的是，当我们比较排放量和排放量变化率这两个滞后的排放变量对股票收益的影响时，我们发现前者保留信息的时间比后者更长。排放量变化率持续的时间更短，传递的是短期信息。换言之，各种排放量变化率数字的新闻含量要大于排放量数字的新闻含量。

我们的基准模型测算了股票收益实现前1个月的碳排放。这一选择的主要原因是前述横向影响和信息消散（information staleness）。我们也提到，投资者可以从行业和企业特征中获得与碳排放相关的更准确的未来现金流风险预测值。有关企业特征的信息更新越快，投资者对排放和收益的预测就越准确，这也是为什么基于长期滞后的企业特征预测股票收益会低估真实的收益溢价。举例来说，如果排放量滞后12个月，就意味着投资者不会根据企业特征的更新做出全年的预测。因此，本研究认为时滞为1个月或3个月比时滞为12个月更符合实际。

另一个重要问题是，Trucost数据库中的排放数据是有延迟的。首先，我们的分析基于Trucost的排放数据，但这并不意味着Trucost是投资者获取碳排放信息的唯一来源。投资者可以从其他渠道获得企业碳排放的信息。事实上，贝莱德（BlackRock）或Amundi等大型资产管理公司依赖多个碳排放数据来源，虽然这些数据源并不能同时获得。例如，许多企业首先向碳披露项目（Carbon Disclosure Project，CDP）[11]披露它们的排放数据，然后Trucost将这些数据与其他数据来源进行整合。与Trucost提供的信息可能高度相关（给定所有提供商使用相同的数据收集协议）的不同信息可在不同的时间获得。此外，投资者可能用不同的方法获取碳排放信息。因此，投资者的信息更新可能早于计量经济学家的信息更新。实际上，在另一个检验中（未在表中展示），我们考察了Trucost将排放数据纳入其数据库的日期前后是否有公告收益（announcement return），我们并未发现公告收益。换言之，我们的分析并不打算识别基于Trucost数据的交易策略，而只是将这一数据作为低碳转型风险的代理变量。

一个相关的问题是，Trucost如何收集和汇总企业的碳排放数据：Trucost使用的方法会直接影响碳溢价吗？Trucost报告了两类数据：一类是直接从公司报告中获取的，另一类是利用它自己的预测模型估算得到的。Trucost使用的方法是否会使估计的排放量产生偏差或出现噪声？我们认为，出现与未来股

---

[11] 碳披露项目（Carbon Disclosure Project，CDP）于2000年在英国设立，每年都会要求世界上的大企业公开碳排放信息及为气候变化采取措施的细节。已发展成为碳排放披露方法论和企业流程的经典标准。——编者注

票收益相关的系统性偏差的可能性不大,因为实证研究中常见的股票收益自相关的证据不足。由于低碳转型风险的差异与碳排放数据是源于企业披露还是估算有关,所以为了评估低碳转型风险的差异,我们利用了 Trucost 提供的有关具体排放数据来源的信息。我们定义了指标变量披露(Disclosure),如果企业 i 在 t 时刻的排放数据是直接披露的信息则为 1,如果是基于模型方法估计的则为 0。通过加入这个变量以及它与碳排放测算的交互项来修正股票收益的回归模型,结果如附表 A5 所示。这些结果反映了两种影响。首先,直接披露的排放量的碳溢价较低,这与不确定性减少的假设不一致;其次,这两类数据的碳溢价都显著大于零,尤其是在考虑行业固定效应的模型中。因此,我们认为,排放数据的来源差异不会改变我们的定性结论。[12]

虽然我们的分析考虑了基于月度频率的不同信息集,但需要注意的是,Trucost 的企业排放数据是以年为频率提供的。然而,以年为频率测度的企业排放数据并不意味着我们的实证检验应当使用以年为频率的股票收益。即使企业以年为频率发布碳排放数据,投资者也会以高于年的频率更新其信息集。更合理的情形是,投资者获取信息的过程是连续的,随着时间的推移,他们处理的信息会更多。这也能进一步说明,获得排放信息和股票收益测算之间的时滞越长,排放数据的影响就越小。

最后,一个普遍关注的问题是,企业排放和股票收益通过企业的生产渠道内生地相关。例如,更高的收入可能带来更好的商业机会,但这也可能导致更高的排放和更高的已实现收益率。我们注意到,我们的数据无法证实这一预测。企业市场价值不会随排放量的增加(与商业机会变得更好一致)而提高。我们发现了刚好相反的结果,即账面市值比与碳排放正相关。企业排放量越高、排放量增长越快,其股价往往越低。因此,尽管生产的内生性是一个问题,但我们提供的估计结果构成了碳排放对碳溢价的实际影响的下限。

---

[12] 在一篇相关论文中,Aswani et al.(2021)发现,对披露排放量的企业来说,与排放量相关的碳溢价为零,这表明投资者没有为低碳转型风险定价。我们的估计结果则与此不同,我们在比他们的样本数多了 5 倍的企业样本中,发现两种类型碳排放数据源都有正的碳溢价。更重要的是,我们注意到,直接披露碳排放的企业碳溢价较小,这与企业内生地决定是否披露碳排放的决策模型相一致。在这一模型中,企业披露碳排放的好处是降低投资者面临的与低碳转型风险相关的感知不确定性(percieved uncertainty),从而降低碳溢价。因此,我们的证据与投资者对低碳转型风险定价的假设完全一致,但是对于不同水平的感知不确定性,定价有所不同。我们详细分析了这一经济过程(Bolton and Kacperczyk,2021c)。

4.1.6 地理分布

接下来,我们转而分析碳溢价在不同地区的分布。通过分析碳溢价的地理分布,我们可以评估我们的无条件结果是否受到特定区域的影响,或者是否在全球各地趋于一致。关于气候变化的经济学文献强调气候政策空间分布的重要性(Nordhaus and Yang,1996)以及物理影响(Cruz and Rossi-Hansberg,2020)。不同地区对气候变化的风险暴露程度不同,适应能力也不同。对低碳转型风险来说,我们可以想到,国家的经济发展水平、社会规范或总体风险(headline risk)同样重要。与此同时,金融市场一体化可以抵消一部分国家层面的异质性。

我们通过比较北美、欧洲、亚洲和南半球国家(定义为"其他")四个区域,评估低碳转型风险定价的地理分布。我们为坐落在北美地区的企业定义了指标变量 *Namerica*,为坐落在欧洲的企业定义了指标变量 *Europe*,为坐落在亚洲的企业定义了指标变量 *Asia*。我们通过在(1)式和(2)式中分别增加这些指标变量与排放量变化率的交互项,改进了这两个回归模型。位于南半球的企业则作为缺失项。该模型可以同时检验两个假设:碳溢价是否为正且统计上显著,以及在不同地区之间是否存在差异。

估计结果如表8所示,表8A针对碳排放量,表8B针对碳排放量变化率。为简单起见,我们关注了范围1和范围3的排放。我们发现,北美、欧洲、亚洲三个地区明显比其他地区的碳溢价高。在10%置信水平上具有统计显著性的那些结果仅适用于北美地区的企业。重要的是,所有的碳溢价都大于零且统计上显著,特别是在考虑行业固定效应时。就排放量变化率而言,它对欧洲地区碳溢价的影响显著低于对北美和亚洲地区碳溢价的影响,但对三地碳溢价的影响均大于零且统计上显著。非洲、澳大利亚和南美洲是令人瞩目的地区,那里的 *S1CHG* 系数在基准模型中具有边界显著性(borderline significant),而考虑行业固定效应时,则不显著。这一结果相当有趣,因为这些地区的国家最不符合碳中和原则。

表8 碳排放量与股票收益率:地区

A 排放量

因变量:*RET*	(1)	(2)	(3)	(4)	(5)	(6)
LOGS1TOT	−0.001			0.041		
	(0.031)			(0.024)		

（续表）

因变量：RET	（1）	（2）	（3）	（4）	（5）	（6）
LOGS2TOT		0.065 (0.038)			0.092** (0.036)	
LOGS3TOT			0.075 (0.043)			0.132*** (0.042)
Namerica × LOGS1TOT	0.042* (0.020)			0.043* (0.020)		
Namerica × LOGS2TOT		0.051 (0.039)			0.044 (0.037)	
Namerica × LOGS3TOT			0.065 (0.042)			0.059 (0.043)
Europe × LOGS1TOT	0.028 (0.019)			0.019 (0.020)		
Europe × LOGS2TOT		0.022 (0.029)			0.014 (0.031)	
Europe × LOGS3TOT			0.042 (0.031)			0.040 (0.033)
Asia × LOGS1TOT	0.029 (0.022)			0.020 (0.021)		
Asia × LOGS2TOT		0.027 (0.036)			0.020 (0.036)	
Asia × LOGS3TOT			0.028 (0.039)			0.022 (0.041)
控制变量	是	是	是	是	是	是
年/月固定效应	是	是	是	是	是	是
国家固定效应	是	是	是	是	是	是
行业固定效应	否	否	否	是	是	是
观测值	746 499	746 642	747 139	736 711	736 854	737 351
R^2	0.150	0.150	0.150	0.151	0.151	0.152

B 排放量变化率

因变量：RET	（1）	（2）	（3）	（4）	（5）	（6）
S1CHG	0.230** (0.098)			0.275** (0.112)		

103

（续表）

因变量：RET	（1）	（2）	（3）	（4）	（5）	（6）
S2CHG		0.054			0.078	
		(0.090)			(0.098)	
S3CHG			0.780**			0.843**
			(0.349)			(0.383)
Namerica × S1CHG	0.362**			0.341**		
	(0.138)			(0.136)		
Namerica × S2CHG		0.211*			0.193	
		(0.114)			(0.112)	
Namerica × S3CHG			0.499			0.464
			(0.337)			(0.345)
Europe × S1CHG	−0.010			−0.050		
	(0.091)			(0.099)		
Europe × S2CHG		0.039			0.020	
		(0.115)			(0.120)	
Europe × S3CHG			0.007			−0.028
			(0.457)			(0.464)
Asia × S1CHG	0.322**			0.287*		
	(0.142)			(0.142)		
Asia × S2CHG		0.340***			0.314**	
		(0.104)			(0.105)	
Asia × S3CHG			0.607			0.541
			(0.420)			(0.430)
控制变量	是	是	是	是	是	是
年/月固定效应	是	是	是	是	是	是
国家固定效应	是	是	是	是	是	是
行业固定效应	否	否	否	是	是	是
观测值	735 359	735 362	735 903	725 745	725 748	726 289
R^2	0.151	0.151	0.152	0.153	0.153	0.153

注：样本期间为2005—2018年。因变量为RET。主要自变量为企业排放量（表8A）和排放量变化率（表8B）。变量的定义与表1和表2一致。我们给出了联合回归的结果，其中包含了企业和年份层面的双重聚类标准差（括号内）。所有回归模型都包含了表6中的控制变量（为简化起见，不再展示），并考虑了年/月固定效应、国家固定效应。第4~6列还考虑了行业固定效应。*** 显著性水平为1%，** 显著性水平为5%，* 显著性水平为10%。

结果稳健性的另一个重要问题是，企业总部的位置和实际排放的位置哪个更重要。对跨国企业来说，做这样的区分也许非常重要，因为跨国企业受到不同社会压力、政策或总体风险的影响。虽然我们的数据没有细到足以将企业排放总量分解到各个工厂，但是我们可以评估企业排放的影响在跨国企业和那些在单个国家经营的企业之间的差异。在实证分析中，我们定义了一个指标变量 FORDUM，对于至少有一部分销售在国外的企业，FORDUM 为 1；对于其销售完全在一国之内的企业，则 FORDUM 为 0。随后，我们估计了包含排放量指标和 FORDUM 的交互项的（1）式和（2）式中的模型（估计结果如附表 A6 所示）。

在所有这些实证模型设定中，我们发现，只有微弱的证据表明，跨国经营的企业展示出了股票收益对企业排放总量的不同敏感度。在包含排放量的模型设定中，FORDUM 与排放量的交互项的系数小且统计上不显著；在包含排放量变化率的模型设定中，对排放范围 3 下的排放，这一交互项在 10% 的水平上显著。总之，企业排放的地理来源似乎并不是我们数据中碳溢价的主因。

综上所述，洲层面的结果显示，低碳转型风险在大多数地理区域具有经济上的显著性，而且全球的碳溢价存在一定程度上的地理差异，即使这基本上与低碳转型风险的短期测度相关。在本节的最后部分，我们将探讨低碳转型风险是否与一国的经济发展相关，在减缓气候变化国际协议的讨论框架中，这是一个主要议题。

4.1.7　经济发展

一国的经济发展水平是影响气候变化政策的重要因素。发达国家通常会在应对气候变化方面做出更严格的承诺。由于发达国家是过去两个世纪累计排放最多的国家，所以在应对气候变化方面应该承担更多的责任。预计发展中国家碳溢价较低的另一个原因是目前这些国家的碳排量较低。此外，这些国家的经济并不是根深蒂固地建立在化石能源消费之上，因此可能更容易向可再生能源转型。相反，严重依赖化石能源的国家，短期内转型的意愿可能较低。

本节将探寻这些论点的实证意义。一个引人注目的一般性发现是，碳溢价似乎与各国的总体发展水平不相关，如表 7A 所示。我们首先将 G20 国家归类为发达国家，其余国家归类为发展中国家。[13] 当我们加入行业固定效应时，我

---

[13]　如果我们按照 OECD 成员国来定义发达国家，那么表 7B 中的结果在量级上也非常相似。

们从附表 A7 观察到，G20 国家的碳溢价与三种排放范围下的排放都显著相关，对多数发展中国家而言，情况也是如此（对于这些国家，排放范围 2 只在 10% 水平上显著）。而且，系数的大小相似。从碳排放对股票收益的短期影响看，无论是 G20 国家还是发展中国家，这些影响都是非常显著的。同样，系数的大小也大体相似。

诚然，上述国家分类，即划分为发展中国家和发达国家，是相当粗糙的，而且两个类别内不同国家之间的特征存在很大差异。因此，我们还研究了人均 GDP 和制造业占 GDP 比重、人均卫生支出这两个其他发展变量与排放量和排放量变化率的交互项产生的影响。如表 9A 所示，人均 GDP 与排放量的交互项并没有产生显著影响。这对制造业占比和排放量的交互项、人均卫生支出和排放量的交互项也都成立。总的来看，这些结果表明，发展水平的差异并不能解释各国之间长期的碳溢价差异。但是，如果我们考虑这些变量与衡量短期风险的排放量变化率的交互项，结论则会略有不同。现在，在人均 GDP 较高、卫生体系较健全的国家，从统计上看企业的股票收益较低；而在产出对制造业依赖程度较高的国家，企业的股票收益较高。这些结果符合如下判断，即发达国家的企业在遵守其国家的碳中和目标方面挑战较小。排放量增长这个变量告诉我们一国发展道路的可持续性。例如，如果一个发展中国家由于高度依赖煤炭而导致排放量快速增长，那么当逐步淘汰煤炭的压力增大时，该国的企业将面临更大的转型风险。

总之，低碳转型风险的地区和经济差异可能包含了一些特定的因素，这些因素导致了我们观察的结果。研究这些因素的起源是下一节的主题。

4.2　低碳转型风险的驱动因素

尽管低碳转型风险的概念在政策讨论中经常被提及，但令人惊讶的是，人们对这种风险来源知之甚少。部分原因是，大多数关于低碳转型风险的研究聚焦于单个国家或单个行业（例如，Bolton and Kacperczyk，2021a；Hsu et al.，2020）。此外，许多评论人士常常将低碳转型风险单纯归因于政策的不确定性，而实际上其他方面（例如技术创新或价值体系）显然也是重要的。

本节探寻低碳转型风险显现的几个途径，包括技术、经济社会、监管政策和声誉风险，这四个途径影响未来的现金流，改变投资者对气候变化的关注度，而这种关注度是贴现率差异的一个根源。从实证角度识别这些途径的主要

表 9 碳排放与股票收益：发展中国家

A 排放量

因变量：RET	(1)	(2)	(3)	(4)	(5)	(6)	(7)	(8)	(9)	(10)	(11)	(12)
GDPPC	106.966** (50.082)	107.168** (50.443)	102.286** (50.288)	102.108** (50.647)								
MANUFPERC					13.721 (8.422)	15.378* (8.635)	14.549* (8.418)	16.083* (8.586)				
HLTHEXPPC									−0.048 (0.195)	−0.130 (0.202)	−0.040 (0.193)	−0.106 (0.196)
LOGS1TOT	0.030 (0.021)	0.118*** (0.032)	0.064*** (0.018)		0.030 (0.023)		0.072*** (0.019)		0.009 (0.022)		0.047** (0.018)	
LOGS3TOT				0.170*** (0.033)		0.136*** (0.032)		0.191*** (0.033)		0.079** (0.031)		0.131*** (0.034)
GDPPC × LOGS1TOT	−0.113 (0.418)	−0.210 (0.655)										
GDPPC × LOGS3TOT			−0.101 (0.402)	−0.272 (0.612)								
MANUFPERC × LOGS1TOT					−0.028 (0.112)		−0.068 (0.106)					
MANUFPERC × LOGS3TOT						−0.139 (0.173)		−0.161 (0.164)				
HLTHEXPPC × LOGS1TOT									0.003 (0.003)		0.003 (0.003)	
HLTHEXPPC × LOGS3TOT										0.008* (0.005)		0.007 (0.005)
控制变量	是	是	是	是	是	是	是	是	是	是	是	是
年/月固定效应	是	是	是	是	是	是	是	是	是	是	是	是
国家固定效应	否	否	是	是	否	是	是	是	否	是	是	是
行业固定效应	是	是	是	是	是	是	是	是	是	是	是	是
观测值	712 325	712 965	702 742	703 382	679 747	680 362	671 251	671 866	484 562	485 071	478 735	479 244
R^2	0.150	0.150	0.152	0.152	0.152	0.152	0.153	0.153	0.175	0.175	0.177	0.177

B 排放量变化率

因变量：RET	(1)	(2)	(3)	(4)	(5)	(6)	(7)	(8)	(9)	(10)	(11)	(12)
GDPPC	−112.536** (50.414)	−115.011** (50.457)	−107.466** (50.642)	−109.815** (50.689)								
MANUFPERC					11.674 (8.243)	10.472 (8.228)	12.035 (8.256)	10.880 (8.244)				
HLTHEXPPC									−0.044 (0.194)	−0.072 (0.196)	−0.034 (0.193)	−0.064 (0.195)
S1CHG	0.587*** (0.112)	1.485*** (0.263)	0.600*** (0.112)		0.088 (0.101)	0.492* (0.266)	0.112 (0.102)		0.654*** (0.131)	1.439*** (0.287)	0.688*** (0.131)	
S3CHG				1.505*** (0.266)				0.543** (0.264)				1.501*** (0.291)
GDPPC × S1CHG	−4.601* (2.466)	−11.536* (6.250)										
GDPPC × S3CHG			−4.510* (2.461)	−11.598* (6.250)								
MANUFPERC × S1CHG					2.230*** (0.621)	3.863*** (1.453)						
MANUFPERC × S3CHG							2.163*** (0.625)	3.650** (1.454)				
HLTHEXPPC × S1CHG									−0.045* (0.024)	−0.093 (0.058)		
HLTHEXPPC × S3CHG											−0.047* (0.024)	−0.098* (0.057)
控制变量	是	是	是	是	是	是	是	是	是	是	是	是
年/月固定效应	是	是	是	是	是	是	是	是	是	是	是	是
国家固定效应	是	是	是	是	是	是	是	是	是	是	是	是
行业固定效应	否	否	是	是	否	否	是	是	否	否	是	是
样本量	701 797	702 341	692 387	692 931	669 831	670 340	661 480	661 989	479 950	480 373	474 176	474 599
R^2	0.151	0.152	0.153	0.153	0.153	0.153	0.154	0.155	0.175	0.176	0.177	0.177

注：样本期间为2005—2018年。因变量为RET。主要自变量为企业排放量（表9A）和排放量变化率（表9B）。GDPPC是以现价美元计算的人均GDP；MANUFPERC是制造业在GDP中的占比；HLTHEXPPC是以现价美元计算的人均健康支出；所有其他变量的定义与表1和表2一致。我们给出了联合回归结果，其中包含了企业和年份层面的双重聚类标准误（括号内）。所有回归模型都包含了表6中的控制变量（为简化起见，不再展示），并考虑了年/月固定效应和国家固定效应。在部分列中，我们还考虑了行业固定效应。*** 显著性水平为1%，** 显著性水平为5%，* 显著性水平为10%。

挑战是，我们基本上只能衡量国家层面的低碳转型风险的驱动因素。众所周知，由于国家层面的变量缺失，将股票收益与国家特征联系起来的回归模型可能得出有偏的估计。为了减轻这个问题，我们利用企业层面的碳排放数据，通过引入企业排放量与国家特征变量的交互项，来估计不同途径的作用。这一方法严格遵循拉詹和津加莱斯（1998）的识别策略，它引入了国家金融发展变量与行业融资约束变量的交互项。在我们的检验中，借助可观察的特征组合和固定效应，我们引入了企业、行业和国家层面的差异，从而改进识别的效果。

4.2.1 技术结构

能源生产和碳捕捉技术的变革是低碳转型风险的重要来源之一。在向碳中和转型的过程中，企业的能源结构、碳排放强度、外部能源需求等均不相同。企业与新的绿色均衡下的目标技术状况差距越大，遭遇的潜在技术冲击也将越大。与之相关的风险可能来自绿色能源生产的超高成本和此类成本的不确定性。[14]

本节将探讨这些因素对低碳转型风险的重要性。我们将技术因素分为两类：第一类与碳排放的生产侧相关，第二类与消费侧相关。首先，我们研究在可再生能源占比较高的国家，企业的碳溢价是否较低。其次，我们探讨化石能源生产部门的规模是否会影响碳溢价。我们的假说是，在能源行业占比越高的国家，企业碳溢价越高。再次，人均能源消耗也许能说明向低碳转型已经取得了多大的进展，它还可以说明对化石能源的未来预期需求。我们认为，高能耗国家的企业面临更高的转型风险。

这一分析的结果如表 10 所示。我们从中发现了一些有趣的模式。首先，我们发现，绿色能源和棕色能源的相关变量与碳排放量对股票收益的影响不太相关。在所有模型中，该交互项的系数都较小且统计上不显著。排放范围 3 和新能源依赖度的交互项是一个例外，但这一影响也仅仅在边际上显著（marginally significant）。其次，对于企业的碳排放增长，我们的数据证实了如下假说：更多基于可再生能源的经济会有更低的碳溢价。在可再生能源生产占比更高的国家，与年度碳排放增长相关的企业碳溢价更低，显著为负的交互项系数

---

[14] 本文没有讨论的另一个问题是搁浅资产减值的不确定性及其对企业价值造成的影响。Atanasova and Schwartz（2020）从实证角度分析了这一问题在石油天然气行业中的重要性。

表10 碳排放量与股票收益：能源结构

A 排放量

因变量：RET	(1)	(2)	(3)	(4)	(5)	(6)	(7)	(8)	(9)	(10)	(11)	(12)
ELRENEW	7.809*	2.588	8.161*	2.322								
	(4.150)	(5.042)	(4.164)	(5.059)								
ENINT					−7.864	2.400	−9.565	5.223				
					(60.851)	(61.263)	(60.818)	(61.358)				
ENUSEPC									−1.386**	−1.427**	−1.442***	−1.411**
									(0.545)	(0.550)	(0.546)	(0.554)
LOGS1TOT	0.006	0.077**			0.030	0.162***			−0.005		0.038*	
	(0.024)	(0.030)			(0.028)	(0.052)			(0.024)		(0.021)	
LOGS3TOT			0.059***	0.132***			0.069**	0.222***		0.085**		0.153***
			(0.020)	(0.034)			(0.027)	(0.053)		(0.039)		(0.041)
ELRENEW × LOGS1TOT	0.028	0.480*										
	(0.175)	(0.288)										
ELRENEW × LOGS3TOT			0.010	0.518*								
			(0.176)	(0.289)								
ENINT × LOGS1TOT					−0.443	−1.198						
					(0.551)	(0.844)						
ENINT × LOGS3TOT							−0.209	−1.299				
							(0.525)	(0.840)				
ENUSEPC × LOGS1TOT									0.004		0.005	
									(0.005)		(0.005)	
ENUSEPC × LOGS3TOT										0.006		0.002
										(0.007)		(0.007)

控制变量	是	是	是	是	是	是	是	是	是	是	是	是
年/月固定效应	是	是	是	是	是	是	是	是	是	是	是	是
国家固定效应	是	是	是	是	是	是	是	是	是	是	是	是
行业固定效应	否	否	是	是	否	否	是	是	否	否	是	是
观测值	438 446	438 918	433 249	433 721	438 488	438 960	433 291	433 763	423 298	423 770	418 233	418 705
R^2	0.185	0.186	0.187	0.187	0.185	0.185	0.187	0.187	0.190	0.190	0.192	0.192

B 排放量变化率

因变量：RET	(1)	(2)	(3)	(4)	(5)	(6)	(7)	(8)	(9)	(10)	(11)	(12)
ELRENEW	8.254**	8.221**	8.434**	8.389**								
	(3.387)	(3.381)	(3.401)	(3.395)								
ENINT					−25.255	−29.735	−24.552	−29.244				
					(60.766)	(60.556)	(60.724)	(60.459)				
ENUSEPC									−1.397**	−1.385**	−1.446**	−1.431**
									(0.553)	(0.552)	(0.553)	(0.553)
S1CHG	0.597***		0.644***		0.021		0.039		0.313**		0.316**	
	(0.113)		(0.114)		(0.199)		(0.199)		(0.155)		(0.153)	
S3CHG		1.201***		1.294***		0.113		0.158		0.728*		0.760**
		(0.289)		(0.289)		(0.400)		(0.395)		(0.373)		(0.372)
ELRENEW × S1CHG	−1.839*		−2.068*									
	(1.087)		(1.089)									
ELRENEW × S3CHG		0.005		−0.502								
		(2.671)		(2.675)								

(续表)

因变量：RET	(1)	(2)	(3)	(4)	(5)	(6)	(7)	(8)	(9)	(10)	(11)	(12)
ENINT × S1CHG					9.254** (4.009)	20.786*** (7.830)	9.562** (4.037)					
ENINT × S3CHG								21.199*** (7.854)				
ENUSEPC × S1CHG									0.036 (0.033)		0.044 (0.033)	
ENUSEPC × S3CHG										0.097 (0.083)		0.107 (0.082)
控制变量	是	是	是	是	是	是	是	是	是	是	是	是
年/月固定效应	是	是	是	是	是	是	是	是	是	是	是	是
国家固定效应	是	是	是	是	是	是	是	是	是	是	是	是
行业固定效应	否	否	是	是	否	否	是	是	否	否	是	是
观测值	433 851	434 226	428 710	429 085	433 893	434 268	428 752	429 127	418 791	419 166	413 782	414 157
R^2	0.186	0.186	0.188	0.188	0.186	0.186	0.188	0.188	0.190	0.191	0.192	0.193

注：样本期间为2005—2018年。因变量为RET。主要自变量为企业排放量（表10A）和排放量变化率（表10B）。ELRENEW衡量一国给定年份的可再生能源发电量在总发电量中的占比；ENINT为一国能源供应与购买力平价GDP之比；能源强度是指给定年份单位经济产出的能耗；ENUSEPC是一国给定年份的能源消费量（括号内）。所有回归模型都包含了表6中的控制变量（为简化起见，不再展示）。考虑了年/月固定效应和国家固定效应。在部分列中，我们还考虑了行业固定效应。*** 显著性水平为1%，** 显著性水平为5%，* 显著性水平为10%。

说明了这一点。同样，我们发现，能源行业占比与排放量变化率的交互项系数为正且非常显著，表明投资者认为，在化石能源行业规模较大的国家，与碳排放量相关的风险更大。有趣的是，发达国家通常更多地依赖可再生能源而非化石能源，这可以部分解释为什么发展中国家的短期转型碳溢价更高。与此同时，我们发现，无论我们关注的风险指标为何，能源消费与股票收益均不存在显著的相关性。其中的一个原因可能在于被消费的是绿色能源。此外，能源消费与能源生产可能并不在同一个国家。总之，技术结构短期和长期影响之间的这种差异表明，至少从资本市场的角度看，这个变量的影响本质上是短暂的。能源结构不能反映长期转型成本，因为在这个市场上，任何潜在的产品或工艺创新都有可能改变未来的预期。

总的来看，强有力的证据表明，一国的能源生产结构是投资者对碳排放短期变化而非排放量带来的风险如何定价的一个重要预测指标。这些结论的要点基本符合我们的假说，即技术变革的不确定性会增加低碳转型的风险。我们的分解分析进一步显示，投资者更关注能源生产侧而非能源消费侧的影响。

4.2.2　社会政治环境

影响政府行动的制度和社会政治环境决定了未来碳排放政策的不确定性。我们可以想到，在政治稳定、社会和谐的社会中，政策的不确定性更低，在制度更民主的国家，政策随意摇摆的风险往往较低。相反，不太平等的社会更有可能违背其政策承诺，迈向碳中和的进程也更不可预测。气候政策的这种更大的不确定性反过来有可能反映在更高的碳溢价中。我们将探察这一途径，为此我们将考虑一国的法治和话语权是否影响企业的碳溢价。法治表示行为人对社会规则的信任和遵守程度，尤其是合同执行质量、产权、警察和法院以及犯罪和暴力发生的可能性。法治指标，即 *RULELAW* 标准化为 $-2.5 \sim 2.5$。话语权反映一国公民参与政府选举的程度，以及言论自由、结社自由和媒体自由的程度。话语权 *VOICE* 的标准化值为 $-2.5 \sim 2.5$。"2.5"表示发表言论没有障碍，"-2.5"表示完全无法发声。我们分析的另一个社会和政治稳定的间接指标是以基尼系数衡量的一国收入不平等。世界银行每年都会发布国家层面的这三个指标。和前文一样，我们将纳入这些变量与排放量和排放量变化率的交互项，以区分长期和短期影响（结果详见表11）。

我们发现，这些变量对排放量导致的碳溢价没有显著影响，从这些结果中得出的结论是，社会因素看起来并不影响由碳排放量导致的长期风险。在表

表11 碳排放量与股票收益：社会政治环境
A 排放量

因变量：RET	(1)	(2)	(3)	(4)	(5)	(6)	(7)	(8)	(9)	(10)	(11)	(12)
RULELAW	−0.677	−0.721	−0.660	−0.705								
	(0.752)	(0.766)	(0.755)	(0.776)								
VOICE					−0.700	−0.676	−0.723	−0.697				
					(0.805)	(0.822)	(0.803)	(0.828)				
GINI									−6.619	−7.181	−6.753	−7.776
									(12.017)	(11.998)	(12.000)	(11.998)
LOGS1TOT	0.026		0.061***		0.031*		0.067***		0.020		0.023	
	(0.017)		(0.015)		(0.017)		(0.014)		(0.081)		(0.081)	
LOGS3TOT		0.108***		0.162***		0.120***		0.173***		0.085		0.081
		(0.025)		(0.028)		(0.024)		(0.027)		(0.115)		(0.115)
RULELAW × LOGS1TOT	0.002		0.002									
	(0.009)		(0.009)									
RULELAW × LOGS3TOT		0.004		0.003								
		(0.015)		(0.015)								
VOICE × LOGS1TOT					−0.005		−0.006					
					(0.011)		(0.011)					
VOICE × LOGS3TOT						−0.009		−0.010				
						(0.018)		(0.018)				
GINI × LOGS1TOT									0.027		0.124	
									(0.219)		(0.219)	
GINI × LOGS3TOT										0.069		0.195
										(0.296)		(0.302)

控制变量	是	是	是	是	是	是	是	是	是	是	是	是
年/月固定效应	是	是	是	是	是	是	是	是	是	是	是	是
国家固定效应	是	是	是	是	是	是	是	是	是	是	是	是
行业固定效应	否	否	是	是	否	否	是	是	否	否	是	是
观测值	746 289	746 929	736 501	737 141	746 289	746 929	736 501	737 141	238 048	238 236	235 027	235 215
R^2	0.150	0.150	0.151	0.152	0.150	0.150	0.151	0.152	0.195	0.195	0.198	0.198

B 排放量变化率

因变量:RET	(1)	(2)	(3)	(4)	(5)	(6)	(7)	(8)	(9)	(10)	(11)	(12)
RULELAW	−0.627	−0.606	−0.610	−0.587					−7.074	−8.585	−6.232	−7.788
	(0.743)	(0.744)	(0.743)	(0.745)					(12.484)	(12.489)	(12.425)	(12.419)
VOICE					−0.778	−0.782	−0.806	−0.804				
					(0.811)	(0.815)	(0.811)	(0.816)				
GINI									−0.469	−1.072	−0.402	−0.887
									(0.396)	(1.024)	(0.399)	(1.020)
S1CHG	0.599***		0.613***		0.535***		0.547***					
	(0.097)		(0.097)		(0.075)		(0.075)					
S3CHG		1.512***		1.524***		1.327***		1.339***				
		(0.226)		(0.228)		(0.179)		(0.180)				
RULELAW × S1CHG	−0.145**		−0.144**									
	(0.060)		(0.060)									
RULELAW × S3CHG		−0.331**		−0.326**								
		(0.151)		(0.150)								

(续表)

因变量：RET	(1)	(2)	(3)	(4)	(5)	(6)	(7)	(8)	(9)	(10)	(11)	(12)
VOICE × S1CHG					−0.145*** (0.051)	−0.275** (0.130)	−0.140*** (0.051)					
VOICE × S3CHG								−0.266** (0.130)				
GINI × S1CHG									2.521** (1.075)		2.378** (1.084)	
GINI × S3CHG										6.030** (2.677)		5.687** (2.675)
控制变量	是	是	是	是	是	是	是	是	是	是	是	是
年/月固定效应	是	是	是	是	是	是	是	是	是	是	是	是
国家固定效应	是	是	是	是	是	是	是	是	是	是	是	是
行业固定效应	否	否	是	是	否	否	是	是	否	否	是	是
观测值	735 150	735 694	725 536	726 080	735 150	735 694	725 536	726 080	236 017	236 159	233 026	233 168
R^2	0.151	0.152	0.153	0.153	0.151	0.152	0.153	0.153	0.196	0.196	0.199	0.199

注：样本期间为2005—2018年。因变量为RET。主要变量为企业排放量（表11A）和排放量变化率（表11B）。RULELAW衡量了给定年份一国的行为人对社会规则的信任和遵守程度，特别是合同执行质量，产权，警察和法院，以及犯罪和暴力的可能性。我们的估计用标准自由代表示该国在给定年份公民参与政府选举的程度，结社自由和媒体自由的程度。我们的估计用话语权这一综合指标上的得分。GINI是一国在给定年份的基尼系数。所有其他变量的定义与表1和表2一致。我们给出了联合回归的结果，其中包含了企业和年份层面的双重聚类标准差（括号内）。所有回归模型都包含了表6中的控制变量（为简化起见，不再展示），并考虑了年/月固定效应和国家固定效应。在部分列中考虑了行业固定效应。*** 显著性水平为1%，** 显著性水平为5%，* 显著性水平为10%。

116

11A 中，所有交互项的系数都很小且统计上不显著。相反，我们发现，社会政治因素的确在短期内影响投资者对低碳转型风险的感知。如表 11B 所示，法治以及话语权与排放量变化率的交互项系数都显著为负。这表明，在法治程度更高、政治制度更民主的国家，碳溢价更低。基尼系数与排放量变化率的交互项系数显著为正，这意味着不平等程度越高的国家，碳溢价越大。总体而言，关于社会政治因素对碳溢价影响的这些结果与社会和谐程度越高则气候政策不确定性越小的观点一致。但是这些影响主要是短期的，这大概因为社会经济环境处在不断变化的过程中，投资者认为当前的经济社会状况对气候政策的不确定性会产生短期影响。例如，政治环境和社会规范在中期和长期会发生变化；因此，短期内施加的任何约束在长期可能都不再有约束力。从另一个角度看，前文关于发达国家和发展中国家的短期碳溢价存在差异的发现也与各国之间不同的社会经济资本状况相关。

4.2.3 气候政策的严格度

低碳转型风险通常与预期的监管变化相关，这些监管变化决定了向绿色经济的调整。投资者对未来气候政策的预期是风险的重要组成部分。在承诺减排更严格的国家，企业的碳溢价更高，尤其是在本地监管因联合国气候变化大会的行动倡议等泛政府（pan-government）政策而加强时，更是如此。

缓解气候变化的政策主要有两个来源：国内监管机构和国际泛政府协定。本节将使用监管严格程度的国别数据，分别评估这两个政策来源的重要性。我们的政策数据来自德国观察。就我们所知，我们的研究是第一个大样本研究，评估了两类政策对全球股票收益的直接影响。德国观察每年都会收集气候变化政策的信息，并将这些信息转化成一套数字化评分，其中得分越高意味着监管制度越严格。我们定义了两个变量 *INTPOLICY* 和 *DOMPOLICY*，前者是国际气候变化政策严格程度的标准化指标；后者是国内气候变化政策严格程度的标准化指标。[15] 我们还分别构建了这两个变量与企业排放量和排放量变化率的交互项（评估结果详见表 12）。

我们可以得到两个有趣的发现。第一，表 12A 给出了气候变化政策对碳排放量导致的碳溢价的影响。对于排放范围 1 和排放范围 3，这一影响为正且经济上显著，而对于排放范围 3，这一影响统计上也显著。另一方面，如表

---

[15] 更多细节可从德国观察网站了解：https://www.germanwatch.org/en/21110。

表12 碳排放量与股票收益：气候政策严格程度

A 排放量

因变量：RET	(1)	(2)	(3)	(4)	(5)	(6)	(7)	(8)
INTPOLICY	-0.684 (0.387)	-1.171 (1.009)	-0.624 (0.384)	-1.272 (0.983)				
DOMPOLICY					-1.087* (0.566)	-2.634** (1.014)	-1.094* (0.535)	-2.723** (0.971)
LOGS1TOT	0.044* (0.023)		0.083*** (0.022)		0.001 (0.024)		0.037 (0.027)	
LOGS3TOT		0.123*** (0.038)		0.171*** (0.040)		0.041 (0.027)		0.088** (0.030)
INTPOLICY × LOGS1TOT	-0.015 (0.040)							
INTPOLICY × LOGS3TOT		0.027 (0.086)						
DOMPOLICY × LOGS1TOT			-0.020 (0.041)				0.065 (0.048)	
DOMPOLICY × LOGS3TOT				0.035 (0.084)	0.064 (0.050)	0.181** (0.076)		0.188** (0.072)
控制变量	是	是	是	是	是	是	是	是
年/月固定效应	是	是	是	是	是	是	是	是
国家固定效应	是	是	是	是	是	是	是	是
行业固定效应	否	否	是	是	否	否	是	是

观测值	551 075	551 642	544 127	544 694	551 075	551 642	544 127	544 694
R^2	0.153	0.153	0.155	0.155	0.153	0.153	0.154	0.155

B 排放量变化率

因变量：RET	（1）	（2）	（3）	（4）	（5）	（6）	（7）	（8）
INTPOLICY	-0.852**	-0.892**	-0.842**	-0.891**				
	(0.314)	(0.302)	(0.316)	(0.306)				
DOMPOLICY					-0.386	-0.430	-0.383	-0.430
					(0.272)	(0.280)	(0.280)	(0.289)
S1CHG	0.570***		0.593***		0.475***		0.492***	
	(0.125)		(0.109)		(0.121)		(0.105)	
S3CHG		1.264**		1.252**		0.984		0.998*
		(0.534)		(0.513)		(0.573)		(0.542)
INTPOLICY × S1CHG	-0.175		-0.176					
	(0.186)		(0.170)					
INTPOLICY × S3CHG		-0.119		-0.038				
		(0.574)		(0.555)				
DOMPOLICY × S1CHG					-0.001		0.011	
					(0.201)		(0.194)	
DOMPOLICY × S3CHG						0.364		0.395
						(0.711)		(0.679)
控制变量	是	是	是	是	是	是	是	是
年/月固定效应	是	是	是	是	是	是	是	是

（续表）

因变量：RET	(1)	(2)	(3)	(4)	(5)	(6)	(7)	(8)
国家固定效应	是	是	是	是	是	是	是	是
行业固定效应	否	否	是	是	否	否	是	是
观测值	551 298	551 766	544 348	544 816	551 298	551 766	544 348	544 816
R^2	0.153	0.154	0.155	0.155	0.153	0.153	0.155	0.155

注：样本期间为2005—2018年。因变量为RET。主要目变量为企业排放量（表12A）和排放量变化率（表12B）。INTPOLICY 衡量一国在给定年份国际气候政策的严格程度。DOMPOLICY 衡量一国在给定年份国内气候政策的严格程度。所有其他变量的定义与表1和表2一致。我们给出了联合回归的结果，其中包含了企业和年份层面的双重聚类标准差（括号内）。所有回归模型都包含了表6中的控制变量（为简化起见，不再展示），并考虑了年/月固定效应和国家固定效应。在部分列中考虑了行业固定效应。*** 显著性水平为1%，** 显著性水平为5%，* 显著性水平为10%。

11B 所示，两类气候政策的严格程度都不影响排放量年度增长导致的碳溢价。这些结果表明，投资者通常会将气候政策视为对低碳转型风险的永久性冲击。也就是说，投资者认为，已经实施的气候变化政策基本上是不可逆的。第二，也许更令人意外的是，我们发现，在两类气候政策中，国内政策对碳溢价的影响更大。该结论解释了许多分析人士的担心，即各国在《巴黎协定》或《格拉斯哥气候公约》中做出的承诺可能无法落实；这些国际承诺只有转变为国内政策，才是可靠的。只有在这些承诺有了后续的国内政策实施时，投资者才会予以关注。

4.2.4 棕色声誉风险

声誉风险是低碳转型风险的重要组成部分。我们将一些化石能源密集型行业定义为"惹眼"（salient）行业，它们以媒体的负面报道而闻名，这会进一步放大其低碳转型风险。因此，我们的问题是，碳溢价是否主要集中在石油和天然气、公用事业和汽车等作为负面新闻报道焦点的行业？碳溢价的行业差异是否由"棕色"行业的负面声誉导致？鉴于媒体主要关注那些惹眼的"棕色"行业，我们可以预料到，对这些行业中的企业进行投资的人会认为持有这些企业的股票使他们遭受了负面声誉的影响，因此在风险定价中要求有额外的风险补偿。

为了验证这一假说，我们估计表 6 中的回归模型，但剔除了上述惹眼行业。如果这些惹眼的棕色行业确实声誉更差，那么我们可以预期其他行业的碳溢价更低。表 13 中给出了我们的估算结果。有意思的是，当剔除棕色行业后，我们发现碳排放量导致的碳溢价（如果有的话），变得更大且统计上更显著；碳排放量增加导致的碳溢价也非常显著。这一发现表明，负面声誉已经"烙刻"在这些棕色行业中，但还没有烙刻在分析师较少关注的行业中。这些发现也与表 6 中的结果一致，即碳排放量导致的行业间股票收益差异掩盖了行业内的股票收益差异。另一种可能是，当一个国家严重依赖棕色行业时，负面声誉可能会蔓延至整个国家，在国家分类的"其他"类中，有许多国家都属于这种情况。根据这一解释，我们在这类国家中发现的较弱结果也许可归因于过度依赖棕色行业导致的污名化。但需要注意的是，我们的回归模型包含了国家固定效应，这可能在一定程度上减弱了棕色声誉在国家层面的影响。

4.2.5 物理风险

气候风险领域的很多经济学文献都试图估计气候变化造成的物理损害。一

表13 碳排放量与股票收益：声誉风险

因变量：RET	(1)	(2)	(3)	(4)	(5)	(6)	(7)	(8)
LOGS1TOT	0.042* (0.023)							
LOGS3TOT		0.103** (0.034)	0.067*** (0.019)	0.163*** (0.039)				
S1CHG					0.453*** (0.095)	1.296*** (0.294)		
S3CHG							0.462*** (0.095)	1.306*** (0.300)
控制变量	是	是	是	是	是	是	是	是
年/月固定效应	是	是	是	是	是	是	是	是
国家固定效应	是	是	是	是	是	是	是	是
行业固定效应	否	否	是	是	否	否	是	是
观测值	670 274	670 913	660 642	661 281	659 953	660 485	650 493	651 025
R^2	0.152	0.153	0.154	0.154	0.154	0.155	0.155	0.156

注：样本期间为2005—2018年。样本剔除了油气行业（行业编码为2）、公用事业（行业编码为65-69）、汽车行业（行业编码为18、19、23）的企业。因变量为RET。主要自变量为企业排放量（第1～4列）和排放量变化率（第5～8列）。所有变量的定义与表1和表2一致。我们给出了联合回归的结果，其中包含了企业和年份层面的双重聚类标准差（括号内）。所有回归模型都包含了表6中的控制变量（为简化起见，不再展示，并考虑了年/月固定效应和国家固定效应。在部分列中考虑了行业固定效应。***显著性水平为1%，**显著性水平为5%，*显著性水平为10%。

个自然假说是,低碳转型风险与物理风险呈正相关。随着各国遭遇气候变化引发的极端天气事件增多,我们可以预见,各国将更多地支持应对气候变化的政策。换句话说,一国遭受气候灾害的程度可能会影响投资者对气候变化带来的长期损害成本的判断。为了验证这一假说,我们采用德国观察中衡量物理风险的国家层面的年度指数(CRI)。该指数根据与气候相关的损害发生频率构建。CRI 指数较高的国家,其物理风险较高。我们估计了 CRI 和企业排放量以及排放量变化率的交互项系数(估计结果详见附表 A8,表中第 1~4 列是基于总排放量的估计结果,第 5~8 列是基于排放量变化率的估计结果)。与物理风险放大了转型风险导致的碳溢价这一假说一致,我们发现,CRI 与碳排放量变化率的交互项系数均为正值。但是,所有这些系数在统计上都不显著。而且与我们的预测相反,与排放量相关的交互项系数都为负(但这些系数无论在统计上还是经济上都较小)。总的来说,我们的结论是,低碳转型风险看起来与不同的物理风险暴露并不显著相关,这可能是因为物理风险是局部风险,而低碳转型风险是全局风险。事实上,澳大利亚、巴西和俄罗斯等国家,或者美国的得克萨斯、佛罗里达和西弗吉尼亚这样经常经历大规模气候灾害的州,并没有发生关闭煤矿和其他化石能源依赖型经济活动的政治运动。不知为何,这些国家(和美国这些州)的政治进程似乎与物理风险并不相关。

4.2.6 投资者认识的变化

到目前为止,我们分析了影响碳溢价的现金流不确定性机制。另一个可能影响碳溢价的机制是投资者对气候变化和低碳转型风险的看法发生变化,从而导致贴现率变化。我们之前的研究(2021a)发现了贴现率机制的证据,其中投资者对低碳转型风险的看法随时间而改变,但是这些证据完全基于美国的企业,这就提出了证据的外部有效性问题。更重要的是,这些证据几乎没有说明投资者看法的变化改变了哪些方面的转型风险。虽然本文的分析涵盖了 77 个国家,但由于我们将 2005—2018 年的所有观测值汇总在一起,所以无法清晰地分离出这一机制的影响。不过,我们可以考察那些改变了公众对气候变化看法的重大事件对碳溢价的影响。2015 年 12 月在巴黎举行的第 21 届联合国气候变化大会上达成了《巴黎协定》就是这样的重大事件。这一事件提高了气候争论在全球的关注度,并强调了未来可能发生的低碳转型风险。因此可以预见的是,该事件可能在多个方面改变了投资者对低碳转型风险的看法,包括未来的能源成本、社会偏好或政策变化。我们对这一事件的实证分析包含了上述所有的可能性，描述了投资者对这一事件的反应带来的影响。

具体来说，我们定义了指标变量 Paris，在《巴黎协定》达成之前的两年（2014—2015 年）为 0，在《巴黎协定》达成之后的两年（2016—2017 年）为 1。然后在模型中增加 Paris 与碳排放的交互项，对股票收益进行回归分析，结果见表 14。需要注意的是，在《巴黎协定》之前，范围 1 的碳排放量没有产生显著的碳溢价（即使考虑行业固定效应），在《巴黎协定》之后有显著为正的碳溢价。我们还发现，范围 3 的碳排放量会导致更高的溢价。另外，在《巴黎协定》之前，关于排放量变化率的回归结果是显著的，且与《巴黎协定》之后并无显著差异。对这些不同结果的一个解释是，由于第 21 届联合国气候变化大会，投资者显著更新了他们对长期转型风险的看法。与我们之前的研究发现一致，这些结果也表明，《巴黎协定》在改变投资者对未来气候政策的看法方面有十分重要的作用。事实上，这已成为业内和政策制定者的流行叙事。

《巴黎协定》对全球哪些地区的影响最大？为了回答这个问题，我们针对每个大洲估计了表 14 中的模型。表 15 给出了与碳排放量相关的估计结果。有趣的是，北美地区并无显著变化。无论是在《巴黎协定》之前还是之后，北美地区的碳排放量都没有导致明显的碳溢价。在欧洲，《巴黎协定》之前和之后都存在显著的碳溢价（《巴黎协定》之后排放范围 1 的碳溢价变得不显著是个例外）。因此，在《巴黎协定》前后，欧洲的碳溢价并没有显著变化。亚洲地区的变化最大且统计上显著。在《巴黎协定》之前，亚洲的碳溢价并不显著，但在之后变得非常显著；无论是否剔除中国，都是如此。最后，其他地区（非洲、澳大利亚和南美洲）在《巴黎协定》前后的碳溢价均发生显著为正的变化，尽管这一变化基于的样本规模较小。

另一个重要的分类是 G20 国家和其他国家，结果见附表 A9。同样，在《巴黎协定》前后，G20 国家的碳溢价有很大差异。无论是否考虑行业固定效应，在《巴黎协定》之前碳溢价并不显著，但在之后出现了显著为正的碳溢价。相比之下，其他国家的变化要小得多，主要是排放范围 3 下的碳溢价变化较为显著。

我们还分析了剔除与化石能源相关的惹眼行业后的影响。请回想我们将所有年份汇总在一起的横截面分析，它表明，即使剔除这些行业，碳溢价也是存在的。附表 A10 给出的结果在《巴黎协定》这一冲击前后都呈现出相似的稳

表14 碳排放量与股票收益：投资者认识作用

因变量: RET	(1)	(2)	(3)	(4)	(5)	(6)	(7)	(8)
LOGS1TOT	-0.045		-0.017					
	(0.031)		(0.031)					
LOGS3TOT		0.060		0.119**				
		(0.047)		(0.050)				
S1CHG					0.658***		0.662***	
					(0.158)		(0.157)	
S3CHG						1.864***		1.856***
						(0.344)		(0.350)
Paris × LOGS1TOT	0.132***		0.133***					
	(0.048)		(0.048)					
Paris × LOGS3TOT		0.098*		0.101*				
		(0.053)		(0.054)				
Paris × S1CHG					-0.207		-0.198	
					(0.210)		(0.211)	
控制变量	是	是	是	是	是	是	是	是
年/月固定效应	是	是	是	是	是	是	是	是
国家固定效应	是	是	是	是	是	是	是	是
行业固定效应	否	否	是	是	否	否	是	是
观测值	301 993	302 309	298 113	298 429	295 469	295 780	291 686	291 997
R^2	0.061	0.061	0.064	0.064	0.062	0.062	0.065	0.065

注：样本期间为2005—2018年。因变量为RET。主要自变量为企业排放量（第1～4列）和排放量变化率（第5～8列）。所有变量的定义与表1和表2的一致。我们给出了联合回归的结果，其中包含了企业和年份层面的双重聚类标准差（括号内）。所有回归模型都包含了表6中的控制变量（为简化起见，不再展示），并考虑了年/月固定效应和国家固定效应。在偶数列中，我们额外考虑了Trucost的行业固定效应。*** 显著性水平为1%，** 显著性水平为5%，* 显著性水平为10%。

表 15 碳排放量与股票收益：(地区) 投资者的认识

A 北美

因变量：RET	(1)	(2)	(3)	(4)	(5)	(6)	(7)	(8)
			北美			北美	(不含美国)	
LOGS1TOT	−0.035		−0.013		−0.078		0.009	
	(0.059)		(0.060)		(0.078)		(0.089)	
LOGS3TOT		0.106		0.071		0.209		0.196
		(0.093)		(0.104)		(0.125)		(0.159)
Paris × LOGS1TOT	0.083		0.079		0.072		0.090	
	(0.081)		(0.077)		(0.115)		(0.122)	
Paris × LOGS3TOT		−0.052		−0.044		−0.211		−0.190
		(0.109)		(0.102)		(0.163)		(0.170)
控制变量	是	是	是	是	是	是	是	是
年/月固定效应	是	是	是	是	是	是	是	是
国家固定效应	是	是	是	是	是	是	是	是
行业固定效应	否	否	是	是	否	否	是	是
观测值	74 410	74 503	73 442	73 535	12 978	13 025	12 876	12 923
R^2	0.090	0.090	0.098	0.098	0.105	0.106	0.119	0.120

B 欧洲

因变量：RET	(1)	(2)	(3)	(4)	(5)	(6)	(7)	(8)
		欧洲				欧盟		
LOGS1TOT	−0.022		−0.011		−0.022		−0.011	
	(0.041)		(0.043)		(0.041)		(0.043)	

	(1)	(2)	(3)	(4)	(5)	(6)	(7)	(8)
LOGS3TOT	0.089 (0.061)	0.099 (0.069)	0.091 (0.061)	0.176** (0.079)	0.089 (0.061)	0.099 (0.069)	0.091 (0.061)	0.176** (0.079)
Paris × LOGS1TOT								
Paris × LOGS3TOT		0.065 (0.083)		0.062 (0.082)		0.065 (0.083)		0.062 (0.082)
控制变量	是	是	是	是	是	是	是	是
年/月固定效应	是	是	是	是	是	是	是	是
国家固定效应	是	是	是	是	是	是	是	是
行业固定效应	否	否	是	是	否	否	是	是
观测值	63 965	64 034	62 911	62 980	63 965	64 034	62 911	62 980
R^2	0.097	0.097	0.105	0.105	0.097	0.097	0.105	0.105

C. 亚洲

因变量: RET	(1)	(2)	(3)	(4)	(5)	(6)	(7)	(8)
		亚洲				亚洲（不含中国）		
LOGS1TOT	-0.055 (0.033)		-0.034 (0.036)		-0.031 (0.029)		-0.025 (0.030)	
LOGS3TOT		0.007 (0.057)		0.097 (0.067)		0.077 (0.073)		0.147* (0.078)
Paris × LOGS1TOT	0.161*** (0.052)		0.166*** (0.051)		0.128*** (0.041)		0.132*** (0.041)	
Paris × LOGS3TOT		0.208*** (0.071)		0.216*** (0.074)		0.089 (0.081)		0.092 (0.083)

127

(续表)

因变量：RET	(1)	(2)	(3)	(4)	(5)	(6)	(7)	(8)
		亚洲				亚洲（不含中国）		
控制变量	是	是	是	是	是	是	是	是
年/月固定效应	是	是	是	是	是	是	是	是
国家固定效应	否	否	是	是	否	否	是	是
行业固定效应	否	是	是	是	否	是	是	是
观测值	134 732	134 814	133 201	133 283	105 375	105 457	103 988	104 070
R^2	0.078	0.078	0.082	0.083	0.062	0.062	0.067	0.067

D 其他地区

因变量：RET	(1)	(2)	(3)	(4)
		其他地区		
LOGS1TOT	−0.163*** (0.057)		−0.055 (0.084)	
LOGS3TOT		−0.129 (0.081)		
Paris × LOGS1TOT	0.271*** (0.083)		0.267*** (0.087)	
Paris × LOGS3TOT		0.268** (0.109)		0.253** (0.109)
控制变量	是	是	是	是
年/月固定效应	是	是	是	是
国家固定效应	是	是	是	是

行业固定效应	否	否	是	是
观测值	28 251	28 323	27 924	27 996
R^2	0.067	0.067	0.078	0.078

注：因变量是月度 RET。主要自变量为碳排放量。所有变量的定义与表 1 和表 2 一致。我们给出了联合回归结果的双重聚类标准差（括号内）。对于 2014 年 1 月至 2015 年 11 月（第 21 届联合国气候变化大会之前的 2 年），其中包含了企业和年份层面 2016 年 1 月至 2017 年 12 月（第 21 届联合国气候变化大会之后的 2 年），该变量为 1。所有回归模型都包含了表 6 中的控制变量（为简化起见，不再展示），并考虑了年/月固定效应和国家固定效应。在部分分列中，我们额外考虑了 Trucost 的行业固定效应。表 15A 的样本来自北美，表 15B 的样本来自欧洲，表 15C 的样本来自亚洲，表 15D 的样本来自所有其他国家。*** 显著性水平为 1%，** 显著性水平为 5%，* 显著性水平为 10%。

129

健性。实际上,在《巴黎协定》之后,其他行业也有非常显著为正的由碳排放量导致的碳溢价。⑯

总而言之,这些结果描绘出一幅相当有意思的各国碳转型风险定价的图景。对碳溢价长期显著变化的预期似乎反映在重大事件中,如《巴黎协定》。本文中一个有趣的意外发现是,亚洲对反映在碳溢价中的碳风险的认识变化最大,那里的投资者在《巴黎协定》之后对低碳转型风险的认识迅速提升,而欧洲和北美则基本保持不变。这要么是因为这些地区(如欧洲)对气候变化已经有了更深的认识,要么是因为认识不够或没有改变他们的看法(如北美)。

与碳溢价解释相关的一个潜在问题是,我们是在相对短的时期内测算碳溢价的变化。⑰ 另一种解释也许是完全出于运气;我们的发现仅仅是随机抽签的结果。尽管不可能检验这一运气假说,但我们应该牢记《巴黎协定》是特别重大的事件,它的重要影响已经在其他地方得到了证明。而且过去十年也见证了气候事件的显著增加,以及媒体对这些事件的报道也急剧增加,因此任何基于风险变化的解释都得到了这些趋势的坚实支撑。

4.3 迈向绿色新均衡

我们的估计结果大体上与投资者因其面临的低碳转型风险而得到收益溢价作为补偿是一致的。但投资者在哪个点上要求对这种风险进行补偿?基本的逻辑表明,在低碳转型风险得到补偿之前,应该是反映新风险的资产再定价时期。理论上,资产再定价是一个漫长的过程,它与经济从棕色均衡转向绿色均衡的过程并行。此外,资产再定价受投资者对气候变化风险的认识变化的驱动。在这一转型阶段,我们也许可以看到,对低排放资产的需求增加(因而价格上涨),对高排放资产的需求减少(因而价格下降)。虽然这种调节机制很简单,但是检验这种资产价格变化颇具挑战,特别是考虑到全球金融市场的异质性。在这种情况下,不同资产可能在不同的时间以不同的速度转型。

---

⑯ 我们检验了与认识变化相关的这些结果是否受到了Trucost数据库中的新企业样本的影响。附表A11中的结果也显示了对"旧样本"(legacy sample)的相似影响,因此新增的企业样本不可能影响结果。

⑰ 在未在表中展示的检验中,我们还使用2005—2015年的长时段作为对照时段,检验了碳溢价的变化。交互项的结果在量级上相似。

由于缺乏一个清晰的大规模实证模型，我们将利用来自烟草行业的提示性证据（suggestive evidence），在这个行业，资产再定价过程伴随着烟草公司被再塑为罪恶股。正如有研究（Hong and kacperzyk, 2009）所示，将烟草行业再归类为罪恶资产意味着许多投资者将之列入了撤资名单。这种撤资运动带来了更高的预期回报要求（Merton, 1987）。20世纪50年代以前，人们不知道烟草对健康的负面影响；相反，许多人认为烟草具有某种治疗功能。这种看法随着外科医生的报告而改变，这些报告极大地改变了人们对烟草行业的看法。因此，在1950—1970年间，烟草行业出现了大规模的价值重估，烟草公司的估值倍数大大降低。继这一再定价之后，烟草公司在随后的40年里实现了高额收益。

我们相信，同样的过程也在能源行业上演，其中绿色能源企业的估值倍数大幅上升，而某些棕色企业的估值倍数已经下降。从我们的某些检验中，可以推断这些再定价效应。正如表13所示，当我们从样本中剔除惹眼行业时，范围1的排放量对股票收益的影响就会更大，其值高于表6中的无条件值，这意味着在我们的样本期间，惹眼行业的表现总体上低于（更低排放的）其他行业。但有趣的是，这一差异仅出现在无行业固定效应的模型中，这表明重新定价的范围是整个行业，而非行业中的某些个别企业。正如烟草行业曾经经历的，重新定价并不是一次性的重新估值。事实上，投资者对碳排放的态度是不断变化的，因此很可能出现多波重新定价，其间伴随着高收益时期。实际上，我们认为，这就是我们的数据刻画的情形。由于低碳转型过程正在进行之中，所以上述结论可能仅仅是猜测性的推断，我们希望未来的低碳转型样本检验能够证实这一推断。

5. 结论

如果要遏制全球变暖，全球经济就必须放弃对化石能源的依赖，并且到2050年或2060年将碳排放量降至零。每年的减排率相当于我们在2020年已经看到的因新冠疫情导致的减排率。全球经济能否持续以这一转型速率脱离化石能源，减排是平稳的还是非线性突变的，这些都不确定。但是可以肯定的是，未来几年乃至几十年，投资者将面临巨大的低碳转型风险。鉴于股票市场本质上是前瞻性的，因此很自然地会问，股票收益多大程度上反映了低碳转型风险。

我们分析了77个国家14 400多家上市企业的低碳转型风险定价，尽可能广泛地探讨了上述问题。迄今为止，人们对碳排放如何影响全球的股票收益仍知之甚少。我们广泛的解释性研究初步回答了这个问题。我们发现的证据表明，碳溢价，即企业碳排放越高则其股票收益越高，既广泛存在又显著，而且正在不断上升。碳溢价并不仅仅存在于部分国家（美国、欧盟）或部分与化石能源相关的行业，它无处不在，影响着亚洲、欧洲、北美洲三大洲各行各业的企业。此外，股票收益不仅与企业的直接排放有关，还与通过供应链传导的间接排放有关。碳溢价既与每年的排放量增长（短期低碳转型风险）有关，也与碳排放量（长期低碳转型风险）有关。

最后，我们发现低碳转型风险不仅反映了气候政策的不确定性，而且与可再生能源技术进步的不确定性以及支持或破坏气候政策的社会政治环境有关。另外，时间序列模式表明碳溢价是随时间变化的，在第21届联合国气候变化大会之后碳溢价显著上升。

从广义上讲，我们的研究对碳税作为减排手段的讨论有启发意义。虽然从经济原理的角度看，碳税这一想法很有吸引力，但它面临实践障碍。实施全球碳税的一个主要障碍是协调有不同利益和经济能力的各政治实体。我们的研究表明，金融市场可以发挥重要的放大作用。高排放企业的股权成本不断上升可被视为通过资本市场征税。

（中国工商银行投资银行部　王超然　国务院发展研究中心资源与环境政策研究所　俞敏　译）

参考文献

Andersson, Mats, Bolton, Patrick, and Samama, Frederic (2016). "Hedging climate risk", *Financial Analysts Journal* 72 (3), 13–32.).

Aswani, Jitendra, Raghunandan, Aneesh, Rajgopal, Shivaram (2021). "Are carbon emissions associated with stock returns?" Columbia Business School Research Paper.

Atanasova, Christina V., and Schwartz, Eduardo (2020). "Stranded fossil fuel reserves and firm value", NBER Working Paper 26497.

Bansal, Ravi, Kiku, Dana, and Ochoa, Marcelo (2016). "Climate change and growth risks", NBER Working Paper 23009.

Bolton, Patrick and Kacperczyk, Marcin T. (2021a). "Do investors care about carbon risk?", *Journal of Financial Economics*, 142 (2), 517–549.

Bolton, Patrick and Kacperczyk, Marcin T. (2021b). "Firm commitments", Working paper, Imperial College London.

Bolton, Patrick and Kacperczyk, Marcin T. (2021c). "Carbon disclosure and the cost of capital", Working paper, Imperial College London.

Chava, Sudheer (2014). "Environmental externalities and cost of capital", *Management Science* 60 (9), 2223–2247.

Cruz, Jose-Louis and Rossi-Hansberg, Esteban (2020). "The economic geography of global warming", Working paper, Princeton University.

Daniel, Kent and Titman, Sheridan (1997). "Evidence on the characteristics of cross-sectional variation in returns", *Journal of Finance* 52, 1–33.

Duffie, Darrell (2010). "Presidential Address: Asset price dynamics with slow-moving capital", *Journal of Finance* 65 (4), 1237–1267.

Dyck, Alexander, Lins, Karl, Roth, Lukas, and Wagner, Hannes (2019). "Do institutional investors drive corporate social responsibility? International evidence", *Journal of Financial Economics* 131, 693–714.

Engle, Robert, Giglio, Stefano, Lee, Heebum, Kelly, Bryan, and Stroebel, Johannes (2020). "Hedging climate change news", *Review of Financial Studies* 33, 1184–1216.

Garvey, Gerald T., Iyer, Mohanaraman, and Nash, Joanna (2018). "Carbon footprint and productivity: does the 'E' in ESG capture efficiency as well as environment?", *Journal of Investment Management* 16 (1), 59–69.

Gibson, Rajna, Glossner, Simon, Krueger, Philipp, Matos, Pedro, and Steffen, Tom (2019). "Responsible institutional investing around the world", SSRN: https://ssrn.com/abstract=3525530

Giglio, Stefano, Maggiori, Matteo, Rao, Krishna, Stroebel, Johannes, and Weber, Andreas (2021). "Climate change and long-run discount rates: Evidence from real estate", *Review of Financial Studies* 34 (8), 3527–3571.

Görgen, Maximilian, Jacob, Andrea, Nerlinger, Martin, Riordan, Ryan, Rohleder, Martin, and Wilkens, Marco (2020). "Carbon risk", Working paper, University of Augsburg.

Heinkel, Robert, Kraus, Alan, and Zechner, Josef (2001). "The effect of green investment on corporate behavior", *Journal of Financial and Quantitative Analysis* 36, 431–450.

Hong, Harrison and Kacperczyk, Marcin T. (2009). "The price of sin: The effects of social norms on markets", *Journal of Financial Economics* 93 (1), 15–36.

Hong, Harrison, Li, Frank W., Xu, Jiaming (2019). "Climate risks and market efficiency", *Journal of Econometrics* 208 (1), 265–281.

Hong, Harrison, Wang, Neng, and Yang, Jinqiang (2021). "Mitigating disaster risks in the age of climate change", Working paper, Columbia University.

Hsu, Po-Hsuan, Li, Kai, and Tsou, Chi-Yang (2020). "The pollution premium", Working paper, HKUST.

Ilhan, Emirhan, Sautner, Zacharias, and Vilkov, Grigory (2021). "Carbon tail risk", *Review of Financial Studies* 34 (3), 1540–1571.

Kacperczyk, Marcin, Van Nieuwerburgh, Stijn, Veldkamp, Laura (2016). "A rational theory of mutual funds' attention allocation," *Econometrica* 84 (2), 571–626.

Kogan, Leonid and Papanikolaou, Dimitris (2014). "Growth opportunities, technology shocks, and asset prices", *The Journal of Finance* 69, 675–718.

Krueger, Philip, Sautner, Zacharias, and Starks, Laura (2020). "The importance of climate risks for institutional investors", *Review of Financial Studies* 33, 1067–1111.

Matsumura, Ella Mae, Rachna, Prakash, and Vera-Muñoz, Sandra C. (2014). "Firm-value effects of carbon emissions and carbon disclosures", *The Accounting Review* 89 (2), 695–724.

Merton, Robert C. (1987) "A simple model of capital market equilibrium with incomplete information", *Journal of Finance* 42, 483–510.

Monasterolo, Irene and De Angelis, Luca (2020). "Blind to carbon risk? An analysis of stock market's reaction to the Paris Agreement", *Ecological Economics* 170, 1–10.

Nordhaus, William D. (1991). "To slow or not to slow: the economics of the greenhouse effect", *The Economic Journal* 101, 920–937.

Nordhaus, William D. and Yang, Zili (1996). "A regional dynamic general-equilibrium model of alternative climate-change strategies", *American Economic Review* 86, 741–765.

Pastor, Lubos, Stambaugh, Robert F., and Taylor, Lucian A. (2021). "Sustainable investing in equilibrium", *Journal of Financial Economics* 142 (2), 550–571.

Pastor, Lubos and Veronesi, Pietro (2013). "Political uncertainty and risk premia", *Journal of Financial Economics* 110, 520–545.

Rajan, Raghuram G. and Zingales, Luigi (1998). "Financial dependence and growth", *American Economic Review* 88, 559–586.

（因篇幅所限，我们省略了附表，特向作者和读者致歉。有需要者可向《比较》编辑室索取：bijiao@citicpub.com。）

比较制度分析

Comparative
Institutional Analysis

再议经济体制问题

理查德·纳尔逊

一、引言

哪种经济体制更好？基于私人企业和市场，还是基于国家所有制和计划？这场持续了几乎整个 20 世纪的激烈争论已经结束。① 最常被提起的解释是，国家所有制和全面的中央计划有负众望，且不免与专制政治制度有关。但显然，广泛运用市场机制的经济体持续存在的另一个重要原因是，它们已大大不同于二战之前。它们大多成功采用凯恩斯主义路线遏止了持久的深度经济萧条，此前这曾酿成了大范围的政治动荡和经济灾难。这些经济体还呈现出后来被称为"福利国家"的许多特征。概括来说，当今政府在经济活动中的作用范围比以往大得多。

虽然这些改革获得了普遍认可，但它们的影响往往被抑制。当被问及诸如美国、英国、欧盟国家或日本等高收入现代经济体如何组织和管理各种产品和服务的供给，以满足其多种需求时，专业经济学家和非专业人士仍强烈倾向于

---

* Richard R. Nelson，哥伦比亚大学经济学教授，演化经济学的主要代表人物，他和 Sideny Winter 合著的《经济变迁的演化理论》被视为演化经济学形成的标志。原文 "The Economic System Question Revisited"，载于 *Industrial and Corporate Change*, Vol. 31, Issue 3, 2022 年 6 期，第 591—609 页。

① 最自信的胜利呼声或许来自 Fukuyama（1992）。

将这些经济体描述为"自由企业市场经济体"（free enterprise market economies）。这大大简化了整体图景。②

所有这些国家确实广泛利用营利性企业通过市场销售其提供的产品和服务，这就是许多经济活动和经济部门的主要故事。然而，即使在以市场机制为核心的经济部门，通常也有重要的非市场机制。例如航空客运业受多种法规约束，依赖公有或特许机场，而且在政府的空中交通管制系统内运营。虽然营利性企业和市场机制参与了许多重要产品和服务的供给，但它们仍然从属于其他治理结构。因此，从国家安全到中小学教育，再到城市垃圾收集等领域，政府程序和机构决定了大部分事务。在一些重要活动中，虽然私人组织有很大作用，但它们往往是非营利性的，而不是营利性的。美国的高等教育就是这样。还有一些重要活动和部门，例如刑事司法体系，将营利性主体大多排除在外。我将在后文详细讨论。

即使只截取了复杂图景的一小部分，也能明显看出人们普遍持有的看法，即诸如美国这样的现代经济体基本上都是市场经济，过于简化了。作为本文讨论的重点，这种看法尤其影响思考和分析，人们无法认识到服务于不同需求的不同经济部门往往以不同的方式被组织起来，并受到治理。这些经济体对不同产品和服务供给的组织和治理方式是非常混合的。

作为对二战后各种经济改革的补充，当代经济学家提出了关注特定情形、特定产品和服务的理论体系，认为如果社会依靠相对不受约束的自由企业和市场机制来组织经济活动，就会出现市场失灵，因而还需要更为复杂或不同的治理模式。③ 但这些案例被归到市场失灵主题下的事实表明，针对市场优于其他经济组织和治理模式的普遍规律，它们被视为例外。分析的重任落到了支持这些另类模式的人身上。

我认为，这种视角使人们在思考如何应对现代社会一些最具挑战的问题时，产生了严重偏向，并妨碍社会采取有效的应对措施。现代经济要满足许多不同需求。用于满足不同需求的不同技术及其他实践之间存在显著差异。为了使不同的活动和部门能够有效满足其面临的需求，并符合社会最重要的价值观，组织和治理模式存在显著差异也就不足为怪了。

---

② 我早在 2002 年就呼吁关注这个问题。
③ 一般认为，这支研究始于二战前的庇古（1920）。但市场失灵研究反而在战后得到了极大发展。

本文的标题表明了我的看法，即经济体制问题并没有消失，但无法在整合旧有讨论的层面上解决。社会主义或资本主义等术语根本无法刻画现代经济体制复杂的混合性质。④ 虽然运用利润激励和市场机制的好处在许多经济领域已成为基本共识⑤，但遗憾的是，人们最多只是模糊地知道，现代生产性经济也采用其他组织和治理形式，市场和非市场要素的组合在各个经济部门之间差异很大。我们的经济体制面临的挑战是，如何在不同的经济活动领域中实现市场和非市场要素的恰当组合。

我想强调的是，这一挑战将持续存在，无法一次性解决。经济不是静态的，而是不断演化的。新技术不断涌现通常能更好地满足需求，但也有可能造成危害。新行业的出现和成长通常会带来新的治理挑战。某些时候，欲望和需求的变化会导致其他方面的经济变化，再使欲望和需求产生反应。从这一广泛的意义上说，不同经济活动的组织和治理方式也在演化。其间的变化通常包括设计出新的组织和治理模式，只为能比旧模式更好地适应新环境。总的来说，这些结构性变化的任何细节都无法预测，遑论广泛的国家计划过程的结果。然而，经济活动的组织和治理方式很大程度上受政府政策影响。一些主要政治集团认为某些经济活动或部门绩效不佳，针对这些活动或部门及其组织和治理方式的改善，不论何时都存在激烈的政策争论。

一些读者可能会提出反对，说我在强调经济组织问题时忽略了像美国这样的国家正面临两个最重要的挑战，一是要设法解决收入和财富分配的严重不平等，二是要有效应对全球变暖。虽然我不会在文中直接讨论，但我认为，这两者基本上都与各种经济活动的组织和治理方式有关。为有效应对挑战，需要对组织和治理方式进行重大变革。而要变革，就要认清在如何有效组织各主要经济部门方面的主要差异。

如今，人们对一些重要经济部门提供的产品和服务，或其成本，又或其整体管理方式的失望和抱怨，已经引发很大政治压力，要求重大结构性变革。⑥

---

④ Dahl and Lindblom（1953）在半个多世纪前就提出了这一点，另见 Shonfield（1965）。遗憾的是，这些年来对它的认识似乎已不如从前。
⑤ 长期以来，即使在希望被看作社会主义社会的国家，情况也是如此。举个早期有名的例子，Crosland（1956）对英国社会主义未来道路的分析。当今中国经济虽然是社会主义，但也广泛利用了市场。
⑥ 多年来，现代经济体制在满足不同需求方面的表现参差不齐，一直令我忧心（Nelson, 1977）。

其中一类领域包含了控制互联网平台的公司，这些平台是各种在线服务的基础。关于这类领域的讨论涉及监管和反垄断问题。此外，人们对美国的养老院和学前儿童保育中心的组织和治理方式也产生了普遍担忧。除了监管问题，还有公共补贴的角色问题，以及这些服务由非营利性或公共组织提供是否会比营利性企业更好。还有一个突出的问题是廉租房供应不足，以及过去25年来房价的普遍上涨。在美国，人们普遍认为药品定价不合理。多年来，医疗服务的融资、治理和组织一直存在争议。近年来，金融机构对经济活动的组织和治理方式的影响力不断增强，引发了许多要求改革的呼声。人们普遍认为，近年来规模和影响力大幅上升的复杂金融体系需要受到管控并进行重大改革。后文将扩大并深化对经济活动领域的讨论，显然我们正努力为这些领域寻找更合意的组织和治理结构。[7]

要有效处理此类问题本就很难，既因为它们总是涉及利益冲突，也因为我们对复杂的组织结构和有效的治理方式理解有限。然而，经济学家倾向于将相对纯粹的市场组织和治理作为一种普适结构，即便承认存在不适用的情况也将之视为例外，所以挑战变得更为艰巨。此外，关于如何处理这些例外，一般经济理论的表述往往是高度简化和抽象的。有经济学家研究一些不同于一般竞争市场模型的重要经济部门（如医疗服务部门），但目前他们分析非市场或混合经济部门的工具还很有限，这很大程度上是因为鲜有人重视本文强调的挑战。

经济学家概念化、讲授和论述经济组织与治理的方式对有见识的公民思考这些事物产生了很大影响。当代政治通常过度信奉相对纯粹的市场组织和治理的有效性，对此，当代经济学说即便不是唯一因素，也是重要根源之一。

本文其余部分组织如下。在第二节中，针对满足不同需求的产品和服务生产，我描述了现代经济体中组织和治理方式的多样性。我强调，多样性和非市场因素在各种经济活动领域发挥重要作用，而且常常发挥主导作用。

在第三节中，我讨论了现代经济体中经济活动的组织方式为何如此混合、多样。我提出，正如经济活动与经济结构的其他方面一样，不同活动和部门的组织和治理方式也是不断演化的。不过，政府项目和积极的政策制定在塑造有效运行的演化过程中，可以产生有限但重要的作用。

第四节进一步阐述了我的观点：若要在那些给我们带来难题的经济活动领

---

[7] Stiglitz（2019）指出了此处提及的大多数问题，还提出许多与平等相关的其他政策问题。

域制定好的政策，而且在更广泛的领域内制定合理的经济政策，我们首先需要摆脱"存在例外情形的市场经济"这一认知，并明确承认当下的经济体制是混合而多样的，要满足多样化的需求，就必定如此。此外，我们还需要更好地理解现实中的经济体制：不同经济部门的组织和治理方式有何差异；多样化的经济体制是如何演变的；其优势与劣势是什么。这是构建分析必需的第一步。当有必要改革带来难题的经济活动和部门时，这一步可以帮助我们评估和推行改革。

第五节讨论了在现代经济活动中所占份额巨大且不断增长的一类经济部门，其特点很少受到当代经济学家的关注。这些部门提供的产品和服务既有私人品的属性，因为它们被提供给直接从中受益的特定用户；也有公共品的属性，因为它们的供给对整个社会都有很大影响。在许多情况下，这些供给方混合了私人企业和非市场组织，其资金来源既有用户购买，又有公共支持。有人可能会觉得社会很难弄清楚如何组织和治理这些部门，事实也的确如此。

如上所述，经济学家提炼与讲授的关于经济活动的简单市场模型对许多非专业人士的观念有着重大影响，但明显适用这类模型的经济部门和活动却在现代经济中占很大比重。如果我们要有效应对当前面临的诸多棘手的经济挑战，就需要超越目前的认知，承认我们的政治经济是复杂多样的。[8]

二、复杂多样的经济

如果你问美国或其他高收入国家的专业经济学家或博学的非专业人士，经济是如何组织和治理的，我猜几乎所有受访者都会说他们的经济是市场经济，其基础是以利润为导向的私人企业，受到市场供给端竞争的约束，而需求端的潜在消费者可以自由选择购买什么、向谁购买。关于政府在经济活动中的作用，大多数受访者会说提供了使市场机制能够正常运行的法律环境。很多人还会提到，政府当然也在经济中发挥其他作用，包括管理货币和财政政策以保持宏观经济平衡；提供国家安全和公共卫生，这些是市场机制无法独立提供的公共品；监管某些经济活动，以防止对经济或社会有害的行为，例如可能令用户受到伤害的产品、对工人来说很危险的操作，以及更普遍的导致全球变暖的企

---

[8] 我想强调的是，我在这里表明的立场并非反市场的。相反，我们应当将市场组织视为现代经济体用来治理不同经济活动领域的不同组织和治理形式之一。市场组织更适合于某些领域，而市场组织的作用场景几乎总是伴随着非市场因素。

业行为。还有扶贫救灾和各种"福利国家"计划,旨在确保所有公民至少能获得基本的产品和服务,过上体面的生活。但是,上述政府行为都被看作对核心市场经济的支持、补充和适应。这基本上就是当今大多数标准经济学教科书表达的观点。

我在这里要提出的论断是,即便这类折中的观点也过度简化了现代经济活动的组织和治理方式。我关心的是我们组织和治理许多不同活动和部门的方式,而这些活动和部门提供了产品和服务,满足了各种各样的需求和欲望。正如前文所述,我不讨论现代经济中可支配收入在人口中的分配是如何决定的[9];另一方面,我分析的重点之一是如何向那些能够从中受益的人提供不同的产品和服务,这显然是社会不同群体福利的重要决定因素。

下面的例子展现了美国不同经济部门和活动是如何组织的。其他高收入国家的情形虽有明显区别,但也大致相似。[10] 上文提到,不同部门的组织和治理方式不断变化,需要以动态方式呈现,后文将从这个角度阐述,但先了解一些简况会很有启发。

当今许多经济活动和部门看起来确实很像经济学教科书中的模型,市场机制占主导地位,非市场机制起辅助作用。其中既包括许多服务业,例如餐馆、旅馆和零售店;也包括许多制造业,例如纺织业。这些行业的基础设施几乎都是私有的,其中的企业服务于市场需求。企业管理者的目标是盈利,或者至少给予投资者体面的生活。一般来说,管理者在提供什么、如何提供以及定价方面有多种选择,这些选择受竞争约束,不受监管限制。

另一方面,这些行业的运营都处在保护公众免于风险的监管制度之下,但注重盈利的管理者可能会忽视这些风险。餐厅必须符合食品安全标准,包括所用原料的性质以及厨房和仓储设施的清洁程度。各类市场销售的服装必须不易燃。实际上,所有经济活动和部门都受到这类具体规定的限制,既包括防止消费者购买有害产品的规定,也包括保护劳工的规定。当然,近年来,环境保护一直是监管的重点。

毋庸置疑,这种针对特定行业的监管制度存在争议,一方认为现行监管过于严格,另一方认为过于宽松。虽然经济学家经常将政府针对特定行业的消费

---

[9] 此处,劳工议价能力和工会力量显然是一个重要议题。但本文对此不做讨论。
[10] Shonfield(1965)概述了二战后不同高收入经济体之间经济组织和政府作用的差异,但其分析的层面比本文更为综合。

者保护条例和劳工保护条例视为特殊情况，但对于几乎所有国家、所有市场导向的部门，这些规则仍然是市场活动治理的基本方面。

在许多所谓由市场组织的经济部门中，非市场制度的作用远不止于监管。以汽车行业为例，类似于酒店和餐厅，汽车的设计和生产也受到各种监管制度的约束，但非市场制度对汽车使用行为的影响更大。社会对汽车的使用依赖于公共基础设施，也就是道路系统，以及公共交通法及其执行。

有大量行业由通过市场销售产品的营利性企业组成，依赖于政府提供必要的基础设施、制定面向其需求并控制其潜在危害的特定法律。我在前文提到了航空公司及其使用的飞机。在美国，航空公司的运营和客机的生产都是由通过市场销售产品的营利性企业完成的（在其他国家，该结构往往更为复杂）。然而，这些行业的运营离不开机场的存在和运转，后者主要依靠公共融资，并通常由公共或准公共组织与空中交通管制系统管理，该系统的管理者是政府机构或公共管制的私人机构。或以药品为例，除了受到严格的监管，营利性制药业还很依赖由公共出资的上游药物研发，以及对培养科学家的公共支持。很大一部分药品市场得到了支付医疗费用的政府项目的支持，在很多情况下则通过这些政府项目组织。

正如我指出的，关于市场经济体如何运行的许多描述都承认，这些经济体的有效运行需要基础设施和法律制度，后者的提供被视为国家职能。然而，这些职能往往被看作为一般意义上的经济活动提供平台，几乎没人了解有多少基础设施和法律制度是针对具体部门或活动的。

关于企业如何满足客户需求的标准解释是，企业直接向需求方销售产品或服务。然而，在一些重要的经济部门，虽然营利性企业是服务的主要提供者，潜在接收方可以自由决定是否使用该服务、向谁获取该服务，但供给方与需求方之间的关系结构与教科书上的市场模型完全不同。更准确地说，这类服务是免费的，或价格远低于成本，供给企业的收入来源与基础服务相关。一个典型例子是电视节目，通常（并非所有情况）由营利性企业提供，但其盈利方式不是向观众直接收取节目费，而是对节目植入的广告收费。大多数报纸和杂志出版商确实要求读者付费，但其大部分收入往往来自广告商。当然，这种市场组织模式也是当今一些互联网平台的运营方式。我们面临一些严肃的问题：标准解释认为经济活动的市场组织是合意的，这是否与市场组织的种类有关？市场组织应处于什么力度与什么性质的监管之下？随着互联网服务的重要性日益增加，这些问题显得更为严峻。

几乎所有私人企业和市场的倡导者都承认竞争的重要性，竞争激励和约束营利性企业，使价格与成本保持一致，并迫使它们努力满足用户需求。当涉及对社会正常生活至关重要的产品和服务供给时，美国的政治体制显然反对企业获得并保持强大的市场势力。这是一场持续的斗争。社会很难防止企业在一些重要经济部门获得较强的市场势力，或在主导企业出现时将其拆分，或有效规范企业行为。但政府机构不断限制市场势力以及拥有市场势力的经济实体的行为，可能会对企业行为产生较大影响。

几乎所有国家，包括欧盟，都有反垄断政策。然而，反垄断执法断断续续且存在缺陷，不仅因为足以吸引反垄断关注的大型企业具有政治影响力，还因为担心打破垄断或以其他方式限制垄断会导致经济效率下降。事实上，当企业受到反垄断攻击或威胁时，为其辩护的理由通常是，它们的市场主导地位源于很好地满足了用户需求，实现了经济效率。在反垄断案件中，检察官不易胜诉，且可执行的救济措施的影响往往是高度不确定的。[11]

另一方面，反垄断执法或其威胁往往是影响这类行业中主导企业行为的重要因素。半个世纪前，当时占主导地位的美国电话电报公司（AT&T）的解体就是一个很好的例子。如今，反垄断行动显然对主导了重要互联网平台的企业造成很大威胁。这些企业的所作所为一定程度上受到了反垄断威胁的影响。

有充分理由相信，更具竞争性的结构在某些部门是可行和合意的。虽然在这些部门使用或威胁使用反垄断措施是合理的，但是当激励供给者竞争的体制看起来无法实现或者即使实现也不符合公共利益时，就需要采取其他方法来解决垄断问题。经济学家和非专业人士普遍认同某些经济部门是所谓的"自然垄断"部门，即由一个或极少数供给者集中提供产品和服务具有显著经济优势的部门。经济优势可能来自规模经济、范围经济或协作，这些在统一管理下最有可能实现。在这些条件具备的情况下，将这个领域留给不受约束的私人企业，不免会导致一家或几家企业主宰市场。但是，用反垄断威胁遏制新的自然垄断行业内的集中趋势，或者在主导企业站稳脚跟后打破垄断，都会受阻并产生反效果。于是，我们的政治经济往往求助于其他控制模式。

"公用事业"一词通常指代大众认为应该以合理条件向所有公民提供产品

---

[11] 吴修铭（Tim Wu, 2018）论述了美国反垄断执法的局限性，并对此表示遗憾。

和服务的部门，该部门也被认为是自然垄断的，或是出于其他原因，应该由政府机构监督其产品和服务及定价方式。这些活动和部门往往由公共机构管理，或由私人机构管理并在行动范围、投资和定价方面受到监管。多年来，美国将一系列行业视为公用事业，包括市政给排水、大规模发电和配电、电话服务、铁路、航空旅行和邮政服务。垃圾收集和公共交通等许多城市服务通常被视为公用事业。许多欧洲国家的情况也类似，但与美国相比，它们实施控制所借助的公共管理更多、监管下的私人管理更少。

正如我前面强调的，经济体制是动态而不是静态的，其结构随着时间的推移而变化。如前文的例子所示，各国视为公用事业的行业和活动的范围往往会随时间推移发生变化。因此，近年来，美国已基本放弃对电话系统、货运铁路和航空公司的定价和投资的监管，大幅软化对电力供应的监管，并且联邦邮政服务面临来自不受监管的私人企业的竞争。与此同时，一些大型企业因拥有用户众多的互联网平台而获得巨大的市场势力，要求拆分它们或将它们作为公用事业进行监管的呼声愈演愈烈。在只有一家或几家企业的领域，政府直接或间接管理的范围和性质都极具争议和不确定性，特别是在保证服务质量和服务可得性方面。但这是美国政治经济的一个长期特征。

上文提到的部门都是面向市场需求的，大多数情况下由多个不同经济单元组成，每个经济单元都根据自身的特定需求做出购买决策。然而，现代经济中的大部分活动都服务于公共目的。一般来说，这类活动会获得大量公共资金，其各方面可能都由政府而不是私人企业管理。维护国家安全或提供公共卫生就是典型的例子，法院和警察也不例外。在这些领域，政府需要扮演的核心角色几乎不存在争议。公共机构而非市场，负有确保供给充足的基本责任。

这类活动中的政府机构和政府项目通常借助相对标准的市场机制获取所需的大量投入。然而，当需要的是高度专业化的产品时（就像大部分国防采购），它们可能会在内部生产，或者在十分严格的控制下采用私人供应渠道。而这类项目提供产品的数量和种类并不是由市场决定，而是通过政治和行政程序决定。

经济学家认为，特定产品和服务供给中的大部分政府参与都是合理的，即政府需要提供公共品或至少为其融资以使全民受益。公共品的影响就像空气，虽然不同个人和群体都能感知到，并产生不同的收益和成本，但一旦存在公共品的供给，任何人无法被禁止或免于受其影响。公共品不是提供给个人受益者的，是提供给整个社会（或其中大部分）的，且政界对其供给水平和供给构成争论不休。事实上，提供公共卫生、国家安全或刑事司法体系等福利的活动有时不被当作经济活动，而从事这些活动的组织，如军队或法院，往往不被当作经济组织。但是，这些活动和组织使用了大量资源，其产出也包含在 GNP（国民生产总值）核算之中。⑫

经济学家的"公共品"概念很适合一些主要通过政府项目和机构运作的经济部门。然而，考虑到政府参与提供产品和服务的领域之广泛，如果我们明白公共品和私人品之间的显著差异，就知道公共品概念更适合于其中某些领域。因此，你会发现，由公共财政支持或政府直接提供的一系列产品和服务，和私人品一样，满足了购买或直接得到这些产品和服务的特定个人的需求。然而，公共支持之所以被合理化，要么是因为这些服务的供给和个人使用会为全体或大部分人口带来好处；要么是因为在一个公正的社会中，所有人都应该合理获得相关产品或服务，不管他们是否有能力支付；或在很多情况下两者皆然。

许多公共服务属于前一种。垃圾收集、街道清洁和诸如公交线路等公共交通服务显然符合整个社区的利益，因为它们可以保持社区更清洁、更健康、更少拥堵。与此同时，个人、家庭和其他经济单元能够得到这类服务，并直接从中受益。

如何为那些既能直接惠及个别经济单元又能使全部人口或大部分人口普遍（有时是分散）受益的服务筹资，并提供这类服务呢？这一问题一直争议不断。争论的一部分是直接受益人应该支付多少，以及政府财政支持多少才是恰当的。但是，争论往往也涉及应该如何提供此类服务。因此，美国周期性地出现公共服务供给的"私有化"浪潮，其后又出现了将服务管理权交还政府的运动。近年来，许多州将监狱管理承包给营利性私人企业的做法引起了极大争议，人们强烈要求取消这种做法，并要求将所有监狱纳入公共管理。我们在任何时候都能看到一种混合的服务供给体制，其中公共机构和私人企业都提供服务，私人企业在服务的性质、质量和定价方面受到某种形式的监管，总体资金

---

⑫ 我注意到，由于这些活动提供的服务不是由用户购买的，因此无法用他们的支出衡量产出价值，国民生产核算师被迫使用供给成本衡量产出价值。这显然是有问题的。

的来源混合了公共补贴和私人支出。

教育是另一项能产生公共和私人收益的活动,也被公认为是应该向所有人提供的服务,而不论受教育者收入几何。大部分小学和中学教育,还有相当一部分大学教育,都是公共出资的,所有儿童都必须上学。这一领域的明显问题是,是否应该规定公立学校入学率,为所有儿童提供相对统一的教育?或者是否应该允许人们所受教育的类型存在多样性、支付意愿存在差异?在大多数国家,除了提供免费或低成本教育的公立学校外,还能看到追求教育的人自由挑选私立收费学校,私立学校通常也能得到政府的补贴。[13]

在几乎所有高收入国家,许多服务于个人需求的活动都能得到补贴,在某些情况下会受到公共监督或管理,理由是一个良好的社会应该为所有人提供服务,不论他们是否有能力支付。这些服务包括儿童保育、养老院、基本医疗以及教育。在这类部门,就如在教育领域,许多国家都有不同类型的供给者,有些是公共的,有些是私人营利性的,有些是私人非营利性的。虽然这些活动领域的组织和治理往往包含重要的市场因素,但它们显然不像经济学教科书中由市场组织起来的部门。这类活动和部门在许多国家的作用越来越重要,在美国自然也是如此。当今的标准经济学教科书基本上忽略了这一事实。

医疗服务的组织和治理、资金筹措和运营方式,以及需求方获得医疗服务的途径,都是典型的例子。至少在美国,人们发现医疗服务的资金来源混合了私人和公共资金,政府、政府保险系统及私人保险系统都直接为照护特定群体提供资金。公立医院和私立医院都存在,私立医院中有许多是非营利性的。需要注意的是,几个最负盛名的医疗服务提供者,例如凯撒永久医疗集团(Kaiser Permanente)和梅奥诊所(Mayo Clinic),都是私人非营利性组织。

在这类领域,许多私人供给大多采取非营利性组织的形式,其主要原因之一是有需求的个人普遍认为或担心如果供给方很大程度上是由利润驱动的,那么由其提供的服务往往是劣质的,或者对服务的接收方来说是危险的,除非他们能够对此做出判断,但很多时候并非如此。前文提到了美国关于是否应该允许营利性企业经营高等教育机构的争议。目前,人们关于营利性养老院的服务

---

[13] 另一个被公认为既产生个人利益又产生更多公共"利益"的活动是职业体育。除了观众直接受益外,城市、州或国家通常也可以从拥有一支成功的球队中获益匪浅,而球队的资金通常来自对观众的收费和公共支持。

质量常常差至危及住客生命的争论也愈演愈烈。监管是力图防范这类问题的一种方法，但在许多情况下，有效的监管难以设立和执行。有时人们认为，让非营利组织承担护理工作效果可能更好，但相关证据有限。我注意到，在许多活动中，人们总是假设顾客对得到产品和服务内容的判断力有限，此时职业道德被看作一种保护。因此，私人医生应该受到职业道德的约束，尽可能提供最好的诊断和治疗，而不是最大化自己的收入。这些保护措施在多大程度上起作用是一个悬而未决的问题，但它们在许多经济活动领域的存在表明，在这些领域，利润驱动型经济活动对应的是普遍的不信任。

这种对营利性企业和市场运作的不信任和厌恶，在许多经济活动领域都可以看到。除前文提到的，计算机程序员间的开源运动以及他们对Linux等系统的创建和支持是典型的例子。维基百科也是。

我的基本论点是，为了理解现代经济中产品和服务的生产是如何组织和治理的，只关注营利性企业和市场是个严重错误。为了强调这一点，我最后举了两类复杂的活动集合，即金融和创新，它们被公认为是富有活力的资本主义的基础。两者都是非常混合的体制，既涉及市场因素，也涉及各种非市场因素。

在现代经济中，私人营利性金融机构的覆盖面很广，并对经济活动有重大影响，除了各种银行、管理保险和养老金计划的公司，还包括主营业务是销售和购买金融工具的其他公司。但上述机构都受到监管；事实上，几乎所有国家都在努力解决的一个问题是：需要多大程度的监管和什么样的监管，才能遏制金融体系的运作导致金融不稳定的倾向，包括制造泡沫，而泡沫破裂时会造成严重的经济危害。此外，还制定各种各样的法规防止营利性金融机构瞒骗某些客户，这些客户缺乏专业的知识来评判金融机构要他们做的事。虽然金融在高度监管下也通常被当作私人市场活动，但事实上，大多数国家都有各种政府项目直接为特定活动或企业提供资金或对私人融资进行补贴。开发银行和小企业投资项目就在此列。公共中央银行有责任监督和影响整个体系中的货币和信贷供给。而非营利性组织，主要是基金会，在资助教育、医疗服务、儿童保育等各种领域，以及其他缺乏市场和政府支持的活动方面发挥着重要作用。

虽然大多数人倾向于认为创新是由私人营利性企业和企业家完成的，但支持和引导创新的机构（包括大学、政府机构和实验室、科技协会、基金会），在不同领域和行业的创新中也起着千差万别的作用。[14] 例如，美国政府对研发活动的资助和引导在面向国家安全、医疗服务和农业的活动与行业中发挥着非常重要的作用，而在化工产品和纺织行业中的作用则小得多。政府以国家安全问题为导向的大部分研发支出支撑着工业企业的运作；与医疗服务有关的公共研究资金则主要流向大学。

现在，让我们结束对现代社会满足不同产品和服务需求的不同方式的讨论。为此，我提醒大家注意，通过经济组织开展的经济活动与社会活动或家庭活动之间的界限往往是模糊的。

早些时候，我注意到，一些政府活动，比如法院系统的活动，通常不被视为经济的一部分。同样，想想教堂和其他宗教组织、男女童子军或社区慈善活动。这些应该被视为经济的一部分吗？通常，接受由这些组织提供的服务的人不会直接支付这些服务的费用，或至少不会支付全部费用。在这些组织中工作和从事这些活动的人，有相当一部分可能是自愿的，且没有得到报酬。我注意到，提供此类服务所产生的资金成本进入了国民收入和产出核算，但志愿工作的贡献不计入。

或者，考虑一下对孩子的照顾和养育。照顾孩子肯定是人类花费最多资源和时间的工作之一。到目前为止，大部分工作仍由家庭而不是独立的经济组织完成。居家照料在许多事情上需要看顾和帮助的老人也是如此。然而，近年来，生活日渐富裕带来了家庭结构和生活方式的变化，越来越多的这类服务由家庭以外的主体提供。生活富裕还导致传统上由家庭负责的许多其他事情，现在大部分转移给企业承担。如今，餐馆顾客量比过去大得多，家庭烹饪材料更多来自商店，而非在家制作。洗衣房和庭院维护也是如此。

我再次提出，当活动发生在家庭内部时，这一无报酬劳动在标准核算中通常不被视为经济活动，但如果一个人被雇用来做这项工作并被支付报酬，情况就不同了。一般来说，在我们多年来见证的经济演化中，各种活动不断向正规经济转变是重要方面之一，原本它们处于正规经济范围之外。划分经济活动和非经济活动的界限是活动发生地，还是活动是否涉及货币转移？

---

[14] 创新是现代经济中极少数包含各类活动的集合之一，其中有对涉及的一系列不同机构的实证研究。现在有大量关于"创新体制"的研究和写作，例如 Lundvall（1992）和 Nelson（1993）。

三、为什么会有这样复杂多样的体制？

经济、政治和社会之间的界限是模糊的，而且，最好认识到这些领域不是相互独立而是彼此重叠的。广义的经济分析领域包括为满足特定需求开展的所有人类活动，这些活动利用了劳动时间和其他稀缺资源，其中稀缺的含义是如果我们拥有更多资源，将能更好地满足一些需求，无论供给是否涉及交易或货币转移。虽然不常明确提出，但这是许多经济学家对经济学的界定。更狭义的经济概念关注企业或个人提供产品和服务供他人使用，同时涉及货币转移。我相信这是大多数人脑海中的经济学概念，经济学家偶尔也会陷入这种倾向。根据这个定义，经济几乎就是以市场活动为特征的。用于衡量经济各个方面的国民产出和国民收入核算蕴含了经济的定义，它介于广义与狭义的概念之间。除了在市场上出售的产品和服务外，这些经济核算还包括了公共服务，其供给有货币成本，但受益人不直接支付（受益人可以纳税）；由私人组织免费提供的服务，其投入依赖外部资助；还有一些不涉及货币支付的五花八门的项目，比如自住房屋的"估算租金"（imputed rent）。另一方面，正如上文提到的，它不计算志愿工作，也不包括家庭提供的儿童和老年人看护等项目。

不论如何，如果你不从最狭义的概念来看待经济，那么现代经济显然使用了各种不同的方式来组织和治理产品和服务的供给，而不仅仅是营利性企业和市场。为什么？

一种解释是经济学家的市场失灵理论，反映了人们对产品和服务的条件、种类普遍持有的一种合理看法，即相对不受约束的市场组织很难有效运转，因此需要更复杂或不同的方式来组织和治理相关活动。我在前文提到，人们普遍认为政府要承担一系列与保护和促进公共福利相关的责任，从国家安全到提供法律和秩序，从基础教育到公共卫生，虽然私人企业可能承担一些必要的工作，但责任属于政府。同样，虽然家庭可能借助外部力量，但家庭有责任抚养孩子。对于主要依靠市场的活动，大众普遍支持保证产品安全的法规，劳工主张制定保证工作场所安全的法规。某些产品和服务的用户通常强烈要求供给方提供特定类型的信息，某些情况下为方便监管，还要求对所提供的信息制定标准。一旦人们认识到产品和服务的条件和种类范围之广，而纯粹的市场组织不足以完成这些任务，需要补充性的或不同的组织和治理模式，那么我们拥有如此多样化的经济体制就不足为奇了。

但是，这种观点存在一个基本局限。它似乎表明，社会不知为何对"经济体制"问题有着清晰的认识，并能很好地解决这个问题。相较之下，我认为，虽然在一些明确的情形下人们就恰当的经济结构达成了广泛共识，但为不同经济活动和部门确立良好的组织和治理模式是现代社会面临的最艰难的挑战之一，我们还一直在努力应对。

回到我以前提出的一个主张：在任何时候，我们都应该将组织和治理各种经济活动和部门的方式看成是演化而来的（从广义上讲），并将继续演化。我认为，如果从演化的视角看，公共政策协商和实施在组织和治理各种经济活动时面临的挑战和作用，本质上就是广泛服务于社会利益和价值观。不幸的是，很少有实证研究能让人清楚地看到演化过程的细节。本小节剩余部分将概述我对正在发生的演化过程的理解。

首先，大家似乎都清楚，经济活动或部门的结构很大程度上受其初始发展方式的影响。在本文讨论的社会中，营利性企业可以自由进入任何领域，只要企业家认为他们能够从中盈利，并且投资者愿意持续配合；非法企业显然除外。因此，当人们认为新的机遇出现，例如新技术出现时，几乎总会有一些新企业（或现有企业的分支机构）进行尝试。如果部分新企业开发出一种商业模式，带来了利润，就会有大量其他企业进入，一个以营利性企业为基础的行业就此发展起来。

在美国和其他国家，虽然企业家的逐利行为无疑是新经济活动的主要来源，但一些重要的新经济活动也源于其他途径。我已强调过社会需求之广泛，人们普遍认为（各级）政府为此负有基本责任。任何时候都存在负责不同领域的不同政府机构，如果政治环境是有利的，政府就可以推行新项目。因此，在条件许可时，这些领域的新活动可以相对常规地开展。为了实现新的目标，不时会有某个新的公共项目得到广泛的公共支持。"阿波罗计划"就是典型的例子，它是高等工程学及其配套科学发展的重大拓展。更早的有艾森豪威尔扩大国家公路系统的计划。晚近出现的各种应对环境退化的新项目，更近的还有关于新冠疫情的项目。

除了私人企业和政府的企业家精神，人们不应低估社区组织、职业团体、慈善机构和服务于公共目的的其他私人团体在发起各种经济活动方面的作用，这些机构认为它们发起的活动是社会合意的，但营利性企业并不认为这些活动具有吸引力，或者担心这类活动排除了利润动机。在很多这类情况下，主要的行动路线是借助政治压力使政府项目进入该领域，但在另一些情形下，则通过设立私人非营利性组织来完成这项工作。正如前文所述，虽然通常出现的是某种由政府提供大量财政支持的经济活动或部门，但大部分工作由私人组织完成。

显然，某项活动或某个部门的初始发展对其成熟时的形态有着深远影响。然而，随着某项活动或某一活动组合占据主导地位并变得越来越重要，肯定会发生变化。一种变化模式是，如果始于市场之外的活动变得规模巨大，看起来有盈利机会，就会吸引市场进入。最近营利性儿童看护机构和养老机构的激增就是很好的例子。

但是，在美国这样的经济体中，由于新经济活动大部分是私人创业行动的结果，所以更常见的一种变化模式是随着那些通过营利性企业和市场组织起来的行业变得更重要，政府就会采取行动影响这些行业。新行业最初是小企业的集合，随着它们发展成熟，往往会变得更加集中，引起反垄断关注。前文所述的针对特定行业的许多监管，都是为了回应随着这些行业的增长而引发的不满和担忧。同样，随着一个行业的规模和政治影响力越来越大，为该行业提供所需基础设施的项目也开始发展。如果该行业不能充分满足实际或潜在用户的需求，可能会产生巨大的社会压力，要求政府控制或补充该行业提供的服务。医疗保险和医疗补助就是公认的例子。

虽然在任何时候都只有小部分正在进行的经济活动受到相对较高级别的政策讨论的影响，但这种讨论往往集中在提供产品或服务但人们普遍担心其绩效不佳或具有危害的部门。在美国，关于医疗服务的治理和融资问题，尤其是如何支付医疗服务费用，人们已经争论了半个多世纪，这些问题多年来也经历了许多重大变化。如今，不仅有人主张通过扩大政府提供保险的范围来加强公共医疗资金的作用，还主张针对许多地区，尤其是贫困社区的医院数量下降，以及是否增强政府的价格管制能力采取一些措施。[15]

正如我指出的，在其他领域，对已经成长起来并控制互联网重要平台的大公司进行监管和拆分的压力越来越大。[16] 对金融机构的监管弱化了一段时间

---

[15] 在我看来，Star（2013）的研究虽然比较早，没有覆盖近期发展，但它对如何组织和治理医疗服务的许多争议性问题的讨论依然是最全面的。
[16] 见 Petit（2020）的一系列煽动性提案。

后，要求加强监管并对投资种类进行更强国家控制的压力再次出现。[17] 如今，有相当多的人主张大幅增加儿童保育和老年人看护的公共资金[18]，虽然现在很少讨论如何提供更多的保育，但这个问题很快就会出现。

稍后我将更详细地讨论其中一些案例。这里我想指出两点：首先，在这些领域，争论大多发生在那些主张改革以增加非市场机构作用的人和那些主张维持或扩大市场作用的人之间。其次，在几乎所有这些领域中，支持市场组织的论据往往基于一个背景假设，即尽管存在例外情况，自由企业和自由市场通常还是组织经济活动的最佳方式，而支持更复杂或更不同的组织模式的论据则倾向于针对具体情境，具有专门性。

四、再议经济体制问题

经济活动的组织方式很大程度上是在没有任何高层决策的情况下演化的，由控制着某个部门准入的各当事方的利益、所提供产品和服务的主要用户及产品和服务的主要供给方驱动。在政府机构可以监督或者以其他方式参与其中的经济活动领域，监管制度和其他政府政策通常会根据正在发生的变化做出调整，而不会引起太多政治争议。但正如我给出的例子表明的，人们普遍担心，某些方面表现不佳并且有一个颇具政治影响力的团体主张推行他们认为必要的变革的那些领域，往往备受关注。经济学观点在此类讨论中起着重要作用。[19]

虽然经济学家在深入讨论这些观点时，往往有一个理论倾向，即认为市场通常是组织经济活动的最佳方式，但正如我强调的那样，他们也认识到这一普遍原理存在例外情况。事实上，知名经济学家们一直大力倡导为他们眼中能满

---

[17] Stiglitz（2019）进行了很好的讨论。
[18] 见拜登总统的"重建更好未来"法案（Build Back Better Bill）。
[19] 我注意到，大多数受过西方训练的经济学家的亲市场倾向是建立在一系列不同的观念和论点之上的，这些观念和论点并不完全一致。主流文献中强调市场的理由是，由市场组织经济活动能够有效地利用经济中的稀缺资源：生产成本已尽可能低，提供不同产品和服务的资源配置已根据消费者的需求实现最优化。但是，与更为静态的新古典主义观点相比，一些经济学流派将竞争性市场组织的优点大部分归于其快速响应消费者需求和资源供给条件变化的能力。此外，继熊彼特（1942）之后，许多经济学家和非专业人士支持资本主义的主要论点是，给定技术性知识，资本主义是极好的经济进步的发动机，这一观点与强调资源配置效率的观点截然不同。

足公共需求的各种产品和服务（如基础科学研究）提供充足的公共资金；对普遍被认为应该不受支付能力限制而获得的产品和服务的供给提供公共支持（基本医疗是一个很好的例子）；对导致全球变暖的废弃物排放进行征税和严格管制；更广泛地控制外部性；严格执行反垄断法。因此，在分析特定案例时，许多经济学家充分认识到，相对直接的市场解决方案可能非常不适用，需要更复杂或完全不同的组织和治理体制。

然而，正如我强调的，虽然经济学通识课程常常会提到公共品和外部性等问题，但呈现的总体图景是市场经济和一些例外情况。很少有人明确认识到，只有一小部分经济是通过教科书式的市场结构来组织和治理的，或者几乎所有经济活动在某种程度上都与一个或多个条件有关，这些条件使得纯粹的市场组织不可行或将导致社会问题。

这种思维模式的后果不仅仅是对经济实际如何组织和运行的认知过度简化。在思考特定活动或部门应如何组织时，这种观点会导致固有的偏见。市场组织被视为规范：除非存在市场失灵，经济活动都应该这样组织。其他更复杂的组织和治理经济活动的方式都被视为例外，需要论证其合理性。有些人倡导其他方案，而不支持相对简单的市场解决方案，那他们就要负责证明后者为什么不可行和不合适。

讽刺的是，专业经济学家有时会发现，他们自认为某些市场需要更严格的监管，或主张实现某些产品或服务的公共提供，而非专业人士或组织则引用了他们在经济学课堂上学到的亲市场论点。[20]

标准经济学教义中的亲市场偏向显然受到了持一般哲学政治观点的人的欢迎，这些人认为政府天然具有压迫性，因此主张尽可能缩小政府规模，限制其对人类活动的影响。通过市场组织经济活动被视为避免政府粗暴干预人们日常活动的一种方式。

当然，有人可能会反驳，尤其是在一家或几家企业主导的领域，它们控制的市场可能是对个人自由的主要限制，如限制就业机会和工作性质，限制可用产品和服务及其价格，并主导相关政治事务。显然，在许多情况下，政府提供的法律保护对个人自由至关重要，许多政府项目的目标就是增强人们的能力，

---

[20] Stiglitz（2019）充分阐述了为什么简单的市场组织无法在他关注的特定情形下很好地发挥作用。

使之过上富裕独立的生活。

然而，许多民众和团体都认为，潜在的专制政府是对自由的主要威胁，而市场经济是保持小政府的最佳方式。更不必说那些收入和影响力都取决于在各种公共政策讨论中维护商业和金融利益的个人和组织，他们热切地接受了这一观点。这种观点使他们能够在这些问题上声称自己的立场符合大众利益。

显然，相信市场组织具有近乎全面的经济效力，往往与保持政府规模尽可能小的愿望相结合，塑造了那些自认为是经济和政治保守派的人的立场。这种观点使各种私人利益能够打着公共利益的旗号大行其道。虽然我们之中有些人会认为，这种导向是制定良好公共政策的主要障碍，但它至少基本上是自洽的。

我主张用另一种一般性视角看待经济组织问题。我们拥有并需要一个真正混合和多样化的经济体制，它不同于带有补充和例外的市场体制。建立一个能够充分满足我们经济需求和社会目标的体制是一个长期的政治挑战。

我的立场是，与将市场组织视为常态而将其他或更复杂的模式视为例外不同，重要的是从一开始就认识到，有各种不同的机制和结构可以用来治理和组织经济活动，也就是利用稀缺资源满足人类需求的方式。每种机制和结构都有一定的优劣势，其重要性取决于经济活动要满足的需求的性质，以及活动本身的性质。不同的需求和活动需要不同的组织和治理模式。我们需要正视如何组织和治理经济活动的问题，而不是预设市场组织是基础和首选模式，然后再讨论可能要考虑其他或更复杂的经济组织模式。

与组织和治理模式有效性相关的各种因素都相对明确。显然，它们主要包括需要满足的需求的性质；是个人（或家庭或小群体）需求，满足需求的产品和服务直接为他们所用，还是公共需求，相关产品和服务的供给会影响一个大社区的福祉；或两者兼有。同样重要的是，按支付能力进行配给是否符合道德，或者至少在一定程度上获得相关产品或服务是否应被看作一种广义的人权。还有一个问题是，接受相关商品或服务的人是否有能力对这些商品和服务做出适当评估，如果没有，如何确保安全性和有效性。

当然，要考虑的因素还包括满足特定需求的活动的性质，以及产生的实际成本。一个特别重要的问题是，这些成本是否被（合理地）完全计入所用投入品的价格中，或者是否包括了一些没有设定价格的成本，表现为伤害他人或满足其他需求的能力下降。如果人们从长远的视角看待一个经济部门的表现，对环境变化和有效创新的适应能力肯定在评估中权重很高，在考虑一项经济活动的不同组织和治理方式时，也是如此。

我想强调的是，虽然需要考虑的许多收益和成本都与货币支出有关，但也有一些与货币支出无关。我们需要摆脱包括某些经济学家在内的市场爱好者经常表明的观点，即推行某些政策和组织结构将以"经济效率"为代价，如更好地保护环境健康；保护工人或用户的安全；推动产品与服务的更公平分配；维持或扩大某些组织，它们做着社会认为有价值的事但没有筹足支持独立运营的资金。这一观点意味着，评估经济效率的标准是为某物支付的货币，而不是个人和群体的福祉。如果我们更发散地思考经济是什么以及我们希望它做什么，以上观点就是"经济学研究什么、不研究什么"这一更狭隘概念的一个非常令人遗憾的含义。

这些不同因素和价值的重要性在不同的经济部门和活动中存在明显差异。如同上文提到的许多方面，制作棉质服装不同于发电和配电；经营酒店不同于提供医疗服务；提供良好的家庭外儿童保育与老年护理虽然和医疗服务有一些共同点，但也有显著区别；教育有其特殊属性，接入互联网及各类应用程序也是如此；对金融机构业务的监管确实包括一些特殊挑战。

任何治理形式都不是完美的，但可以说有些治理形式比其他治理形式更好地考虑了特定行业或部门的显著特征。在许多情况下，混合机制可能比单一机制更好，尤其是在涉及多种活动和目标的情况下。我认为，人们在如此大范围的活动中识别出市场组织因素的一个主要原因是，市场机制能以多种方式接受其他结构的有效约束和补充。正如我之前强调的，在现代经济中，人们发现市场被广泛利用，但很少有经济活动或部门完全符合标准经济学教科书中简单的市场模型。

此外，只有通过实践才能了解特定组织和治理机制的实际运行情况。因此，需要持续不断的评估。

但正如我强调的那样，关于不同组织和治理模式的形式和组合在不同行业和部门中运行良好或运行不佳的实证研究非常有限。在 20 世纪上半叶，几乎所有关于不同经济体制有效性的分析和著作都未能认识到经济内部存在的多样性。经济学家最近关于这个问题的研究和著述主要集中在营利性企业和市场发挥核心作用的行业，几乎没有关注大多数采取更为复杂和不同组织与治理方式的经济部门。不管承认与否,有效推进我在这里提出的本就艰难的议程,我们将面临异常大的困难。

五、如果向私人提供的产品和服务同时具有社会福利效应,其治理存在什么挑战?

我已经提出,无论好坏,在关于如何组织和治理某类经济活动的讨论中,社会受到经济学家如何看待该问题的强烈影响,而不幸的是,主导经济思维、教学和写作的相关观点过于狭隘。我认为,重要的原因之一是存在一种强烈的倾向,即对于复杂经济现实中不符合模型基本前提的一些重要方面,简单的理论模型阻碍或者至少是模糊了人们的认知。

提请大家注意,几乎所有的经济分析都显著区分了私人品和公共品,这是一个重要的例子。经济学家强调市场作用的强烈倾向显然与他们的假设有关,即大部分经济活动与私人品的提供和使用有关。当然,正如经济学家定义的那样,在现代经济生产和使用的不同产品和服务中,有很大一部分是私人品。对于花生酱和睡衣等产品,以及理发和房屋清洁等服务,只有用户才能从购买中受益,这个一阶(first-order)假设当然是合理的。经济学家确实认识到,对于某些私人品来说,可能存在某种"外部性"(如电动割草机产生的噪声),或其特定使用模式存在潜在危害(还是割草机)。人们还认识到,或许用户的知识有限,无法评估他购买的某些产品的功效和安全性。但是,对于纯私人品,如果根据需要采取适当的监管,并且使涉及的经济部门进行合理的竞争,那么通过营利性企业和市场提供的组织和治理通常不仅在理论上,而且在实践中都相当有效。

正如我强调的,经济学家也非常清楚,某些经济活动以及相关产品和服务并不是提供给从中受益的特定用户,而是造福于全社会。根除或预防疾病、清洁空气和国家安全是典型的例子。虽然社会上不同的个人和群体可能会对这些福利有不同的评价,但他们并不会得到单独供给,而是作为集体的一部分接受产品和服务。显然,不可能有"市场"来决定整个社会购买的纯"空气型"公共品的种类和数量;即便私人企业和承包机制可以成为供给手段,其种类和数量还是需要由集体政治程序决定。与私人品概念一样,经济学家关于纯公共品的概念对一个社会用于满足其需求的大量产品和服务非常适用。

但需要注意的是,在许多部门中,我们目前面临的最紧迫的组织和治理问题虽然涉及产品,但更多的还是涉及服务,它们既有私人品属性也有公共品属性,也就是我在第二节中描述的一个庞大的异构集合。正如我分析的,这些产品和服务是提供给直接从中受益的私人所用;然而,整个社会也都非常关心它们的有效供给和具体的供给内容。[21] 前文提到了公共交通和垃圾收集等城市服务的例子,类似的还有小学和中学教育。在这些例子中,个人直接使用的服务会给更大范围的社区带来实实在在的好处。因此,社会有充分的理由鼓励甚至要求提供这些服务,并关心其质量和性能。这至少需要一定程度的公众支持和监管。

以医疗服务或家庭外的儿童保育为例。这些都是私人品,因为直接受益者是使用服务的人。但它们也是公共品,因为社会普遍认为,所有人都应获得这些服务,不会因无力支付而无法获得,这来自有关人权以及如何确保人权的价值观。[22] 对于那些持有这种价值观的人来说,向所有需要的人提供这些服务可被视为一种公共品,有助于改善我们的社会。显然,社会成员对这种公共品价值的认知存在差异,但同样,不同的人和群体对国防支出或"空气型"公共品的价值评判也存在差异。

在第二节讨论具有这些特征的经济活动时,我列举了各种公共服务和教育的例子,但现实中其范围还要广得多。报纸、无线电广播和电视新闻广播,尤其重要的是近年来网上提供的新闻和观点,不仅明显地为其受众提供了私人利益,而且对普遍的社会氛围,以及在某些情况下对政治行动产生了强大的影响。这些都是大众关心的问题。人们读到或听到的东西塑造了他们的信念、政治立场以及投票方式。这使得关于对内容施加多少及何种限制和要求、鼓励竞争的政策有何作用、该领域中非营利组织如何获得公共融资的讨论,都特别具有争议性。但我们无法回避的一个事实是,这些活动提供的既是一种私人品,也是一种公共品。[23]

金融机构的行为也同时具有私人品和公共品属性。资金一般流向个体经济单位。但是,保留特定类型的公司(包括一些本地企业)显然符合社会利益,这些公司通常财务状况不佳;保留提供各种合意服务的非营利组织也是如此,

---

[21] 将这些私人品称作外部性并不能充分描述它们的特征。
[22] 良好的儿童保育当然也创造了类似教育能带来的社会效益。
[23] 当然,有关公立教育的内容和方向有时会引发激烈的政治争议,一个主要原因是,对于教育如何影响人们思考各种意识形态争议问题的方式,人们心存疑虑。

尽管营利性金融机构并不认为这类组织是有吸引力的客户。因此，我们不必惊讶于（但常常忽视）我们的金融体系中除了为有盈利潜力的公司和项目融资的营利性金融企业，还包括一些政府项目，它们为某些即使不盈利也有社会价值的特定活动和组织以及一些慈善事业提供融资。据我所知，对于这种混合体制是如何运行的，或者令人满意的绩效标准是什么，几乎没有相关研究。

正如我在第二节中强调的，许多部门同时服务于私人利益和公共利益，因此这些部门的供给方由不同类型的组织混合组成，如营利性企业、政府组织和私人非营利组织。供给方的资金来源往往由用户付费、政府资金，有时是基金会和慈善机构的捐款混合组成。

正如我早些时候指出的，在提供上述意义的私人和公共产品或服务的部门中，存在一个难题，即如何确定应该提供什么和提供多少，以及产品和服务在不同用户群体之间的分配。在纯私人品部门，逐利企业作为供给者与其客户自行决定购买什么和向谁购买，此时我们依靠市场来做决策。在负责提供纯公共品的政府部门，提供什么以及提供多少取决于政治程序和行政决策。

我描述的这类行业关乎私人利益、公共利益及价值观，而且往往需要私人和公共供给方的混合、不同资金来源的混合，其运作机制要复杂得多。在其中一些部门，提供了部分资金并规定了监管结构的政府机构有责任评估整个部门的绩效。但它们对做什么和做多少的实际控制能力往往受限于如下现实情况：供给侧的许多参与者和服务的直接受益者都是私人单位，因此，当许多家庭高声呼吁他们找不到负担得起的家庭外儿童保育时，谁来负责？负责做什么？对这些问题的广泛关注表明，家庭外儿童保育服务的可得性和定价通常不是简单由市场力量决定的，但是，也有人不愿意让政府独揽儿童保育的责任。事实上，应该如何决定服务的可得性和定价？该问题并没有得到认真考虑。

虽然这些提供私人和社会价值的混合经济部门是政治经济的重要组成部分，但在通常的经济学著作中，很少有人明确承认它们，并指出它们带来的组织和治理问题。

如前文所述，我不直接讨论现代经济如何决定货币收入在不同人口之间的分配。但显然，我描述的组织和治理各个社会经济部门的方式，对决定不同社会成员更一般意义上的福利和生活水平有重大影响。但是，如果我们要有效组织和治理这些活动和部门，我们对它们的了解还远远不够。

六、总结

贯穿本文的一条基本主线是，经济学家和精通经济学的非专业人士对美国等现代经济体中经济活动的组织和治理方式持过度简化的看法，对大部分经济活动和部门中复杂多样的结构基本视而不见。在上一节中，我描述了众多的重要经济活动，它们都有非常复杂多样的结构。但是，我在第二节中描述的不符合标准模型的各种组织和治理经济活动的方式，远不止上一节提到的这些。

我们需要摆脱我们拥有一个存在例外情形的市场经济的观点，及其伴生的意识形态包袱。如今，我们的经济体制在治理大范围经济活动时利用了市场组织的各个方面，但几乎总是伴随着各种非市场因素，根据所要满足的需求和用于满足这些需求的经济活动的具体情况进行补充和限制。在许多经济活动领域，市场最多只能起到辅助作用。进而言之，我们需要更清楚地认识到，我们的经济体制必须满足各种不同的需求，而且满足需求的方式也千差万别，组织和治理相关经济活动的最佳模式也是如此。我们的经济是动态变化的政治经济，我们面临着浇铸和重塑现有经济结构的持续挑战。

重要的是，我们要更好地理解现实经济体制的复杂性和多样性，以及当前的各种结构是如何形成的。这种理解本身并不能让我们有效应对组织和治理结构设计方面的挑战，进而有效应对经济世界中不断涌现的新技术和经济活动；或许也不能让我们有效地改革普遍存在绩效问题的经济部门和活动的组织和治理方式。但是，更清晰地理解现实的经济组织和治理结构及其演化路径，为我们有效应对组织和治理结构设计方面的挑战奠定了重要基础。[24]

（中国人民大学经济学院　颜嘉楠　译）

参考文献

Crosland, A. (1956). *The Future of Socialism.* Constable and Robinson: London, UK.
Dahl, R. and C. E. Lindblom (1953). *Politics, Economics, and Welfare.* Harper and Row: New York, NY.
Fukuyama, E. (1992). *The End of History and the Last Man.* Free Press: New York, NY.

---

[24] 本文没有直接讨论收入分配高度不平等问题或全球变暖问题，这些都是现代经济的重大隐患。但我认为，采纳本文提出的经济组织和治理视角，对有效处理这些问题即便不是充分条件也是必要条件。

Lundvall, B. (1992). *National Systems of Innovation*. Pinter: London, UK.

Nelson, R. (1977). *The Moon and the Ghetto: An Essay in Public Policy Analysis*. W. W. Norton: New York, NY.

Nelson, R. (ed.) (1993). *National Innovation Systems: A Comparative Analysis*. Oxford University Press: Oxford, UK.

Nelson, R. (2002). "The problem of market bias in modern capitalist economies," *Industrial and Corporate Change*, 11 (2), 207–244.

Petit, N. (2020). *Big Tech and the Digital Economy: The Moligopoly Scenario*. Oxford University Press: Oxford, UK.

Pigou, A. C. (1920). *The Economics of Welfare*. MacMillan: London, UK.

Schumpeter, J. (1942). *Capitalism, Socialism, and Democracy*. Harper: New York, NY.

Shonfield, A. (1965). *Modern Capitalism*. Oxford University Press: Oxford, UK.

Star, P. (2013). *Remedy and Reaction: The Peculiar American Struggle over Health Care*. Yale University Press: New Haven, CT.

Stiglitz, J. (2019). *People, Power, and Profits: Progressive Capitalism for an Age of Discontent*. W. W. Norton: New York, NY.

Wu, T. (2018). *The Curse of Bigness: Antitrust in the New Gilded Age*. Columbia Global Reports: New York, NY.

金融评论

Financial Review

量化宽松的挑战与出路

缪延亮　唐梦雪

  2008年全球金融危机打破了"大缓和"时代的央行共识。发达经济体政策利率降至零利率下界，主要央行不得不启用非传统货币政策工具以刺激经济，量化宽松（QE）成为货币政策的新常态。量化宽松区别于传统政策工具不仅在于它的进入，更在于它的退出尤为困难。在金融危机过去十余年后，不仅没有一家央行完全退出量化宽松，而且由于2020年新冠疫情的冲击，主要央行又开启了新一轮规模更大、速度更快的量化宽松，资产负债表规模不断扩张。那么，已成为主要央行常备货币政策工具的量化宽松对金融市场和实体经济的传导效果究竟如何，面临怎样的挑战，未来出路何在？本文在梳理已有文献的基础上，厘清量化宽松的传导渠道，通过传统货币政策和量化宽松的历史与跨国比较的方法，评估其传导效果，进而提出研判量化宽松效果的一般性框架。

  本文研究发现，量化宽松降低长端利率效果显著，但呈现边际递减，向实体经济的传导效果可能不及传统货币政策工具。同时，量化宽松的边际成本在不断上升。量化宽松在实践中主要通过资产组合平衡渠道起效，即以存量效应为主，同时具有一定的信号效应和流量效应。量化宽松的效果取决于金融市场的初始条件和经济结构。多轮量化宽松后，信号效应降低预期政策利率的效果，以及流量效应压低流动性溢价的作用均愈发受限。随着金融市场风险溢价的普遍降低，资产组合平衡渠道的效果可能也在递减。而量化宽松的易进难退使央行与市场的关系愈发紧密，央行的大规模购买可能进一步干扰市场定价，并产生财富分配的负面效应,损害央行信誉和政策独立性。面对量化宽松边际效果递减而成本递增的挑战,本文认为:首先,货币政策还是应尽量保持正常的政策空间,通过财政货币的协同配合助力经济和政策实现正常化;对于已进入利率零下界的经济体,央行可适度增加对非国债资产的购买来缓解量化宽松的边际效果递减;在退出上,量化紧缩对金融市场冲击相对可控,但缩表规模亦受限,且央行需要提前与市场沟通,防止负面信号效应引发金融条件剧烈收紧。此外,货币政策应与宏观审慎政策相互配合,防范或化解超宽松流动性供给可能引发的金融风险以及财富不平等问题。

一、引言

1983年到2007年世界经济进入大缓和时代。在25年中,美国人均GDP增速波动率从之前25年的2.6%下降到1.5%。通胀波动率同期降幅更大,从3.7%下降到0.9%。2008—2009年国际金融危机发生后,美国人均产出两年间下降5%,按照大缓和时代的产出波动情况,这样的衰退6 800年才会发生一次。但是如果回溯1871年以来的历史数据,"大缓和"则有可能只是好运气而已(John Williams,2014)。因为按照1871—2012年更长时间的波动情况,金融危机发生的概率将提高到大约23年一次。

在2008年全球金融危机之前,增长和通胀波动的下降通常被归因于央行和货币政策的胜利。其中最有代表性的就是美联储前主席伯南克(Bernanke,2004)以"大缓和"为题的演讲。他认为增长和通胀波动的下降是因为央行克服了20世纪70年代所犯的错误,承认就业和通胀之间并没有永久的替代关系,央行容忍更高通胀并不能永久性地提高就业。自80年代开始,各国央行开始注重通胀波动和增长波动之间的平衡(Taylor,1993)。80年代末新西兰央行率先引入通胀目标制(Inflation Targeting,IT),至金融危机前夜的2007年,通胀目标制成为主流的货币政策框架。"一个目标,一个工具"成为央行共识的核心(IMF,2014),即央行应以实现低而稳定的通胀为主要甚至唯一政策目标,以短端利率作为主要货币政策工具。

2008年全球金融危机打破了大缓和时代的央行共识,货币政策的目标和工具变得更加多元,量化宽松成为货币政策新常态。金融危机引发了央行对金融稳定目标的再思考,通胀目标制不再是唯一目标。在利率零下界下,传统利率工具失效,主要央行开始尝试量化宽松、前瞻指引、借贷便利、负利率和收益率曲线控制等非传统货币政策工具。其中，借贷便利多被央行作为应对特定部门流动性危机的临时工具，并通常在危机缓解后迅速退出。负利率和收益率曲线控制由于政策成本显著，仅被欧洲央行、日本银行等政策空间更为有限的央行采用。前瞻指引是预期管理工具，通常需要与政策行动工具配合起效。只有量化宽松在危机后仍被发达经济体央行作为调控经济的重要工具，成为货币政策的新常态。2010—2017年，美、欧、日、英等主要央行继续实施量化宽松以应对经济复苏乏力。2017—2019年，全球经济增长动能改善，主要央行的量化宽松步伐放缓，美联储在2018年至2019年第三季度一度缩表，但很快因为金融条件的收紧又重启量化宽松。2020年新冠疫情冲击引发金融市场和实体经济流动性危机，全球主要央行再度加码量化宽松，并且速度之快、力度之大均史无前例。数轮量化宽松后，主要央行资产负债表规模急剧上升，风险敞口扩大。截至2021年底，美联储总资产规模达8.7万亿美元，其中10年期以上的国债约为1.3万亿，住房抵押债券（MBS）达2.6万亿美元。

量化宽松虽然在实践中已被广泛使用，但有效性一直备受争议。货币政策制定者对量化宽松普遍评价积极，认为它有效降低了长端利率、改善整体金融条件，对提振实体经济以及预防通缩意义重大，否则金融危机将会造成时间更长、程度更深的损害。美联储官员多次强调，量化宽松降低了美国长端国债、公司债和住房抵押债券的收益率水平，并推升股价，有效改善了实体部门的融资环境，提振了总需求（Bernanke，2012，2020；Yellen，2012；Powell，2013；Fischer，2014）。欧洲央行评价量化宽松等非传统货币政策扭转了经济通缩压力，是推动经济复苏最关键的力量（Draghi，2015）。国际清算银行全球金融系统委员会（CGFS）2019年报告总结了数十篇研究全球量化宽松实践效果的文献，指出学术文献总体认为量化宽松显著放松了金融条件，并正向提振了实体经济和通胀，不过其宏观经济影响的估算结果存在较大不确定性。在2020年新冠疫情冲击中，量化宽松降低长端利率、放松金融条件的效果亦得到肯定（Rebucci et al.，2020）。

但质疑量化宽松有效性的观点则指出，2008年金融危机以来全球经济复苏乏力，通胀长期低于货币政策目标（Koo，2014；Roubini，2015[①]；Nakaso，

[①] Nouriel Roubini 2015年在中东投资会议（Middle East Investment Conference）上的访谈。

2017）。部分实证研究认为，相比传统政策工具，量化宽松向金融市场和实体经济的传导效果均偏弱。量化宽松对长端利率虽有影响，但持续时间短暂，通常在政策推出 1~2 个月后完全消退（Wright，2011；Greenlaw et al.，2018）。量化宽松的成本与风险可能比传统工具更大，包括基础货币急速扩张可能引发高通胀，央行持续、大规模购债可能干扰金融市场运行，充足甚至过度的流动性供给可能催生资产泡沫，以及央行独立性也可能招致更大质疑等。②

要评估量化宽松的效果与成本首先要厘清量化宽松的传导机制。货币政策制定者强调量化宽松主要通过降低长期利率和信用利差起效。但在传统宏观经济模型的无套利框架下，一旦央行大规模购买长期国债等特定证券导致其价格上涨，投资者会立刻卖出该证券并买入相对便宜的其他证券如短期国债等进行套利，直至二者的相对价差消失，因此，量化宽松存在"实践中有效，但理论上行不通"（Bernanke，2014）的问题。对此，危机以来的学术研究提出了信号效应、资产组合平衡渠道、流动性渠道等理论，尝试论证量化宽松的有效性。信号效应理论强调量化宽松对投资者预期的影响，认为它传递出央行将在一段时间内维持零利率的信号，导致金融市场对未来政策利率预期降低，压低长期无风险利率（Bhattarai and Neely，2016）。资产组合平衡渠道相关理论认为，不同期限的国债并不是完全可替代的投资标的，监管政策、流动性需求等因素导致金融市场存在分割（preferred habitat），因此，央行资产负债表规模的扩张可降低特定资产在私人部门的供给，提高该资产的稀缺性，压低其风险溢价，并对其他资产价格产生溢出效应。流动性渠道指的是，央行可通过大规模购买向特定市场注入流动性，帮助金融市场恢复正常交易，降低流动性风险溢价（Joyce et al.，2011；Gagnon et al.，2011；Haldane et al.，2016）。更广义地看，由于央行负债端的准备金规模随之扩大，整个经济体的流动性也得到改善，或可压低短端利率（Smith and Valcarcel，2022）。

资产组合平衡渠道又被称为量化宽松的存量效应（stock effect），即央行已购买和预期购买的累积规模决定量化宽松的效果。而流动性渠道则被称为流量效应（flow effect），即央行实际购买行为（速度）决定量化宽松的效果。量

---

② 根据 2013 年 12 月美联储货币政策委员会（FOMC）的内部调查，委员们最担忧的量化宽松成本前三位依次是：金融稳定风险，潜在资本损失伤害美联储的声誉和独立性，以及退出困难。相关讨论可参见 2013 年 12 月 FOMC 会议记录第 31 页：https：//www.federalreserve.gov/monetarypolicy/files/FOMC20131218meeting.pdf。

化宽松的三大传导渠道因而又被称为三大效应：信号效应、存量效应和流量效应。如果是信号效应主导，就会发生"买于预期，卖于事实"（buy the rumor, sell the fact）的现象，比如美联储提前宣布了第二轮量化宽松（QE2），宣布时国债收益率下行，等真正推出时，国债收益率反而上升。如果是流量效应主导，量化宽松的退出就很困难，边际上只能不断加码才能压低利率；即使是存量效应主导，退出量化宽松时缩表的规模仍会受限。对不同效应的不同研判，会导致截然不同的央行政策和市场策略。

量化宽松是否以及如何起作用？以上传导渠道在实践中效果如何？随着经济初始条件和经济结构的改变，又会发生什么变化？为回答以上问题，本文尝试梳理已有文献对量化宽松传导机制和实践效果的理论与实证分析，以及比较不同时期、不同经济体间量化宽松的实施效果，提出分析和研判量化宽松效果的一般性框架。

本文研究发现：第一，量化宽松在实践中主要通过资产组合平衡渠道起效，即存量效应为主，兼具一定的信号效应，而流动性渠道（流量效应）更多在流动性危机期间起效。实证研究显示，已有央行的量化宽松实践在压低长端利率和风险溢价方面效果明显，但呈现边际递减。评估量化宽松对宏观经济的影响则存在更大不确定性，而且相比传统货币政策可以同时降低长短端利率，量化宽松只能作用于特定的风险溢价，对实体经济的影响可能弱于传统货币政策。

第二，量化宽松的边际效果或将继续减弱。量化宽松的效果不仅取决于力度和方式，还取决于金融市场的初始条件和经济结构。在央行多轮量化宽松后，主要发达经济体金融市场的初始条件已显著改变。金融市场充分预期政策利率将长期维持在零下界，期限溢价也被压制在历史低位，美国长端利率由2008年前的4%~5%降至2021年的1%~2%，欧洲和日本的长端利率则降至1%以下甚至负值区间。相对于历史，风险资产估值普遍偏贵，量化宽松进一步压低长端利率和风险溢价的空间已相对受限。从横向比较看，国别经济结构的不同导致量化宽松向实体经济传导的渠道和效果存在差异。美国直接融资市场发达，内需为主，量化宽松主要通过刺激信贷和财富效应提振经济，而欧洲和日本经济出口占比更高，居民和企业更加依赖银行间接融资，量化宽松主要通过汇率贬值和银行信贷渠道起效。疫情后，不平等、高债务、高不确定性等结构性问题加剧，融资成本下降难以继续刺激信贷，财富增长对消费的提振减弱，全球化受阻导致汇率渠道亦难在长期提振一国经济。

第三，量化宽松边际成本却在逐步上升。量化宽松易进难退，致使央行与市场的关系越发紧密，货币政策反应由前瞻走向滞后，金融市场也更加依赖央行，丧失主动管控风险的动力。央行持续大规模的购买行为还可能干扰市场定价，超宽松的流动性供给和"央行托底"预期（policy put）或许会催生资产泡沫，伤害金融稳定。量化宽松在财富分配上的负面效应也将越发显著，加剧社会撕裂；央行政策独立性和信誉受损。此外，货币政策目标、工具的多元也将给政策制定与沟通带来挑战。

那么，量化宽松出路何在呢？本文认为：第一，货币政策应尽量保持正常的利率区间，财政货币需协同配合，共同助力经济和政策实现正常化，并进一步互相创造政策空间。第二，对于已进入利率零下界的经济体，量化宽松在放松金融条件上仍具有一定效果，央行可通过适度增加对非国债资产的购买来缓解量化宽松边际效果递减，但应限定购债范围和规模，避免过度干预私人部门信贷配置。第三，在政策退出方面，由于量化宽松的传导是存量效应而非流量效应主导，央行缩表对金融市场冲击相对可控，不过实际缩表规模亦受限，而且央行需要在开始缩减购买规模的时期就与市场充分沟通，防止负面信号效应引发"缩减恐慌"带来金融条件大幅收紧。第四，货币政策应与宏观审慎政策相互配合，防范化解超宽松流动性供给可能引发的金融风险以及财富分配不平等问题。

本文结构安排如下：第二部分尝试通过比较量化宽松的不同形式，给出量化宽松的一般定义；第三部分结合文献重点分析了量化宽松理论上如何传导以及实践中以何种渠道为主；第四部分评估量化宽松的实践效果，提出分析量化宽松效果的框架；第五部分分析量化宽松的成本；第六部分提出政策建议。

二、量化宽松的定义

量化宽松在不同国家采取了不同形式。作为最早陷入利率零下界困境的央行，日本央行于2001年3月率先进行了量化宽松实践，试图在利率价格工具空间受限的背景下，通过货币供给的数量扩张来加码宽松。具体体现为，货币政策操作目标由银行间隔夜拆借利率调整为金融机构存在央行的准备金规模，操作工具由常规公开市场操作调整为大规模购买长期国债，并承诺维持充裕的流动性供给直至走出通缩。该政策设计主要关注基础货币总量的扩张，因而被称为"数量宽松"（Quantitive Easing），中文多将其译为"量化宽松"。2008年危机期间，美联储和欧洲央行在触及利率零下界后，也相继推出了大规模资产购买计划。但其政策制定者在政策推出之初均强调，不同于危机前日本的"数量宽松"，美、欧所做的是"信用宽松"（Credit Easing, Bernanke, 2009; Draghi, 2014）。二者关键的差异在于政策目标不同。伯南克和德拉吉强调，传统的数量宽松着重于扩大央行负债方，以增加准备金、注入流动性为目标，而信用宽松更强调央行资产方的调整，通过增持特定资产，调整利率曲线上某特定期限（长期）或特定产品（如MBS）的利差，刺激信贷，实质是通过数量工具实现对长端利率等价格指标的调控。但是市场和媒体仍统一称之为量化宽松，原因是二者都是名义利率零下界、常规武器用尽之后的非常规货币宽松，而且都是通过资产购买、改变资产负债表规模和构成来实现的。我们还观察到日本央行和美联储的量化宽松均呈现出特别强的路径依赖，二者都一度宣布退出量化宽松，很快又不得不重启，且力度不得不较之前更大。

我们尝试给出量化宽松的一般性定义：它是央行在名义利率零下界的情况下，以在公开市场购买特定类别的证券资产为工具，以改变央行资产负债表的规模和构成为手段，以提供流动性和改善信贷条件为目标的货币政策工具。界定量化宽松要根据政策实施场景、操作工具、手段和目标综合判断，不能仅看央行资产负债表规模是否上升。例如人民银行资产负债表规模在2002—2014年快速上升，但从其资产端构成看，扩张主要来自外汇储备增加，导致了流动性被动投放，操作工具和政策目标均与量化宽松定义不符。尤其是，央行当时资产负债表的扩张不仅不以提供流动性和改善信贷条件为目的，还不得不通过提高存款准备金率和发行央行票据等工具收回过剩流动性。

我们定义的量化宽松既包括狭义上的数量宽松，也包括信用宽松。单纯强调负债端规模的扩大，比如日本央行2001—2006年间的实践是狭义上的数量宽松。保持资产负债表规模不变，但强调其构成的改变，以信用产品等非传统资产替代国债等传统资产，则是狭义上的信用宽松。按我们的定义，央行可以同时改变资产负债表的规模和构成，涵盖狭义上的数量宽松和信用宽松（图1）。危机以来主要发达国家央行量化宽松多采取了既扩大规模又增持信贷资产的广义形式。

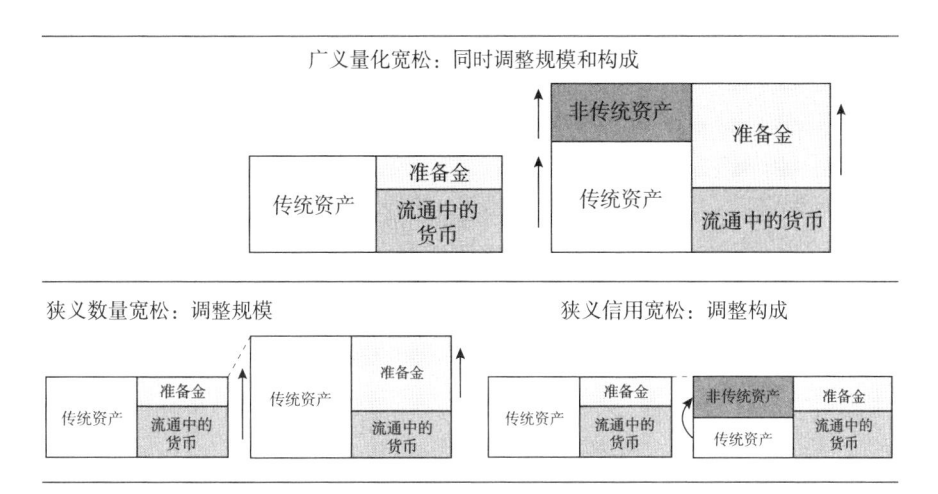

图1 广义与狭义量化宽松政策比较

资料来源：作者整理。

特别值得强调的是，一项政策区别于其他政策不仅在于它的进入，更在于它的退出。我们认为，相比进入的时点、方式和目标，能否退出对于一项政策更为重要。传统政策工具如利率，进入和退出相对更为对称，减息之后可以加息。但是量化宽松在实践中呈现出高度的路径依赖，导致它的退出尤其困难，2013年5月美联储暗示会在边际上缩减债务购买规模，引发了"缩减风暴"（taper tantrum）。每一次政策重启必须力度更大，资产负债表规模易升难减。

量化宽松的直接后果是主要发达国家央行资产规模的急剧上升，以及资产期限和风险敞口发生改变。截至2021年第三季度，美、欧、日央行资产负债表与GDP之比分别由2007年的6%、16%和21%，升至40%、69%和130%。③ 央行资产端持有的长期国债和风险资产占比显著上升，利率风险、信贷风险敞口扩大。以美联储为例，危机前，短期国债（T-bill）在其总资产中比重最大，达到30%~40%。三轮量化宽松的集中购买后，中长期国债（Notes和Bonds）持有量从危机前的约4 000亿美元大幅攀升至超过5万亿美元，国债资产平均久期由量化宽松前的2.6年升至最长时8年。美联储还开始持有不同类别的风险资产，其中MBS持有量在2021年底升至2.6万亿美元，占其总资产的30%（图2）。

---

③ 2021年的比率为各国央行2021年资产负债表规模与该国2019年名义GDP之比。

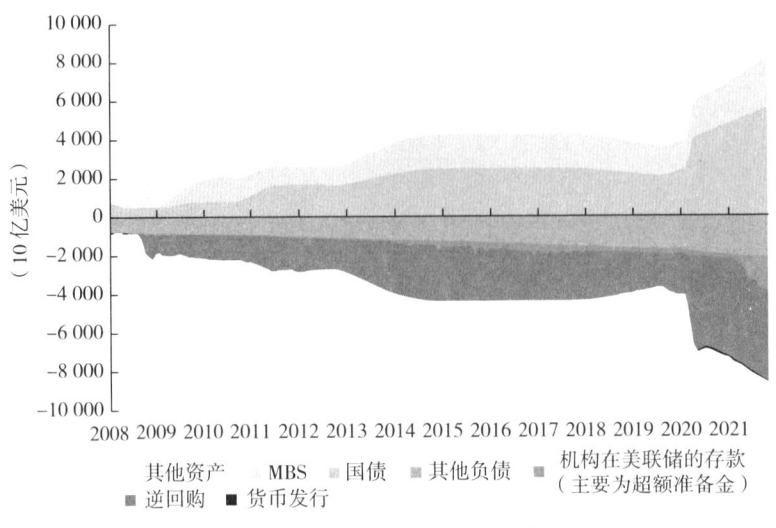

图2 美联储资产、负债构成

资料来源：美联储，作者整理。

关于量化宽松存在一个较为普遍的误解，即量化宽松是央行在"印钱"。实际上，央行扩大资产购买并不需要真正印钱，它需要的只是从商业银行在中央银行的准备金上"借钱"。当央行从商业银行购买1单位国债时，央行的资产方"+1"，同时央行在其负债方上的准备金（为商业银行资产）也"+1"。央行的资产负债表的资产方和负债方同时扩大1单位。商业银行资产规模则保持不变，其资产方在央行的准备金增加1单位，但其持有的国债减少1单位。只有当商业银行不愿意持有（超额）准备金时，央行才需要"印钱"支付给商业银行。2008年10月，美联储开始向商业银行准备金支付利息（IOER），提升商业银行持有准备金的意愿。《巴塞尔协议Ⅲ》等监管新规加强了对商业银行资产流动性和安全性的要求，也进一步提升了商业银行对准备金的需求。结果是大量基础货币以超额准备金的形式停留在央行负债表上。以美联储为例，其法定准备金要求已在2020年3月降至零，但超额准备金高达4.3万亿美元。如何管理大规模超额准备金，也成为央行量化宽松政策的重要考量。

量化宽松从根本上改变了央行的货币调控模式。庞大的资产负债表规模和大量的超额准备金使得央行无法再通过公开市场操作微调准备金供应来调控利率。传统的利率走廊（interest rate corridor）模式失效，主要央行被迫启用利率下限（interest rate floor）模式，对准备金付息；要抬升政策利率，就必须同时抬升准备金的利率。这样，加息时央行不仅负债端的支出增加，其资产端还面临利率和风险溢价上升带来的久期和信用风险。加息和降息因而会对央行资产负债表产生完全不对称的效应，可能会影响央行的政策倾向。

三、量化宽松的传导渠道

（一）量化宽松理论上的传导渠道

央行推出量化宽松会强化投资者对货币政策在较长时间内维持零利率的预期，产生信号效应（Clouse et al., 2000; Eggertson and Woodford, 2003）。量化宽松往往需要持续数个季度甚至数年，如2009年3月美联储宣布扩大第一轮量化宽松的规模时，明确表示资产购买将持续至2009年底。投资者普遍认为央行在量化宽松结束前不会加息。因此，金融市场的加息时点预期会随量化宽松的推出显著推迟（Bernanke, 2020），导致市场预期的平均政策利率路径（average expected short rate）整体下移，即无风险利率下降（R_f）。无风险利率是主要金融资产的定价锚，其下降有助于放松整体金融条件，进而提振实体经济。

央行持有证券资产规模的大幅扩张会减少该资产在私人部门中的净供给，由此产生资产组合平衡渠道，即量化宽松的存量效应。资产组合平衡渠道理论认为，金融资产定价会受到供给的影响（Tobin, 1958, 1969; Gagnon et al., 2011; Bernanke, 2010, 2012）。由于特定类别资产（如安全性资产）的总供给有限，当央行大规模增持该类资产时，私人部门面临的净供给下降将导致该资产价格上升，收益率（r_i）下降。我们可以从资产定价公式角度加以理解。金融资产的收益率可以拆分为无风险利率和风险溢价两部分，即 $r_i = R_f + RP$，其中 RP 为风险溢价。信号效应主要影响 R_f，资产组合渠道主要作用于 RP。特定资产净供给下降往往意味着私人部门对该资产的相关风险敞口减小，资产稀缺性上升，因此私人投资者愿意降低对该资产风险补偿的要求，风险溢价 R_P 下降。投资者为什么没有卖掉价格上涨的资产、买入相对便宜的资产进行套利？这主要是由于"金融市场分割"的存在，即金融资产之间不可完全替代（Modigliani and Sutch, 1966; Vayanos and Vila, 2009）。我们可以将投资者分为两类：一类是受监管政策、资产负债管理等约束，对特定资产存在刚性需求的投资者，如货币基金需要持有大量短期限、高流动性资产，而养老金、保险公司、银行等必须持有一定规模长久期资产和安全资产。以养老金为例，它们不会因为长端国债价格上涨而将其抛售，还可能由于国债净供给下降而选择增持公司债等其他长期限债券来补足久期，导致相关资产收益率也下降（Bernanke，2012；Yellen，2012）。另一类是需求弹性较大的投资者，可以在各个市场间自由套利。其在国债市场的套利行为保障了收益率曲线的连续性（Vayanos and Vila，2009），并可能通过投资组合再平衡推升风险资产价格，产生溢出效应（Gagnon et al.，2011；Bernanke，2012）。

央行的实际购买行为还可以通过流动性渠道影响风险溢价和短端利率，产生流量效应。央行持续大规模购买特定证券资产的行动使其承担了"最后做市商"的角色，可帮助陷入流动性危机的金融市场恢复运行，进而降低特定资产的流动性风险溢价、提振资产价格，该渠道在金融危机时期以及对MBS等流动性较差的资产效果更显著（Gagnon et al.，2011；Bailey，2020）。除了改善特定市场的流动性，量化宽松大幅增加了央行负债端的准备金规模，提高了整个银行体系的流动性，进而可能带来短端利率的下降（Smith and Valcarcel，2022）。

此外，量化宽松还可能通过降低违约风险渠道和信心渠道等提振金融市场和实体经济。如果央行购债支持的部门正是危机的"风暴眼"，那么量化宽松还能降低相关实体部门的违约风险，缓解该部门的融资压力，并强化金融市场和实体部门对整体经济的信心（Krishnamurthy and Vissing-Jorgensen，2011）。总体来看，相比于传统货币政策主要调控短端利率再逐步传导至长端利率和信用利差，量化宽松可以通过信号效应影响无风险利率，以及资产组合平衡渠道、流动性渠道、信心渠道等直接作用于不同的风险溢价，快速影响整体金融条件，再通过利率渠道、信贷渠道、财富效应和汇率渠道等传统货币政策渠道向实体经济传导。

（二）对量化宽松传导渠道的实证检验

量化宽松确实存在信号效应，但对长端利率影响有限，并且不断减弱。实证研究衡量信号效应的强弱，往往通过比较利率衍生品隐含的远期政策利率预期在量化宽松公布前后的变化。克里希那穆提和维辛-乔根森（Krishnamurthy and Vissing-Jorgensen，2011，2013）的测算显示，第一轮量化宽松的宣布导致联邦基金利率期货（Fed Funds Future）隐含的两年后政策利率累计下降了 40 个基点，投资者对加息时点的预期推迟了 6.3 个月，据此估算，信号效应贡献了 5 年期国债收益率降幅的近一半。但更长期限的政策利率预期更多受宏观基本面和市场供给等其他因素的扰动，因此对 10 年期及更长期限的债券收益率而言，信号效应的影响相对较弱。克里希那穆提和维辛－乔根森（2013）、加格农等人（Gagnon et al.，2011）的研究显示，在第一轮量化宽松期间，信号效应对美国 10 年期国债和 30 年期机构 MBS 收益率降幅的贡献不到 20%。④ 随着量化宽松逐步被市场预期，信号效应在此后几轮量化宽松中进一步减弱，至第三轮量化宽松时已几乎可忽略不计。

量化宽松主要通过资产组合平衡渠道影响长端利率，即以存量效应为主。已有研究多通过比较央行购买的标的资产与同类别但未被列入购买范围的资产在量化宽松实施后一段窗口期内价格上涨幅度的差异，来判断资产组合平衡渠道的有效性。达米科等人（D'Amico et al.，2012）和乔伊斯等人（Joyce et al.，2011）分别对美联储和英格兰银行的量化宽松进行了研究，他们发现，在央行宣布购买标的国债的期限范围后，被列入购买范围的债券价格涨幅明显高于期限接近但未被列入购买范围的债券。⑤ 克里希那穆提和维辛－乔根森（2013）对 MBS 市场的研究显示，在第三轮量化宽松宣布后，美联储计划购买的 MBS 类别⑥的期权调整利差（OAS）收窄幅度较其他票息率的 MBS 更显著。他们进一步指出，资产组合平衡在实证中的传导还可细化为稀缺性渠道（scarcity channel）和资本约束渠道（capital constraints channel）。作为高安全性、高流动性资产，国债和投资级公司债存在稀缺性，央行购买加大了此类

---

④ Bauer and Rudebusch（2014）采用时间序列的研究结果认为第一轮量化宽松期间，信号效应对 10 年期国债收益率总降幅的贡献幅度可能高达 30%~65%，但该研究将长端利率中期限溢价的下降也部分归因于信号效应，可能导致一定程度的高估。

⑤ D'Amico et al.（2012）对美联储国债购买事件研究显示，2010 年 8 月 10 日美联储宣布将购买长期国债后，10 年和 14 年期国债价格均上涨，但当美联储明确购债期限在 2~10 年后，14 年期国债价格快速下跌，抹去此前 2/3 的涨幅，而 10 年以下期限的国债涨幅仅收窄了 20%。Joyce et al.（2011）对英格兰央行购债的事件研究也显示，2009 年 3 月 5 日，在英格兰银行宣布将购买 5~25 年英国国债后，该期限国债收益率降幅远超过其他期限。

⑥ 美联储量化宽松购买的 MBS 主要为票面利率接近新发放的住房抵押贷款利率的证券，即 current-coupon MBS。

资产在私人部门的供给短缺，推升其稀缺性溢价。对于MBS市场而言，还存在额外的资本约束渠道。由于MBS定价机制复杂，市场进入门槛高，参与者较少，一旦市场剧烈下跌，吸收卖盘的资本金受限，而央行资金的流入有助于缓解该市场原有私人投资者的资本金约束。受资本约束渠道提振，实证数据显示，MBS利差在量化宽松后的降幅较国债更显著。

量化宽松在实践中存在流量效应，但总体有限，在金融市场流动性危机期间更显著。克里斯滕森和吉兰（Christensen and Gillan，2022）发现，在第二轮量化宽松执行期间，美联储购买通胀保值债券（TIPS）导致该类债券的流动性溢价下降了约10个基点。但克里希那穆提和维辛－乔根森（2013）指出，在金融市场处于非危机状态时，如2010年后，流动性溢价普遍维持在低位，量化宽松通过流动性渠道起效的空间受限。贝利（Bailey，2020）指出，在应对2020年新冠疫情冲击时，各国央行均选择快速、大规模的购债，以缓解流动性危机，量化宽松的流量效应有效恢复了金融市场的运行，防止了流动性危机演变成偿付危机；但在常态时期，央行的快速购债可能反而伤害市场流动性。在广义流动性渠道方面，由于受到利率零下界的限制，准备金规模扩大对短端利率的压制也非常有限。关于准备金规模与联邦基金利率（剔除准备金率后）的滚动回归分析显示，2009—2014年三轮量化宽松期间，短端利率对准备金规模的扩大并不敏感，但反之，在2018—2019年缩表期间，由于短端利率上行并不受利率零下界的限制，它对准备金规模下降的反应敏感（Smith and Valcarcel，2022）。

量化宽松对未购买的资产存在溢出效应。资金流动数据显示，量化宽松可促使投资者进行资产组合再平衡，增加对风险资产的购买。美联储资金流动数据显示，2009年第一轮量化宽松后，美国家庭部门资金从股票与共同基金市场的净流出开始下降，2010年转为净流入（见图3）。2012年第三轮量化宽松后，家庭部门不断减少对债券的新增购买，同时较快地增持股票。乔伊斯等人（2017）的研究也发现，英国养老金和保险基金在英格兰银行实施量化宽松后减少了国债购买，转向增持企业债。以上溢出效应也被资产价格的表现印证。克里希那穆提和维辛－乔根森（2013）的研究发现，未被列入购买的美国Aaa级和Baa级公司债收益率在第一轮量化宽松后分别累计下降77和80个基点，但驱动因素不同。Baa级公司债收益率的降幅中有一半来自违约风险下降的贡献，表明量化宽松通过降低违约风险渠道起效。而Aaa级公司债违约风险降幅非常有限，仅有 7 个基点，整体收益率的下降主要受益于稀缺性溢价渠道。以上溢出效应在央行购买非国债时更显著。资金流动数据和克里希那穆提和维辛－乔根森（2013）的研究均显示，风险资产的资金流入和价格涨幅在央行同时购买国债和 MBS 的第一轮和第三轮量化宽松期间的表现，优于仅购买国债的第二轮量化宽松。全球金融体系委员会（CGFS，2019）也指出，量化宽松购买私人部门债券时，能更有效地降低信用利差、放松信贷。

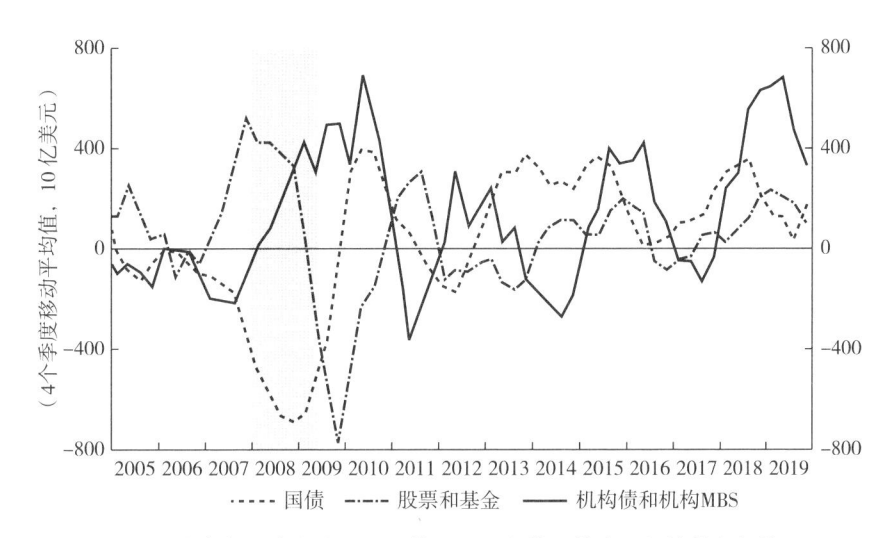

图 3　美国家庭部门资金流入：国债、股票和共同基金、机构债和机构 MBS
资料来源：美联储，Haver。

四、量化宽松传导效果的评估

（一）文献关于量化宽松对利率与宏观经济影响的评估

已有文献研究多认为量化宽松降低长端利率效果显著。表 1 总结了 14 篇关于美、欧、日量化宽松对各自 10 年期国债收益率影响的估算文献。总体来看，美联储量化宽松压低收益率的效果最好，欧洲央行次之，日本央行偏差。如果将央行购债规模标准化为名义 GDP 的 10%，美、欧 10 年期国债收益率降幅的中值分别为 69 和 43 个基点，日本仅有 12 个基点。

我们可据此进一步推算量化宽松的等价降息幅度。以美国为例，加格农等人（2019）基于美国宏观经济模型（FRB/US）的测算显示，10 年期国债收益率

表1 学术文献关于量化宽松（购买量相当于10%的GDP）对10年期国债收益率影响（基点）的测算

国别	文献	样本	研究方法	收益率降幅（基点）
美国	Bauer and Rudebusch（2014）	第一轮量化宽松	事件研究	74
	D'Amico and King（2013）	第一轮量化宽松	回归分析	168
	D'Amico et al.（2012）	第一轮量化宽松	回归分析	175
		第二轮量化宽松		113
	Gagnon et al.（2011）	第一轮量化宽松	事件研究	78
	Ihrig et al.（2012）	2008—2012	期限溢价模型，侧重信号效应	33
	Krishnamurthy and Vissing-Jorgensen（2011, 2013）	第一轮量化宽松	事件研究	89
		第二轮量化宽松		45
		第三轮量化宽松		3
	Li and Wei（2013）	第一轮量化宽松	期限溢价模型	50
		第二轮量化宽松		48
	Rebucci et al.（2020）	2021年3月16日	事件研究	64
	Swanson（2015）	2009—2015	期限溢价	38
欧元区	Altavilla et al.（2015）	2014—2015	事件研究	45
	Andrade et al.（2016）	2015	事件研究	41
	De Santis（2016）	2015	事件研究	64
	Rebucci et al.（2020）	2021年3月19日	事件研究	24
日本	Fukunaga et al.（2015）	2013—2014	事件研究	14
	Lam（2011）	2008—2010	事件研究	10

资料来源：Andrade et al.（2016），作者整理。

降幅与需要的短端降息幅度之比大致为1∶2.4，也就是说，要使长端利率下降1个基点，短端需要降息2.4个基点。因此，若按文献估算，央行购买名义GDP 10%的证券资产可降低美国长端国债利率约70个基点，则等同于传统降息 168 个基点。根据该比例线性推算，2008—2014 年美联储持有的证券资产规模累计上升约 3.5 万亿美元，与 GDP 之比上升了约 20 个百分点，大致相当于传统降息 330 个基点。换句话说，美联储每购买 1 万亿美元的资产，对长端利率的影响要略小于传统货币政策降息 100 个基点。我们也可通过"影子利率"（shadow short rate，SSR）的降幅来评估量化宽松的等价降息效果。影子利率是通过不同期限的利率远期或期权价格推导得到的隐含短端政策利率，不受利率零下界约束，可为负值。在众多对美联储影子利率估计的文献中，以芝加哥大学布斯商学院的吴菁（Cynthia Wu）和加州大学圣迭戈分校的夏凡（Dora Xia）构建吴-夏模型（Wu-Xia，2016）最具代表性。吴-夏计算的影子联邦基金利率在三轮量化宽松期间下降了 300 个基点（图 4），与我们基于长端利率降幅的估算基本一致。

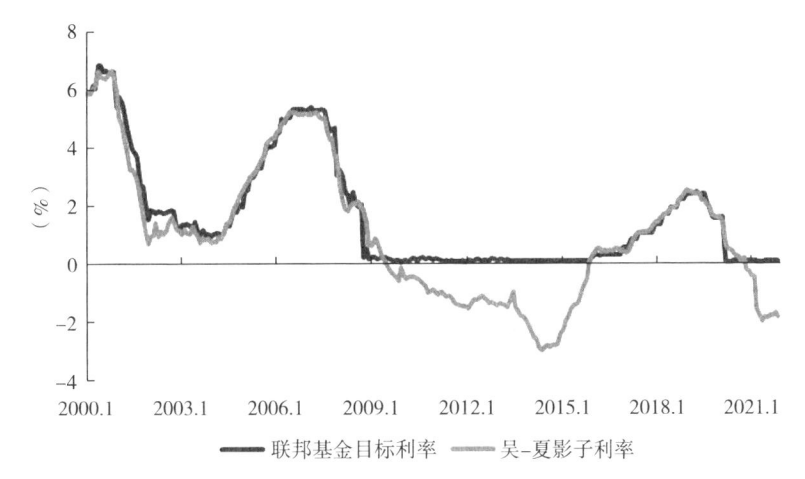

图 4　美联储联邦基金目标利率中值与吴-夏影子联邦基金利率

资料来源：美联储；Wu and Xia（2015）。

相比对利率影响的评估，分析量化宽松对宏观经济的传导效果难度更大。事件研究难以用于对宏观经济影响的评估，因为从货币政策到长端利率再到实体经济的传导时间更长，且难以明确归因。模型分析也面临障碍，各国央行采用的宏观模型通常假设金融市场是有效率的，不存在市场分割或其他摩擦[⑦]，

[⑦] 除金融市场分割外，学术文献还通过引入其他金融市场摩擦如金融中介资金约束（capital constrains）、套利限制（limits-to-arbitrage）等解释资产组合平衡渠道的有效性（Bhattarai and Neely，2016）。

与量化宽松生效的前提假设相悖。已有研究多采用对央行宏观模型加以修正和结构向量自回归 SVAR 模型评估量化宽松的经济影响。有研究（Kim et al.，2020）认为，2008—2015 年美联储扩表对实体经济影响显著，有效提振通胀并降低失业率，模型测算显示，如果美联储不实施第三轮量化宽松，截至 2015 年底，美国通胀将再降 1 个百分点，而失业率将上升高达 4 个百分点。还有研究（Chung et al.，2012）认为，第二轮量化宽松提高总产出 3 个百分点，增加 200 万私人部门就业，降低失业率 0.25 个百分点。但恩格等人（Engen et al.，2015）的测算显示，第一轮量化宽松虽显著放松了金融条件，但向实体经济传导相对缓慢，直到 2011 年才开始体现。也有人（Chen et al.，2012）认为，量化宽松对经济提振的作用较小。

关于量化宽松效果的评估存在很大不确定性。即使相对易观测的利率影响，学术研究测算的区间也较宽（表 1），且对其效果的持续性存在争议（Wright，2011；Swanson，2018）。量化宽松对宏观经济影响不确定性更大，对模型假设高度敏感。威廉姆斯（Williams，2013）认为，量化宽松对宏观经济影响的不确定性至少是传统货币政策的两倍。恩格等人（2015）的估算结果显示，在不同利率弹性和通胀形成机制假设下，模型对量化宽松效果的评估差异较大，对失业率的影响最小为 0.8 个百分点，最大为 1.4 个百分点，对通胀的影响最小为 0.15 个百分点，最大则达到 0.7 个百分点。而且，已有分析多假设无论是受量化宽松还是降息驱动，长端利率下降向总需求的传导幅度是一致的（Chung，2019）。但有学者（Chen et al.，2012；Kiley，2014）指出，相比于降息可以同时降低整条利率曲线的长端和短端，量化宽松更多作用于期限溢价部分，对总需求的影响可能弱于降息。克里希那穆提也认为，量化宽松只能作用于特定的风险溢价，如公司债利率，而影响投资和消费决策的是边际资金成本，如成本更低的现金和贷款融资，若量化宽松不能影响私人部门的边际资金成本，则难以对实体经济产生显著影响。

（二）量化宽松效果评估的一般性框架

由于定量评估量化宽松效果存在较大不确定性，我们尝试提出定性分析量化宽松效果的一般性框架。我们认为，量化宽松的效果取决于政策推出时金融市场的初始条件，以及特定经济体的金融市场和经济结构特征。

量化宽松的效果取决于初始条件。量化宽松的传导主要通过资产组合平衡渠道压低风险溢价,以及通过信号效应降低无风险利率,因此风险溢价越高、政策利率预期(中性利率)越高,量化宽松发挥效用的空间越大。2008 年 11 月第一轮量化宽松推出前,市场担忧情绪推升美国 MBS 的期权调整利差和投资级公司债利差⑧分别突破 150 和 400 个基点,处于 20 世纪 90 年代以来最高水平,美股较危机前高点下跌超过 40%。尽管美联储政策利率降至零,但市场预计美联储 2009 年年中即会加息,10 年期国债收益率也维持在 3.5% 的高位不降,整体金融条件剧烈收紧。此时,美联储意外推出量化宽松,有效推迟了加息预期,压低风险溢价,带动金融条件全面放松。而 2011 年后,美国 10 年期国债收益率降至 3% 以下,风险溢价不断收窄,金融市场普遍预计美联储短期难以加息,叠加中性利率结构性下降、货币政策新常态预期不断增强,量化宽松对金融市场的影响逐渐减弱。

量化宽松的效果还受到金融市场和经济结构的影响。量化宽松是央行通过公开市场操作直接调控长端利率和信用利差,因此,金融市场越发达、直接融资占比越高的经济体受益越大。美国的国债和 MBS 主要由货币市场基金、共同基金和对冲基金等非银金融机构持有。非银金融机构更加追逐收益,因此量化宽松可以通过投资组合再平衡的需求对其他风险资产价格产生较为显著的溢出效应。而欧洲与日本的国债和 MBS 更多由银行部门持有,在强监管下,银行增持风险资产的能力有限,限制了量化宽松的外溢影响。同时,美国企业部门直接融资占比也远高于欧洲和日本,企业信贷受量化宽松的提振更明显。再从经济结构来看,美国经济内需驱动为主,美联储量化宽松的设计也更侧重对房地产以及内需的支持。2008 年金融危机后至疫情前,美联储最多购买了 1.7 万亿美元的 MBS。实证研究显示,美联储 MBS 购买对 MBS、股市和住房市场的复苏产生了积极效用,而房地产和股票财富的上涨也通过缓解私人部门的去杠杆压力以及财富效应进一步提振内需。欧洲和日本经济更依赖外需,并且政府部门债务问题严重,因此它们的量化宽松更侧重通过汇率渠道和缓解政府部门去杠杆压力起效。2008—2018 年,欧洲央行约扩表 3.2 万亿美元,与美联储扩表规模相当,但其中量化宽松的贡献不到 60%,其余部分为借贷工具,量化宽松购买资产也是以公共部门债券为主,资产担保债券(covered bond)和资产抵押证券(ABS)购买规模仅有约 3 300 亿美

---

⑧ 数据来源为 ICE/美银美林美国投资级公司债有效收益率(effective yield)。

元（Reisenbichler，2018）。

主要经济体金融条件指数⑨中各分项权重相对直观地体现了以上分析（表2）。金融条件指数分项权重反映了一国经济对该资产价格变化的敏感程度。表2显示，从跨国比较看，美国经济对公司债利差和股价的敏感度相对偏高，欧洲和日本经济对政策利率和汇率更敏感。国别内部，美国经济对公司债利差的敏感度仅略低于长端无风险利率，欧元区经济受边缘国家利差影响显著，而日本金融条件中，长端无风险利率占据主导。

表2 美、欧、日金融条件指数分项权重

成分	美国	欧元区	日本
政策利率	4.4	17.3	12.6
长端无风险利率	45.1	34.3	59.1
公司债利差	39.6	11.4	19.3
边缘国家利差	—	27.0	—
股价	4.9	2.1	2.0
贸易加权汇率	6.0	7.8	7.1

资料来源：高盛，作者整理。

（三）量化宽松的边际效果递减

从初始条件看，多轮量化宽松叠加长期结构性因素的影响，全球主要经济体的长端利率和主要类别资产价格风险溢价不断下行。美联储第一轮到第三轮量化宽松已然呈现出效果递减的特征。在利率影响方面，克里希那穆提和维辛－乔根森（2013）的测算显示，如果将量化宽松规模标准化为GDP的10%，第一轮量化宽松对10年期国债收益率的影响为89个基点，第二轮和第三轮量化宽松则分别降至45和3个百分点（表1），对MBS和公司债利率的影响同样明显减弱。再看新冠疫情冲击应对中，2020年3月至2021年11月，美联储持有的国债和MBS资产累计上升4.3万亿美元，为2019年GDP的21%，与第一轮至第三轮量化宽松合计的力度相当甚至略强，但吴－夏影子利率最多

---

⑨ 金融条件指数是将政策利率、长端无风险利率、利差、股指和汇率等央行主要关注的资产价格加权平均，再进行标准化得到的指数。

仅下降了200个基点，也印证了量化宽松的效果减弱。在信贷影响方面，库兹曼等人（Kurtzman、Luck and Zimmermann，2017）的研究显示，第一轮量化宽松后信贷标准显著放松，信贷需求迅速回升，但第二轮和第三轮量化宽松提振信贷的效果已不明显。截至2021年底，美国10年期国债收益率徘徊在1.5%附近，欧洲和日本的长端债券收益率仍在零附近，并且收益率曲线不断趋于平缓，主要资产价格估值也处于历史高位，量化宽松进一步降低长端利率、放松金融条件的空间更加有限。

分经济部门看，资产价格对需求的提振效果也在减弱。以财富效应为例，滚动回归结果显示，100美元的财富增长对消费的提振由2008年危机前的3美元，降至1~2美元。新冠疫情引发的供给瓶颈、不确定性高企等结构性问题，更难通过降低融资成本、放松金融条件来解决。在全球化停滞甚至倒退的背景下，汇率贬值对贸易部门的提振也严重受限。虽然部分学者和政策制定者认为实践中量化宽松边际效果递减并不明显，但也对其未来的政策空间表示担忧。伯南克（2020）指出，事件研究显示，美联储第二轮和第三轮量化宽松的影响减弱，主要由于央行的沟通导致市场对政策提前反应，政策总体效果并未下降，但他同时表示，若名义中性利率持续下行至显著低于2%的区间，政策利率将更频繁地触及利率零下界，将负面影响量化宽松的政策效果。

五、量化宽松的成本分析

第一，量化宽松易进难退。我们在第二节定义部分指出，量化宽松区别于其他政策工具的最主要特征在于它的退出尤为困难。量化宽松使央行与市场关系愈发紧密。央行货币政策传导更加依赖整体金融条件，金融市场对央行政策变动也最为关注和敏感。为避免量化宽松退出引发金融条件剧烈收紧并负面冲击实体经济，央行不仅在政策转向前频频预热，充分引导市场预期，还倾向于等到实体经济复苏基础更为稳固时再退出宽松政策，导致货币政策反应逐步由前瞻走向滞后。例如，2013年伯南克关于削减购债规模的讲话引发美债收益率快速上升，美联储为此被迫推迟量化宽松缩减购买的时间表以稳定市场利率。2018年，美联储在与市场充分沟通后开始缓慢缩表，但退出计划很快被2019年9月货币市场利率剧烈波动和2020年疫情冲击打断，美联储或主动或被市场"倒逼"重启量化宽松。市场与央行的依赖还会减弱金融机构主动进行风险管控、及时优化资本结构的动力,进一步推迟宽松政策退出时点。卡拉迪和纳科夫(Karadi and Nakov, 2020)指出,量化宽松呈现"致瘾性"(addictiveness),即过度压低信用风险溢价导致银行盈利减少、竞争下降,进而缺乏资本重组的动力,银行体系自我修复步伐放缓,央行为了维持宽松的信贷环境,只能缓慢、渐进地退出量化宽松。

第二,在多轮量化宽松叠加下,金融稳定的风险上升。金融脆弱性是累加而来的,是存量,量化宽松难以退出导致金融风险不断积聚。早在19世纪白芝浩(Bagehot)在《伦巴第街》中提出央行是"最后贷款人",它在扮演这一角色时应遵循三大准则:一是央行应尽早并大规模提供流动性,即"充足放贷"(lending freely),以缓解金融市场的恐慌情绪,为实体经济注入资金;二是提高这些贷款的利息成本,即收取"惩罚性利率"(at a penalty rate),这是为了防范道德风险;三是要求高质量的抵押品,即"以良好的抵押品作抵押"(against good collateral),确保央行资产负债表的稳健。而量化宽松则是以相对较低的利率和抵押品质量要求大幅扩张信贷供给,通过将部分风险从私人部门资产负债表转向央行资产负债表,即资产组合平衡渠道,实现金融条件的放松,央行角色一定程度上向"最后交易商"和"最后做市商"转变。由此带来的超宽松流动性供给以及"央行托底"预期可能引致投资基金等非银金融机构为实现名义收益率而追逐收益,过度加杠杆,并催生资产泡沫(缪延亮等,2021)。央行持续大规模地购买金融资产还可能干扰市场定价,导致市场丧失价格发现功能。

第三,量化宽松在财富分配上的负效应越发显著。传统利率工具也存在分配效应,如房地产和汽车等利率敏感部门通常从宽松货币政策中受益更多,但住房和汽车市场的改善惠及人群更普遍。即使在美国收入最低的20%人群中,住房和汽车拥有率也分别达到37%和61%。[10]量化宽松则直接利好资产价格,股票和债券等资本更加集中在少数尤其是最富裕的1%人群手里,低收入人群中拥有股票或公募基金的仅占6%。因此,相比降息,量化宽松对财富分配的负面效应更为显著。美联储的财富分配数据[11]显示,2005年底,净财富最多的1%人群拥有整个社会财富的28%,到2021年年中该比率升至32%,净财

---

[10] 数据来源为美国统计局2021年10月公布的"Wealth, Asset Ownership & Debt of Households Detailed Tables: 2019"。

[11] 数据来源为美联储Distributional Financial Accounts,净财富包括净金融财富和房地产财富。

富最多的10%人群拥有的财富占比也从64%升至70%。英国、法国和德国等欧元区国家的财富不平等也不同程度地加剧。⑫ 相比负面财富分配效应，量化宽松对收入分配的影响则存在不确定性，部分研究认为量化宽松通过降低失业率反而有助于改善收入分配（Aaronson et al., 2019；Lenza and Slacalek，2018；Bivens et al., 2015）。但是，决定总体不平等程度的是财富而非收入不平等。

第四，央行政策独立性和信誉受损风险加大。量化宽松让央行与金融市场越发紧密，选择性购买特定资产还可能带来道德风险，叠加负面的分配效应，最终可能触发公众对央行和量化宽松的反感情绪。例如，2008年金融危机后，关于加强对美联储监管及其货币政策透明度的声音不断增多，并开始形成立法提案，共和党人兰德·保罗（Rand Paul）提出"美联储透明度法案"（Federal Reserve Transparency Act），又被称为"审计美联储"提案（Audit the Fed Bill），参议院银行委员会主席理查德·谢尔比（Richard Shelby）提出了更广泛的美联储改革提案等。美联储在新冠疫情冲击期间，通过更大规模的量化宽松以及其他货币政策宽松工具助力金融市场快速反弹，引发公众对其官员涉嫌"内幕交易"的质疑，并迫使美联储颁布决策者及高级官员交易限制的新规定。此外，量化宽松还使货币政策目标和工具更加多元，央行货币政策目标由传统的通胀单一目标，向通胀、就业和金融稳定的多目标转变，政策中间目标也由政策利率一定程度向金融条件倾斜，如何实现不同政策目标间的平衡，以及价格和数量工具之间的协同配合，也对央行的政策执行和沟通提出挑战。

六、量化宽松的出路

第一，珍惜正常货币政策空间。货币政策应尽量保持正常的利率区间，财政货币需协同配合，共同助力经济和政策实现正常化，并进一步创造政策空间。量化宽松的政策效果不及传统利率工具，且易进难退，成本边际递增。历史上，经济走出衰退通常需要主要央行降息约500个基点。大部分测算显示，发达经济体的名义中性利率约为2%，也即下一次衰退来临时，正常货币政策只有200个基点的降息空间，另外300个基点的降息需要通过量化宽松来实

---

⑫ 数据来源为世界不平等数据库（World Inequality Database）。

现。根据上文分析，新冠疫情冲击之下，美联储扩大资产购买4.3万亿美元，占名义GDP的21%，影子利率才下降了200个基点。若要下降300个基点，央行需新增购买的资产规模将达名义GDP的30%，若进一步考虑量化宽松的边际效果递减，实际扩表规模可能更大，随之而来的政策成本也将越发突出。因此，短端政策利率仍然是调控经济的最优工具，央行应尽量避免走入利率零下界陷阱。

保持正常的货币政策空间需要财政货币协同配合。在冲击应对上，当前主要经济体的私人部门杠杆均已较高，货币宽松效果减弱、成本上升，此时需要财政政策发挥更多逆周期调节的作用；在经济结构性问题上，更需由财政政策解决，货币政策作为总量政策，应对结构性问题效果有限。合适的宏观政策组合有助于加快经济内生增长动能的恢复，帮助宽松政策退出，甚至还可以创造政策空间。例如，财政政策可通过降低公共部门储蓄偏好来对冲私人部门储蓄偏好上升的影响，缓解中性利率下行趋势，而结构性改革有助于进一步释放经济潜力，提振经济潜在增速，可以同时扩大货币和财政政策空间（缪延亮等，2020）。

第二，对于已进入利率零下界的经济体，量化宽松在放松金融条件上仍具有一定效果，央行可通过适度增加对非国债资产的购买来缓解量化宽松的边际效果递减，但应限定购债范围和规模，避免过度干预私人信贷配置。量化宽松直接作用于金融市场，可以相对快速地降低金融市场的流动性溢价和风险溢价，在应对金融市场冲击时优势更为凸显。但随着主要经济体国债收益率曲线趋于扁平，量化宽松进一步压低期限溢价的空间更加受限。央行在设计量化宽松时，可以适度增加对非国债资产的购买比重，更多通过降低信用风险、流动性渠道以及信心渠道等放松金融条件。例如，新冠疫情冲击下，相较住房市场，商业地产受社交距离政策冲击更大，美联储量化宽松相应新增了对商业地产抵押贷款支持证券（CMBS）资产的购买，但规模非常有限，截至2021年底持有的总规模不到94亿美元。

第三，在量化宽松退出上，量化紧缩（QT）将冲击金融市场，最终缩表规模受限，且央行需要在缩减购买阶段就开始与市场充分沟通，防止负面信号效应引发"缩减恐慌"。量化宽松的退出可以划分为两个阶段：缩减购买时期和量化紧缩时期。分析量化宽松退出的影响，可以参考量化宽松进入时三大效应的反转。在缩减购买时期，央行资产负债表仍在扩张，此时是负面的信号效应主导，即缩减购买可能导致市场加息预期提前。央行在这一阶段尤其要加强与市场沟通，防止发生类似2013年的"削减恐慌"。等进入量化紧缩时期，由于美联储选择先加息再缩表，并极力强调缩表与加息决策之间的独立性，政策宣布时的信号效应已相对较弱。而量化宽松是存量效应主导，流量效应非常有限，因此一定规模的量化紧缩对金融市场的总体冲击相对可控。但如果央行资产负债表规模出现较大幅度下降，负面的存量效应也将带来金融条件的明显收紧，缩表空间总体仍受限。此外，史密斯和瓦尔卡塞尔（Smith and Valcarcel，2022）指出，与量化宽松降低利率的效果会受到利率零下界限制不同，量化紧缩推升利率上行并不受限，因此紧缩时广义流动性渠道可能更显著，即准备金规模的下降对短端利率推升明显。但疫情以来大规模量化宽松叠加巨额财政救助，银行和非银金融机构存有大量流动性，缩表减少的是市场中过剩的流动性，预计流动性渠道影响亦可控。

第四，货币政策应与宏观审慎政策相互配合，防范化解超宽松流动性供给可能引发的金融风险以及财富不平等问题。货币政策对防范金融风险是"钝器"，而且会违背传统上央行不提前干预金融稳定的共识（Mop-up doctrine）。宏观审慎政策作为独立政策工具，其具有的结构性特征和财富再分配效应，可以防范金融风险，同时也有助于改善财富不平等问题。但宏观审慎工具也有局限性，由于存在监管套利，不能单靠宏观审慎政策遏制金融周期的繁荣期，而且特定政策使用时间越长，监管套利和规避监管的可能性就越高。因此，货币政策逆经济周期调节需要和跨周期设计相结合，与宏观审慎政策配合，共同熨平金融周期。

参考文献

Aaronson, Stephanie, Mary Daly, William Wascher, and David Wilcox. 2019. "Okun Revisited: Who Benefits Most from a Strong Economy?" Brookings Papers on Economic Activity 50 (Spring).

Altavilla, Carlo, Giacomo Carboni, and Roberto Motto. 2015. "Asset Purchase Programmes and Financial Markets: Evidence from the Euro Area." ECB working paper no 1864.

Andrade, Philippe, Johannes Breckenfelder, Fiorella De Fiore, Peter Karadi and Oreste Tristani. 2016. "The ECB's Asset Purchase Programme: An Early Assessment." ECB Working Paper No. 1956.

Bagehot, Walter. 1902. "Lombard Street, a Description of the Money Market." New York, Scribner's sons.

Bauer, Michael and Glenn Rudebusch. 2014. "The Signaling Channel for Federal Reserve Bond Purchases," International Journal of Central Banking.

Bayoumi, Tamim, Giovanni Dell'Ariccia, Karl Habermeier, Tommaso Mancini-Griffoli, and Fabián Valencia. 2014. "Monetary Policy in the New Normal." IMF Staff Discussion Note, 14/3.

Bernanke, Ben. 2004. "The Great Moderation." speech delivered at the meetings of the Eastern Economic Association, Washington, DC, February 20.

Bernanke, Ben. 2009. "The Crisis and the Policy Response." speech delivered at the Stamp Lecture, London School of Economics, London, England, January 13.

Bernanke, Ben. 2010. "Opening remarks: the economic outlook and monetary policy." in Proceedings: Economic Policy Symposium, Jackson Hole, Federal Reserve Bank of Kansas City, 1 – 16.

Bernanke, Ben. 2012. "Monetary Policy since the Onset of the Crisis." At the Federal Reserve Bank of Kansas City Economic Symposium, Jackson Hole, Wyoming, August 31, 2012.

Bernanke, Ben. 2014. "A Conversation: The Fed Yesterday, Today, and Tomorrow." In Central Banking after the Great Recession: Lessons Learned, Challenges Ahead, edited by David Wessel, 5 – 20. Washington, D. C.: Brooking Institution Press.

Bernanke, Ben. 2020. "The New Tools of Monetary Policy." *American Economic Review*, 110 (4): 943 – 83.

Bhattarai, Saroj, and Christopher J. Neely. 2016. "An Analysis of the Literature on International Unconventional Monetary Policy." Federal Reserve Bank of St. Louis Working Paper 2016 – 21, revised 04 May 2020.

Bivens, Josh. 2015. "Gauging the Impact of the Fed on Inequality during the Great Recession." Hutchins Center on Fiscal and Monetary Policy at Brookings Working Paper 12.

Chen, H., Cúrdia, V. and Ferrero, A. 2012. "The Macroeconomic Effects of Large-scale Asset Purchase Programmes." *The Economic Journal*, 122: F289 – F315.

Christensen, Jens H. E. and Gillan, James M., 2022. "Does quantitative easing affect market liquidity?" *Journal of Banking & Finance*, Elsevier, vol. 134 (C).

Chung, Hess, Etienne Gagnon, Taisuke Nakata, Matthias Paustian, Bernd Schlusche, James Trevino, Diego Vilán, and Wei Zheng. 2019. "Monetary Policy Options at the Effective Lower Bound: Assessing the Federal Reserve's Current Policy Toolkit," Finance and Economics Discussion Series 2019 – 003.

Clouse, James, Dale Henderson, Athanasios Orphanides, David Small, and Peter Tinsley. 2000. "Monetary Policy When the Short-Term Interest Rate Is Zero." Board of Governors of the Federal Reserve System Finance and Economics Discussion Series 2000 – 51.

Committee on the Global Financial System (CGFS). 2019. "Unconventional Monetary Policy Tools: A Cross-Country Analysis." CGFS Papers No. 63. Basel: Bank for International Settlements.

D'Amico, Stefania, William English, David López-Salido, and Edward Nelson. 2012. "The Federal Reserve's Large-Scale Asset Purchase Programmes: Rationale and Effects." *Economic Journal* 122 (564): F415 – 46

D'Amico, Stefania and Thomas B King. 2013. "Flow and Stock Effects of Large-Scale Asset Purchases: Evidence on the Importance of Local Supply." *Journal of Financial Economics*, Vol. 108, pp. 425 – 448.

De Santis, Roberto. 2016. "Impact of the Asset Purchase Programme on Euro Area Government Bond Yields using Bloomberg News." mimeo, European Central Bank.

Draghi, Mario. 2014. "Introductory Statement to the Press Conference (with Q&A)." European Central Bank Governing Council Press Conference, Frankfurt am Main, June 5.

Draghi, Mario. 2015. "The ECB's Recent Monetary Policy Measures: Effectiveness and Challenges." The Michel Camdessus Central Banking Lecture at the International Monetary Fund, Washington, D. C., May 14.

Eggertsson, Gauti B. and Michael Woodford. 2003. "Zero Bound on Interest Rates and Optimal Monetary Policy." *Brookings Papers on Economic Activity* 34 (1): 139 – 211.

Engen, Eric M., Thomas Laubach, and David Reifschneider. 2015. "The Macroeconomic Effects of the

Federal Reserve's Unconventional Monetary Policies." Board of Governors of the Federal Reserve System Finance and Discussion Series 2015 – 005.

Fischer, Stanley. 2014. "The Great Recession: Moving Ahead." Speech at the Swedish Ministry of Finance conference The Great Recession-Moving Ahead, Stockholm, August 11.

Fukunaga, Ichiro, Naoya Kato, and Junko Koeda. 2015. "Maturity Structure and Supply Factors in Japanese Government Bond Markets." *Monetary and Economic Studies*, pp. 37 – 53.

Gagnon, J, Raskin, Matthiew Raskin, and Brian Sack. 2011. "The Financial Market Effects of the Federal Reserve's Large-Scale Asset Purchases." *International Journal of Central Banking* No. 7, issue 1, pp. 3 – 43.

Gagnon, Joseph E. and Christopher Collins. 2019. "Are Central Banks Out of Ammunition to Fight a Recession? Not Quite." PIIE Policy Brief 19 – 18. Washington: Peterson Institute for International Economics.

Greenlaw, David, James D. Hamilton, Ethan Harris, and Kenneth D. West. 2018. "A Skeptical View of the Impact of the Fed's Balance Sheet." National Bureau of Economic Research Working Paper 24687.

Haldane, Andrew, Matt Roberts-Sklar, Tomasz Wieladek and Chris Young. 2016. "QE: The Story so far." Bank of England working papers 624.

Ihrig, Jane, Elizabeth Klee, Canlin Li, Schulte Brett, and Min Wei. 2012. "Expectations about the Federal Reserves Balance Sheet and the Term Structure of Interest Rates." FEDS Working Paper 2012 – 57.

Joyce, Michael A. S. , Ana Lasaosa, Ibrahim Stevens, and Matthew Tong. 2011. "The Financial Market Impact of Quantitative Easing in the United Kingdom." *International Journal of Central Banking* 7 (3): 113 – 61.

Joyce, Michael A. S. , Zhuoshi Liu, and Ian Tonks. 2017, "Institutional Investors and the QE Portfolio Balance Channel," *Journal of Money, Credit and Banking* 49 (6): 1225 – 1246.

Karadi, Peter and Anton Nakov. 2021. "Effectiveness and addictiveness of quantitative easing." *Journal of Monetary Economics*, Volume 117, pp. 1096 – 1117.

Kim, Kyungmin, Laubach, Thomas and Wei, Min. 2020. "Macroeconomic Effects of Large-Scale Asset Purchases: New Evidence." Finance and Economics Discussion Series 2020 – 047. Washington: Board of Governors of the Federal Reserve System, https://doi.org/10.17016/FEDS.2020.047.

Kiley, Michael T. 2014. "The Aggregate Demand Effects of Short- and Long-Term Interest Rates." *International Journal of Central Banking* 10 (4): 69 – 104.

Koo, Richard C. 2014. "The Escape from Balance Sheet Recession and the QE Trap: A Hazardous Road for the World Economy." Wiley; 1st edition. ISBN: 978 – 1 – 119 – 02812 – 3 October.

Krippner, L. 2013. "Measuring the stance of monetary policy in zero lower bound environments", *Economic Letters*, 118, pp 135 – 138

Krishnamurthy, Arvind and Annette Vissing-Jorgensen. 2011. "The Effects of Quantitative Easing on Interest Rates: Channels and Implications for Policy." Brookings Papers on Economic Activity.

Krishnamurthy, Arvind and Annette Vissing-Jorgensen. 2013. "The ins and outs of LSAPs," Proceedings-Economic Policy Symposium-Jackson Hole, Federal Reserve Bank of Kansas City.

Kurtzman, Robert J. , Stephan Luck and Tom Zimmermann. 2017. "Did QE Lead Banks to Relax Their Lending Standards? Evidence from the Federal Reserve's LSAPs." Finance and Economics Discussion Series 2017 – 093, Board of Governors of the Federal Reserve System (U. S.).

Lam, W. Raphael. 2011. "Bank of Japan's Monetary Easing Measures: Are They Powerful and Comprehensive?" IMF Working Paper WP/11/264.

Lenza, Michele and Jiri Slacalek. 2018 "How does monetary policy affect income and wealth inequality? Evidence from quantitative easing in the euro area." ECB, Working Paper Series, No 2190, October.

Li, Canlin and Min Wei. 2013. "Term Structure Modeling with Supply Factors and the Federal Reserve's Large Asset Purchase Programs." *International Journal of Central Banking*, Vol. 9.

Modigliani, Franco and Richard Sutch. 1966. "Innovations in Interest Rate Policy." *American Economic Association Papers and Proceedings* 56: 178–97.

Nakaso, Hiroshi. 2017. "Evolving Monetary Policy: The Bank of Japan's Experience." Speech at the Federal Reserve Bank of New York Central Banking Seminar, October 18.

Neely, Christopher J. 2014. "How Persistent Are Unconventional Monetary Policy Effects?" Working Papers 2014–04, Federal Reserve Bank of St. Louis, revised 08 Nov 2020.

Powell, Jerome H. 2013. "Thoughts on Unconventional Monetary Policy." Speech at the Bipartisan Policy Center, Washington, D. C., June 27.

Rebucci, Alessandro, Jonathan S Hartley and Daniel Jiménez. 2020. "An Event Study of COVID-19 Central Bank Quantitative Easing in Advanced and Emerging Economies." National Bureau of Economic Research, Working Paper Series–27339, June.

Reisenbichler, Alexander. 2020. "The politics of quantitative easing and housing stimulus by the Federal Reserve and European Central Bank, 2008–2018." *West European Politics*, Volume 43, Issue 2: Bricks in the Wall: The Politics of Housing in Europe, pp. 464–484, 2020.

Swanson, Eric T. 2018. "The Federal Reserve Is Not Very Constrained by the Lower Bound on Nominal Interest Rates." *Brookings Papers on Economic Activity* 49 (Fall): 555–72.

Smith, A. Lee, and Victor J. Valcarel. 2020. "The Financial Market Effects of Unwinding the Federal Reserve's Balance Sheet." Federal Reserve Bank of Kansas City, Research Working Paper no. 20–23, December. Available at External Linkhttps://doi.org/10.18651/RWP2020–23.

Taylor, John B. 1993. "Discretion versus Policy Rules in Practice," *Carnegie-Rochester Conference Series on Public Policy*, 39, pp. 195–214.

Tobin, J. 1958. "Liquidity Preference as Behavior Towards Risk." *Review of Economic Studies* 25 (2): 124–31.

Tobin, J. 1969. "A General Equilibrium Approach to Monetary Theory." *Journal of Money Credit, and Banking* 1 (1): 15–29.

Vayanos, Dimitri, and Jean-Luc Vila. 2009. "A Preferred-Habitat Model of the Term Structure of Interest Rates." NBER Working Paper 15487. Cambridge, MA: National Bureau of Economic Research.

Williams, John. 2013. "A Defense of Moderation in Monetary Policy," Working paper, Federal Reserve Bank of San Francisco

Wright, Jonathan H. 2011. "What Does Monetary Policy Do to Long-Term Interest Rates at the Zero Lower Bound?" National Bureau of Economic Research Working Paper 17154.

Wu, Jing Cynthia, and Fan Dora Xia. 2016. "Measuring the Macroeconomic Impact of Monetary Policy at the Zero Lower Bound." *Journal of Money, Credit and Banking* 48 (2–3): 253–91.

Yellen, Janet. 2012. "Perspectives on Monetary Policy," speech delivered at the Boston Economic Club, June 6, 2012.

缪延亮、唐梦雪、胡李鹏,《低利率:成因与应对》,《比较》,2020年第2辑(总第107辑),第234—254页。

缪延亮、唐梦雪、胡李鹏,《金融市场预期管理:正在进行的央行革命》,《比较》,2021年第5辑(总第116辑),第164—194页。

法和经济学

Law and Economics

超越破产
作为宏观审慎监管工具的破产处置

斯蒂文·施瓦茨

引言

自 2008—2009 年全球金融危机以来,监管机构和政策制定者一直在将其重点从保护单个银行和其他金融公司的传统微观审慎监管[1],转移到保护金融体系本身稳定的宏观审慎监管。[2] 由于宏观审慎监管大体上仍在发

---

* Steven L. Schwarcz,杜克大学法学院法律与商业 Stanley A. Star 讲席教授,杜克大学全球金融市场中心的创始主任,国际治理创新中心(CIGI)高级研究员。他的研究和学术领域包括破产法、国际金融、资本市场、系统性风险、公司治理和商法。原文"Beyond Bankruptcy: Resolution as a Macroprudential Regulatory Tool"刊载于 Notre Dame Law Review (2019), Vol. 94, Issue 2。

[1] 也可参见 Behzad Gohari and Karen E. Woody, The New Global Financial Regulatory Order: Can Macroprudential Regulation Prevent Another Global Financial Disaster?, 40 J. CORP. L. 403, 406 – 07 (2015). 微观审慎监管通常简称为审慎监管,也可参见 Dennis Lockhart, President & Chief Exec. Officer, Fed. Reserve Bank of Atlanta, Speech at the University of Georgia Law Review Symposium: Thoughts on Prudential Regulation of Financial Firms (Mar. 20, 2015), https://www.frbatlanta.org/news/speeches/2015/150320 – lockhart.aspx(将审慎监管定义为"关注单个机构安全和健康的监管")。

[2] Gohari and Woody,见脚注①, at 403 – 06;Daniel K. Tarullo, Member, Bd. of Governors of the Fed. Reserve Sys., Speech at the Yale Law School Conference on Challenges in Global Financial Services: Macroprudential Regulation (Sept. 20, 2013), https://www.federalreserve.gov/newsevents/speech/files/tarullo20130920a.pdf;Luis I. Jacome & Erlend W. Nier, Macroprudential Policy: Protecting the Whole, INT'L MONETARY FUND (Mar. 2012), http://www.imf.org/external/pubs/ft/fandd/basics/macropru.htm.

展过程中③,所以其具体措施被视为监管"工具箱"中的"工具"。④

在最初设计宏观审慎监管时,监管机构聚焦于试图阻止可能引发金融不稳定的事件。⑤ 但这些事件是什么,或如何阻止它们,并不总是很清楚。⑥ 例如,《多德－弗兰克法案》旨在抑制过热的抵押贷款,这是引发金融危机的事件之一。⑦ 但抵押贷款不太可能成为下一次危机的导火索;每一次金融危机都不同于上一次,并会引发新的问题。⑧

同样,目前监管部门为阻止系统重要性金融公司(以下简称系统重要性公司)⑨

---

③ 参见脚注16及附文(监管机构承认目前的宏观审慎监管可能是不充分的)。

④ See, e.g., INT'L Monetary Fund, Implementing Macroprudential Policy—Selected Legal Issues 11 (2013), https://www.imf.org/external/np/pp/eng/2013/061713.pdf. (讨论宏观审慎的"工具"和"工具箱")。甚至金融法学者也提到了宏观审慎监管的"工具箱"。也可参见 Christopher S. Dwight, Note, Missed (Inter) Connections: Proposed Revisions to the Federal Reserve's Approach to Financial Stability Analysis Under the Bank Holding Company Act, 18 N.C. BANKING INST. 599, 614 (2014); Gohari and Woody, 脚注1, at 404-05; Dan Awrey and Katharina Pistor, An Overview of the Legal Theory of Finance 2 (2014) (未发表的手稿), http://blogs.law.columbia.edu/global-legal-transformation/files/2016/04/LTF-memo-2014.pdf; cf. Kern Alexander and Steven L. Schwarcz, The Macroprudential Quandary: Unsystematic Efforts to Reform Financial Regulation, in Reconceptualising Global Finance And Its Regulation 127, 130-32 (Ross P. Buckley et al. eds., 2016) (认为工具箱的比喻反映了一种临时方法。这并不能完全保护金融稳定)。

⑤ Iman Anabtawi and Steven L. Schwarcz, Regulating Ex Post: How Law Can Address the Inevitability of Financial Failure, 92 TEX. L. REV. 75, 77 (2013) ("《多德－弗兰克法案》的基本内容反映了强烈的事前金融监管偏见")。系统性风险是指金融系统崩溃将对实体经济产生重大不利影响的风险。

⑥ 同上,第93页(我们还不知道系统性风险的所有触发因素,也无法阻止已知的触发因素,例如恐慌的发生)。

⑦ 也可参见 Bradley K. Sabel, Mortgage Lending Practice After the Dodd-Frank Act, Harv. L. Sch. F. On Corp. Governance & Fin. Reg. (Nov. 16, 2010), https://corpgov.law.harvard.edu/2010/11/16/mortgage-lending-practice-after-the-dodd-frank-act/ (讨论《多德－弗兰克法案》第14条,实施《抵押贷款改革和反掠夺性贷款法案》)。

⑧ Why the Next Financial Crisis Will Be Different, KNOWLEDGE@ WHARTON (Oct. 28, 2014), http://knowledge.wharton.upenn.edu/article/why-the-next-financial-crisis-willbe-different/.

⑨ 本文使用"系统重要性公司"一词来指代政府指定的系统重要性公司。例如,在美国,《多德－弗兰克法案》允许金融稳定监督委员会将任何"可能对美国金融稳定构成威胁"的公司指定为系统重要性金融机构(SIFI)。Ryan Tracy, What You Need to Know About SIFIs, Wall St. J.: The Short Answer (Mar. 30, 2016, 1: 33 PM), http://blogs.wsj.com/briefly/2016/03/30/what-you-need-to-know-about-sifis-the-short-answer/ [引用《多德－弗兰克法案》,第113条,12 U.S.C. §5323 (2012)]。特殊投资机构须接受监管机构的强化监督。

过度承担风险所做的努力也值得怀疑。尽管这种过度承担风险的行为是金融危机的导火索[⑩]，似乎对金融稳定构成了持续威胁[⑪]，但监管机构仍不确定如何控制危机。[⑫] 他们的威慑性行动关注的是政治上有吸引力的因素，例如降低道德风险、调和管理层与投资者的利益。[⑬] 但是，将过度承担风险归咎于道德风险并没有确凿的证据支持，也不符合管理层的激励机制[⑭]；调和管理层与投资者的利益忽视了过度承担风险的主要原因是管理层和投资者的利益与公众利益之间的不一致。[⑮]

受挫于"在弄清楚如何才能真正防止另一场金融危机方面进展甚微"[⑯]，监管机构一直在扩大其宏观审慎重点，将破产处置方法纳入其中，这些方法

[⑩] 也可参见 U. S. FIN. Crisis Inquiry Comm'N, The Financial Crisis Inquiry Report xviii – xx （2011）（确定系统重要性公司承担过度风险是金融危机的主要原因）。Jacob J. Lew, Let's Leave Wall Street's Risky Practices in thePast, Wash. Post （Jan. 9, 2015）, https：//www. washingtonpost. com/opinions/jacob-lewlets-leave-wall-streets-risky-practices-in-the-past/2015/01/09/cf25b5f6-95d8-11e4-aabd-d0b93ff613d5_story. html？noredirect = on&utm_term = . 3b91d77fefbf（屡次将金融危机归咎于金融公司承担了过度风险）；The Origins of the Financial Crisis：Crash Course, ECONOMIST （Sept. 7, 2013）, http：//www. economist. com/news/schoolsbrief/21584534-effects-financial-crisis-are-still-being-felt-five-years-article（将过度承担风险确定为金融危机的三大原因之一，其他原因是不负责任的贷款和监管者的"疏忽"）。

[⑪] Gary H. Stern and Ron J. Feldman, Too Big To Fail：The Hazards of Bank Bailouts 23 – 28 （2004）.

[⑫] 参见 Timothy F. Geithner, Are We Safe Yet？：How to Manage Financial Crises, FOREIGN AFF. （Dec. 12, 2016）, https：//www. foreignaffairs. com/articles/united-states/2016-12-12/are-we-safe-yet.［"尽管（实施特定要求）的法规限制了银行的风险承担行为，但它们只能做到这一点"］；Hester Peirce, Clearing, Recovering, and Resolving, BROOKINGS （Feb. 27, 2017）, https：//www. brookings. edu/research/clearingrecovering – and – resolving/（讨论法律应如何保护金融体系关键要素的不确定性）。

[⑬] 参见 Steven L. Schwarcz, Too Big to Fool：Moral Hazard, Bailouts, and Corporate Responsibility, 102 MINN. L. REV. 761 （2017）。道德风险一般指的是那些因受到保护而不承受其风险行为负面后果的人，受到诱惑而承担更多的风险。在本文的特定背景下，道德风险指的是一家系统重要性公司，自认为可能从成功中获利，并且"大而不倒"使它有可能得到救助因而不会陷入破产，于是承担过多风险。同上，第 764 页。

[⑭] 同上，第 765—769 页。

[⑮] 同上，第 769 页。

[⑯] Binyamin Appelbaum, Policy Makers Skeptical on Preventing Financial Crisis, N. Y. TIMES （Oct. 4, 2015）, https：//www. nytimes. com/2015/10/05/business/economy/policy-makersskeptical-on-preventing-financial-crisis. html（报道了波士顿联邦储备银行国际监管机构会议的共识）。美联储前副主席唐纳德·科恩在那次会议上表示，美联储"没有真正的工具"来防止另一场危机。

旨在重组那些陷入财务困境的系统重要性公司的资本结构[17]，或者在对其资本结构产生最小系统性影响的情况下进行清算。[18] 然而，迄今为止，监管部门试图利用这些方法来保护金融稳定的努力还不够[19]，部分原因是破产法[20] 传统上有微观审慎的目标，即保护陷入财务困境但其他方面可行的单个公司[21]，而保护金融稳定是宏观审慎的目标。[22] 当前，关于把破产处置方法用于实现宏观审慎目的的许多想法都将这些目标混为一谈。

例如，通常假设应用破产处置方法保护单个系统重要性公司将能保护所有

---

[17] 公司的资本结构是指"债务和股权"的组合，公司通过这种组合为其运营提供资金。A HANDBOOK OF BUSINESS LAW TERMS 96（Bryan A. Garner ed., 1999）。根据《破产法》第11章进行重组的主要目标之一是确定公司的新资本结构。Mark J. Roe, Bankruptcy and Debt: A New Model for Corporate Reorganization, 83 COLUM. L. REV. 527, 528（1983）.

[18] 参见 Peter O. Mülbert, Managing Risk in the Financial System, in THE OXFORD HANDBOOK OF FINANCIAL REGULATION 364, 384（Niamh Moloney et al. eds., 2015）［将"提高金融机构的可处置性"或"首先使它们可处置"描述为"追求宏观审慎目标（尽管本质上有一定程度的不"审慎"）的相关工具，并且还指出，当时这种处置并不是宏观审慎政策的主要工具］；Daniel K. Tarullo, 美联储理事，在普林斯顿大学伍德罗·威尔逊学院的演讲"Departing Thoughts"（2017年4月4日，称"大型银行需要可靠的处置机制"，这是"重要议题"）。2016年12月2日，哈佛大学商学院高级研究员 Paul Tucker 发给笔者的电子邮件［认为由于"除了转向没有债务的经济体，没有任何措施可以将（系统重要性公司倒闭的）概率压到0%"，"强有力的政策（应该）包括一套有效/可信的处置制度"］。参见 FIN. STABILITY BD., KEY ATTRIBUTES OF EFFECTIVE RESOLUTION REGIMES FOR FINANCIAL INSTITUTIONS § 3.1（2014），http://www.fsb.org/wp-content/up loads/r_141015.pdf（指出应在公司没有生存能力或可能没有生存能力，而且没有合理的前景变为具有生存能力时，提出处置）.

[19] 见脚注3~7及附文。

[20] 本文提到的 bankruptcy law（破产法），即美国使用的术语，包括 insolvency law（资不抵债法），这是国外经常使用的术语。参见 Vera Jourova, Speech at the European Commission: Insolvency Law in Europe—Giving People and Businesses a Second Chance（Apr. 23, 2015），https://ec.europa.eu/commission/commissioners/2014-2019/jourova/announcements/insolvency-law-europe-giving-people-and-businesses-second-chance_en.

[21] 见脚注17~18及附文。本文的一位读者曾问为什么处置是审慎监管，而不是简单地"收拾烂摊子"。本文的主张是，目前适用于系统重要性公司的处置是微观审慎的，因为它试图通过重组那些财务困难但在其他方面仍有活力的公司来保护这些公司。因此，即使处置"收拾"了事前（预防性）审慎监管失败造成的烂摊子，它仍然是事后（修复性）审慎监管。参见 Anabtawi and Schwarcz, 脚注5（分析了事前和事后金融监管的区别）。无论如何，本文主要讨论处置在宏观审慎监管中的潜在作用。

[22] 参见脚注1~2及附文（描述了这些监管目标）.

系统重要性公司，从而增强金融稳定性。[23] 然而，基于该假设的监管可能会忽视系统重要性公司之间的关联[24]，有时甚至会削弱金融稳定性。[25] 还有一些人认为，应该对破产法本身进行修正，使之更好地适应系统重要性公司的处置，但这仍然是微观审慎的，旨在保护单个公司而不是金融体系。[26] 即使《多德－弗兰克法案》的有序清算制度（Orderly Liquidate Authority）将银行破产管理适用于处置非银行系统重要性公司，本质上它也是微观审慎的。[27]

这些缺陷表明，有必要更仔细和更具批判性地分析处置的宏观审慎目标，以便将它们与微观审慎目标区分开来，进而得出逻辑上一致的理论，以说明处置型宏观审慎监管（macroprudential resolution-based regulation，以下简称"处置型监管"）[28] 如何以及为何有助于金融体系稳定。本文的第Ⅰ节研究了处置型监管如何被使用（或考虑被使用），并解释了为什么这样做可能是不够的。

随后的第Ⅱ节确定了处置型监管的宏观审慎目标。该节认为，这种监管不仅应当用于保护单个系统重要性公司，而且应该用于保护整个金融体系。它还发现，现行的处置型监管关注陷入困境的系统重要性公司，忽视了运用它保护金融体系的其他关键要素的重要性，这些要素包括证券市场和其他金融资产市场，以及用于清算和结算交易的金融基础设施，它们的失败可能引发系统性崩溃。[29]

第Ⅲ节利用视金融体系为一个系统而得出的洞见，分析了如何设计处置型监管来实现宏观审慎目标。[30] 既有交互复杂性又有紧密耦合性的系统很容易发生灾难性失败，这表明处置型监管应该设计成减少紧密耦合性和交互复杂性。为此，第 III. A 节认为，处置型监管要求系统重要性公司披露有关其证券持有

---

[23] 见本文第Ⅰ节（描述了处置型监管为何通常依赖于这一假设）。
[24] 见脚注158及附文。
[25] 见本文第 II. A 节。
[26] 见脚注45~48及附文。
[27] 见脚注49~59及附文。
[28] 这和破产的习惯用语一致，参见脚注17~18及附文，本文中提及的"处置"包括重组资本结构或清算陷入财务困境的公司。然而，本文也使用更广义的处置概念，以包含重组或以任何其他方式稳定陷入财务困境的公司、市场或其他实体，无论是通过法院监督程序（如普通破产）还是行政程序（如联邦存款保险公司接管）。见脚注53及附文。
[29] 见本文第Ⅱ. B 节。
[30] 本文的附录总结了由此提出的设计建议。

和合同义务的更详细信息，从而降低交互复杂性。第 III. B 节解释了处置型监管如何授权中央银行提供最后贷款，以保护流动性不足但具有偿付能力的系统重要性公司[31]，防止金融市场恐慌，从而减少紧密耦合。

最后，第 III. C 节解释处置型监管如何能够保护由清算所和中央对手方（CCP）运营的金融基础设施。尽管私人组织和监管机构一直在考虑处置型监管如何保护中央对手方的问题，但它们基本上忽视了保护清算所的必要性，这些清算所是控股公司结构的一部分，这使它们暴露在关联公司的财务和运营风险之下。本节说明了处置型监管如何运用隔离措施（ring-fence）来防范这些风险，包括使清算所远离破产。这一节还从法律对公用事业做隔离处理的角度，解释了为什么清算所应该隔离：两者都提供基本公共服务，几乎没有任何替代品，并且面临关联风险。

读者应注意到，本文的重点是阐述处置型监管作为一种额外的宏观审慎工具[32]。因此，除了特定的讨论[33]，本文无意评论，更不用说批评非处置型宏观审慎监管[34]。此外，本文分析了使用具有微观审慎目标的破产处置方法来努力维护金融稳定这一宏观审慎目标的不足之处，这并不是为了批评处置型微观审慎监管。这种监管有其自身的优点，可以有效地补充宏观审慎监管[35]。

I. 处置型监管的分类

作为分析的现实基础，首先考虑监管机构目前如何运用或者打算如何运用处置型监管。本文确定了三种常用的方法[36]。前两种方法，即被动处

---

[31] 例如，在美国，这将需要撤销《多德－弗兰克法案》对美联储紧急贷款权力的错误限制。见脚注 115~116 及附文。
[32] 见脚注 4 及附文。因此，本文认为，目前使用的处置型监管是补充而不是取代宏观审慎监管，即使有时候处置型监管会被误用作宏观审慎工具。例如，见脚注 24~27 及附文。
[33] 见脚注 5~15 及附文。
[34] 例如，宏观审慎监管要求系统重要性公司进行压力测试，这可能很好地考虑了公司之间的互动，但这并不能取代处置型监管的独立目标，即保护全体系统重要性公司。
[35] 例如，处置型微观审慎监管能更有效地将损失转移给陷入财务困境的系统重要性公司的债权人，可以激励这些债权人更谨慎地监控其公司的风险承担。减少系统重要性公司的风险承担是宏观审慎的一个目标。See Steven L. Schwarcz, Misalignment: Corporate Risk-Taking and Public Duty, 92 NOTRE DAME L. REV. 1 (2016).
[36] 当然，这些方法都是概括性的；它们之间有一些潜在的重叠。

置和主动处置,是严格意义上的处置,意指重组公司的资本结构或清算。[37]第三种方法是逆向处置,即旨在通过降低失败风险来减少处置需求的监管。因此,严格说来,它并不是真正处置。本节着重讨论被动处置和主动处置。

A. 被动处置

迄今为止,被动处置型监管(以下简称"被动处置")是美国和世界范围内最常见的方法。所谓被动是指当且仅当公司陷入财务困境时,才适用。例如,公司破产法的目的是重组陷入财务困境的公司的资本结构,使之能够生存,并对无法生存的公司进行清算。[38] 如下所述,被动处置目前正直接或间接地应用于系统重要性公司。

1. 对系统重要性公司直接适用被动处置

原则上,被动处置适用于任何陷入困境的公司,甚至是陷入困境的系统重要性机构。[39] 例如,公司破产法使公司能够重组不可持续的债务负担,例如,通过减少债务本金和利息并延长债务到期日。[40] 只要该公司本身有一个良好的商业模式[41],债务重组将使它"重新开始"。[42] 通用汽车和克莱斯勒的破产大体上遵循了这种重组方法。[43]

---

[37] 见脚注17~18及附文。
[38] 例如,在美国,破产是由《美国法典》第11卷规定。两种最常见的公司破产形式是重组和清算,前者由《美国法典》第11卷第11章涵盖,后者由《美国法典》第11卷第7章涵盖。参见 DAVID G. EPSTEIN ET AL., BANKRUPTCY 3–4 (1993)。
[39] 参见 11 U.S.C. § 109 (2012)(美国破产法下的债务人不限于非系统重要性公司)。
[40] Stuart Gilson, Coming Through in a Crisis: How Chapter 11 and the Debt Restructuring Industry Are Helping to Revive the U.S. Economy, J. APPLIED CORP. FIN., Fall 2012, at 23, 29.
[41] 评论员有时将这样的公司称为"好的公司,坏的资产负债表"。参见 FITCH INV'RS SERV., DEBTOR-IN-POSSESSION LOAN RATING CRITERIA 4 (Mar. 25, 1991)(指出惠誉倾向于对这类破产公司的贷款进行评级)。如果一家陷入财务困境的公司缺乏良好的商业模式,重组就无法使它继续生存。同上注。
[42] 虽然"重新开始"一词更多地用于个人而不是公司,但它在本文的上下文中有助于说明问题。
[43] 参见 Ralph Brubaker and Charles Jordan Tabb, Bankruptcy Reorganizations and the Troubling Legacy of Chrysler and GM, 2010 U. ILL. L. REV. 1375, 1375 [认为这些破产重组"说明……实际上'计划'重组(reorganization by plan)和'出售'重组(reorganization by sale)之间没有明确的区别"]。

不过，至少出于两个原因，传统的破产可能不足以保护金融稳定。首先，破产法的重点是保护单个公司，而不是保护金融体系。因此，它的重点本质上是微观审慎的。㊹其次，备受争议的雷曼兄弟公司破产引起了人们的担忧，即现行的公司破产法可能不适合重组大型金融公司的资本结构。㊺这种担忧促使人们提议修改破产法，使之更好地适应这些类型的公司。为此，胡佛研究所提议在《破产法》中增加新的第14章㊻，国会也在考虑制定《金融机构破产法案》。㊼尽管如此，这些对破产法的拟议修订仍然是微观审慎层面的考量，遵循就单个公司的债务重组进行谈判的传统做法。㊽

另一种被动处置是有序清算制度㊾，它考虑一套监管监督程序。㊿有序清

㊹ 参见 Ben S. Bernanke, Chairman, Bd. of Governors of the Fed. Reserve Sys., Speech at the Federal Reserve Bank of Boston 54th Economic Conference：Financial Regulation and Supervision After the Crisis：The Role of the Federal Reserve（Oct. 23, 2009）, https：//www. federalreserve. gov/newsevents/speech/bernanke20091023a. htm（认为"破产法并不总是保护重大的公共利益，即避免有可能破坏金融稳定和损害经济的非银行金融公司无序倒闭"）。

㊺ 见脚注 149~54 及附文（讨论雷曼兄弟公司的破产问题）。

㊻ 也可参见 Thomas H. Jackson and David A. Skeel, Jr., Dynamic Resolution of Large Financial Institutions, 2 HARV. BUS. L. REV. 435, 458－59（2012）（批评胡佛研究所提出的在《破产法》中新增第 14 章的建议）；Emily C. Kapur and John B. Taylor, A New Tool for Avoiding Big-Bank Failures：'Chapter 14,' WALL ST. J.（Mar. 10, 2016）, https：//www. wsj. com/articles/a-new-tool-for-avoiding-big-bank-failures-chapter14-1457654027（处置不是拆散银行或把它们变成公用事业。相反，我们应该做《多德-弗兰克法案》未能做到的事情。通过在破产法中写入一个程序，使大型银行倒闭在不破坏经济的情况下成为可能）。

㊼ 2017年《金融机构破产法案》于 2017 年 3 月在众议院以第 1667 号法案提出，在《美国破产法》第 11 章中加了新金融机构破产作该章的第 V 节。《2017 年金融机构破产法》, H. R. Res. 1667, 第 115 届国会（2017）。

㊽ 这种谈判主要由债务人、债权人和公司股东在法院监督下的破产程序中进行。也可参见 Steven L. Schwarcz, Basics of Business Reorganization in Bankruptcy, in BANKRUPTCY：A SPECIAL COLLECTION FROM THE JOURNAL OF COMMERCIAL BANK LENDING 79, 79－80（1987）。

㊾ OLA 是根据《多德-弗兰克法案》第二章设立的。参见 12 U. S. C. §§5381－5394（2012）。

㊿ 尽管超出了本文的范围，但一些人担心修改破产法的提议可能会削弱有序清算制度，见脚注 46~47 及附文。例如，拟议的《金融选择法案》将废除有序清算制度并以金融机构破产法取而代之。参见 Letter from Jeffrey N. Gordon et al., to the House Fin. Servs. Comm. et al.,（May 23, 2017）, https：//www. law. columbia. edu/sites/default/files/microsites/law-economics-studies/scholars_letter_on_ola_-_final_for_congress. pdf［以下简称"Financial Scholars Letter"］。

算制度授权联邦存款保险公司接管某些陷入困境的大型金融机构。[51] 实施有序清算制度的理由是某种程度的路径依赖：联邦存款保险公司的破产管理作为处置资不抵债银行的方案已经成功使用了数十年[52]，它应该被扩展到陷入困境的非银行金融机构。[53]

有序清算制度被批评为既不透明也不可预测，还有可能会增加道德风险。有序清算制度是一个"不透明的过程……赋予联邦存款保险前所未有的自由裁量权，在没有解释甚至没有记录或通过论坛进行讨论的情况下做出关键判断"。[54] 这是不可预测的，因为联邦存款保险公司可以"用不同方式对待处境相似的债权人"。[55] 在破产法中，有序清算制度本质上是微观审慎的，因为它侧重于保护单个公司。[56] 此外，联邦存款保险公司的成功接管历来依赖大型健康银行收购陷入困境的银行。[57] 如果一家大型金融公司陷入困境，可能并不总

---

[51] Kwon-Yong Jin, Note, How to Eat an Elephant: Corporate Group Structure of SystemicallyImportant Financial Institutions, Orderly Liquidation Authority, and Single Point of Entry Resolution, 124 YALE L. J. 1746, 1754 (2015). 有序清算制度赋予联邦存款保险公司管理被接管公司的广泛自由裁量权。例如，它赋予联邦存款保险公司"将（该公司）与另一机构合并的权力，转让该机构的资产（无须任何同意或批准），暂停针对该公司的未决法律诉讼，避免某些转让，并且禁止它不认可的债权。"同上，第1754—1755页。

[52] 银行被豁免于公司破产法。参见 11 U. S. C. §109 (b) (2) (2012)。

[53] 设立有序清算制度的部分推动力可能还来自联邦存款保险公司的官员，他们对该机构的接管作为处置资不抵债银行的一种手段非常熟悉和自信，并参与制定了联邦政府应对金融危机的监管政策。

[54] Stephen E. Hessler, A Better Idea for Bankrupt Big Banks, WALL ST. J.（Apr. 24, 2017), https: // www. wsj. com/articles/a-better-idea-for-bankrupt-big-banks-1493075498.

[55] 同上（暗示联邦存款保险公司以不同方式对待债权人的权力将导致有政治关系的债权人期望获得更高的偿付，使他们在提供信贷时不那么谨慎，从而加剧道德风险）。

[56] 但是，有序清算制度可能不像传统破产那样具有微观审慎性，因为联邦存款保险公司作为一个行政机构，比单个破产法官有更多的自由裁量权和灵活性，可以根据系统性考虑来协调解决多个陷入困境的公司。

[57] 从历史上看，联邦存款保险公司在处理一家陷入困境的银行时有三个选择。它强烈偏好的选择是找到一家更健康的银行来收购陷入困境的银行，即所谓的收购和承担交易（Purckase and Assumption transaction）。FED. DEPOSIT INS. CORP., MANAGING THE CRISIS: THE FDIC AND RTC EXPERIENCE 1980 – 1984, at 55 – 56 (1998). 第二个选择是公开的银行支持（open bank assistant），也即联邦存款保险公司将钱借给有问题的银行。这个选项很少使用，最后一次是在1992年。它不受欢迎可能是因为资不抵债的银行能否偿还联邦保险公司的贷款存在不确定性。联邦存款保险公司的第三个选择就是清算陷入困境的银行。

是有一家规模更大、财务状况良好的金融公司可以收购这家陷入困境的公司。[58] 因此，在有序清算制度下，联邦存款保险公司可能不得不"大力补贴（对困境公司的收购）"，这一点与《多德-弗兰克法案》已经终止了救助计划的说法有些矛盾。[59] 如果多家金融公司同时陷入困境，合格收购公司的稀缺将变得尤为关键。

《多德-弗兰克法案》规定，某些系统重要性公司必须提交"生前遗嘱"（living wills），这代表着另一种被动处置型监管。[60] 生前遗嘱是一份处置计划，阐述了公司一旦陷入财务困境，如何在最小的系统性影响下进行清算。[61] 尽管这一要求旨在保护金融稳定，而不需要救助[62]，但它可能无法完全消除救助的需要。在多年的工作和破产律师生涯中，我很少看到一家公司的破产准确地反映了该公司盈利时对它的预期，可以说两者基本不一致。此外，"生前遗嘱"并不能防止多家系统重要性公司同时倒闭，从而产生系统性影响。[63] 金融危机表明，如果破产的原因是相互关联的，例如，投资者普遍过度依赖次级抵押贷款作为支付来源和信用评级的可靠性，就可能出现同时破产

---

[58] 参见 Stephen J. Lubben, Resolution, Orderly and Otherwise: B of A in OLA, 81 U. CIN. L. REV. 485, 510（2012）（质疑《多德-弗兰克法案》在银行接管和金融机构破产之间所做的类比是否经得起仔细推敲）。例如，Lubben 教授指出，"在系统性危机期间，很可能没有足够大或足够自信的买家来履行类似的职能（即参与购买和承担交易）。"

[59] 同上。

[60] 尽管生前遗嘱可能看起来是主动的，因为它们是为系统重要性公司理论上的违约可能性设计的，如果公司陷入困境，生前遗嘱就会生效，但它们更适合归类于被动处置，因为它们只考虑清算，而不是提供事先计划的改进措施。

[61] 也可参见 Jennifer Meyerowitz and Joseph N. Wharton, A Dodd-Frank Living Wills Primer: What You Need to Know Now, AM. BANKR. INST. J., Aug. 2012, at 34, 34 [作为消除"大而不倒"机构给金融体系带来的风险这一目标的一部分，《多德-弗兰克法案》第 165（d）条要求系统重要性金融机构设置生前遗嘱，以便在出现重大财务困境或失败事件时快速有序地处置。引自《多德-弗兰克法案》§165（d），12 USC §5365（d）（2012）]。

[62] 参见 Clay R. Costner, Note, Living Wills: Can a Flexible Approach to Rulemaking Address Key Concerns Surrounding Dodd-Frank's Resolution Plans?, 16 N. C. BANKING INST. 133, 138-40（2012）（总结生前遗嘱如何有助于解决"大而不倒"的问题）。

[63] 参见 Victoria McGrane, FDIC Chief Martin Gruenberg: Big Bank Failure Won't Imperil System, WALL ST. J. （May 11, 2015）, https://www.wsj.com/articles/fdic-chief-martingruenberg-big-bank-failure-wont-imperil-system-1431386899（观察到一些国会议员"怀疑监管机构能否同时处理多家大公司的破产"）。

的情况。[64]

因此，目前被动处置型监管正在针对或拟议针对系统重要性公司调整破产处置及其变体，但是它不足以作为宏观审慎工具。

2. 对系统重要性公司间接适用被动处置

目前，被动处置型监管虽然已间接适用于系统重要性公司，但是这一监管也存在比较严重的问题。美国破产法中的"衍生品安全港"就是一个例证，它在美国以外也得到广泛遵循。[65] 衍生品安全港集中体现了监管对因果关系的混淆，以及强大的行业交易集团的影响[66]，实际上会增加系统性风险。[67]

与其他债权人的权利相比，安全港允许衍生品交易对手方"对债务人拥有几乎无限的强制执行权"[68]，只要这种权利是"防范系统性风险必需

---

[64] Steven L. Schwarcz, Essay, Protecting Financial Markets: Lessons From the Subprime Mortgage Meltdown, 93 MINN. L. REV. 373, 379 – 83, 404 – 05 (2008); 参见 Janet L. Yellen, Vice Chair, Bd. of Governors of the Fed. Res. Sys, Speech at the Annual Meeting of the National Association for Business Economics: Macroprudential Supervision and Monetary Policy in the Post-Crisis World (Oct. 11, 2010), https://www.federalreserve.gov/newsevents/speech/yellen20101011a.htm（将金融危机归因于相互关联的失败同时发生）。

[65] See Steven L. Schwarcz and Ori Sharon, The Bankruptcy-Law Safe Harbor for Derivatives: A Path-Dependence Analysis, 71 WASH. & LEE L. REV. 1715, 1754 (2014).

[66] 同上，第1741—1742页（讨论了国际掉期与衍生品协会强大的游说影响力）。

[67] 见脚注24~25及附文。

[68] Steven L. Schwarcz, Derivatives and Collateral: Balancing Remedies and Systemic Risk, 2015 U. ILL. L. REV. 699, 700. 例如，衍生品交易对手方"可以在破产开始时立即收回债务，而其他债权人不能"，"他们既不需要在破产前夕优先偿还旧债，也不需要返还其他债权人必须返还的优先抵押品要求"。Mark J. Roe, The Derivatives Market's Payment Priorities as Financial Crisis Accelerator, 63 STAN. L. REV. 539, 547 (2011). 2014年，国际掉期与衍生品协会发布了《处置暂缓议定书》（Resolution Stay Protocol），以取消选择加入议定书的缔约方的这些权利。参见：ISDA 2014 Resolution Stay Protocol, INT'L SWAPS & DERIVATIVES ASS'N (Nov. 12, 2014), https://www.isda.org/protocol/isda-2014-resolution-stay-protocol/. 选择加入该议定书可以"防止已加入议定书的衍生品交易对手方立即终止未清偿的衍生品合约，让监管机构有时间有序处置陷入困境的机构。"因此，这些暂缓措施的效果是，防止某个系统重要性金融机构的交易对手方在处置中行使提前终止权，只要该机构继续支付和运营。David Geen et al., A Step Closer to Ending Too-Big-To-Fail: The ISDA 2014 Resolution Stay Protocol and Contractual Recognition of Cross-Border Resolution, FUTURES & DERIVATIVES L. REP., Apr. 2015, at 1, 5 (他们认为，这些延缓措施是"清算机构维护失败的系统重要性金融机构继续经营的基石")。参见 Irit Mevorach, Beyond the Search for Certainty: Addressing the Cross Border Resolution Gap, 10 BROOK. J. CORP. FIN. & COM. L. 183, 205 (2015)（讨论金融危机后世界银行资不抵债和债权人/债务人制度标准在衍生品合同处理方面的变化）。

的”(69)，具有讽刺意味的是，如下文所述，这些权利会放大系统性风险。(70)

无限执行权允许衍生品交易对手方抵消对债务人的净债权，从而使他们能够“将其头寸集中在相对较少的（衍生品）交易商那里”。(71) 这样的集中“可以在金融机构中传播一系列违约”。(72) 安全港还可以通过破坏市场纪律来扩大系统性风险；衍生品交易方“知道即使他们的（债务人）交易对手破产，往往也会得到足够的报酬”。(73) 马克·罗伊教授认为，缺乏市场纪律加剧了金融危机期间贝尔斯登和雷曼兄弟公司破产带来的系统性伤害。(74) 此外，安全港条款适用于所有破产的衍生品合约当事人，而不仅仅是那些系统重要性机构。(75) 这可能会在无意中迫使本来有生存能力的系统重要性机构进行清算。(76)

B. 主动处置

一些处置型监管是“主动的”，因为它包括预先计划的改进措施，这些改进措施是为系统重要性公司理论上的违约可能性设计的，如果该公司陷入困境，这些措施就会生效，即加强该公司支付其债务的能力（从而避免违约）或者促进其处置。混沌理论证明了主动处置的合理性，“它承认在复杂的（工程）系统中，失败几乎是不可避免的”。(77) 考虑到失败的不可避免性，最成功的（复杂）系统是“那些失败的后果是有限的系统”。(78) 工程设计常常通过模块化来限制这些后果，包括“关闭系统的某些部分……从而能够在整个系统关闭之前进行修复”。(79) 这“有助于降低系统中某个部分出现故障

---

(69) Schwarcz，见脚注 68。

(70) 同上，第 708 页（英文原文）。

(71) 同上。

(72) 同上。

(73) Roe，见脚注 68，第 542 页。

(74) 同上，第 549—555 页。

(75) Schwarcz，见脚注 68，第 712 页。

(76) 同上，第 713 页。

(77) Steven L. Schwarcz，Regulating Complexity in Financial Markets，87 WASH. U. L. REV. 211，248 (2009).

(78) 同上。

(79) 同上［引自 Henry E. Smith，Modularity in Contracts：Boilerplateand Information Flow，104 MICH. L. REV. 1175，1180（2006）］。

系统性地引发另一个部分出现故障的概率”。(80) 我曾单独论证过，混沌理论应该同样适用于复杂金融体系中不可避免的系统性冲击问题。(81) 与模块化类似，主动处置需要修复措施，以防止系统失败并限制由此导致的后果。

目前适用于系统重要性公司的主动处置型监管至少有三种。

1. 债转股

这种方法寻求对系统重要性公司的资本结构预先设计一种变化，如果该公司遇到财务问题，拟设的变化就会生效。监管机构一直在讨论这种方法，但它们并不总是承认它实际上是处置型监管。

这种方法的不同迭代被称为总损失吸收能力（TLAC）和或有可转换证券（CoCos）。(82) 在每一种情况下，系统重要性公司都需要拥有一定比例证券形式的债务，这些债务可以根据预先设定的条件转换成股权。(83) 债转股将减少公司的债务，从而（有望）使公司在财务上能够再次存活。(84) 债权转换为股权的可能性也会激励债权人通过更严格地执行合约承担更多的“监督”角色(85)，这可以减少公司的风险承担。(86)

---

(80) Schwarcz，见脚注 77。

(81) 同上［关注混沌理论中与动态系统的确定性混沌（deterministic chaos）相关的方面，它认识到系统越复杂，越有可能失败］。

(82) 参见 Single Resolution Bd.，MREL：Approach Taken in 2016 and Next Steps，at 8－9（2016），https：//srb. europa. eu/sites/srbsite/files/srb_mrel_approach_2016_post_final. pdf（讨论“在金融稳定委员会的支持下为全球系统重要性银行制定的总损失吸收能力标准”）。

(83) 也可参见 Edward Simpson Prescott，Contingent Capital：The Trigger Problem，98 ECON. Q. 33（2012）；Erica Jeffery，TLAC：What You Should Know，EUROMONEY（Mar. 15，2017），https：//www. euromoney. com/article/b12kl97jn3mk69/tlac-what-you-should-know（报告称，总损失吸收能力考虑到系统重要性公司发行最低水平的债务和类似证券，它们“在处置时可以减记或转换为股权”）；也可参见脚注 80，Fed. Reg. 74，926（proposed Nov. 30，2015）（to be codified at 12C. F. R. pts. 217，252）；Press Release，Bd. of Governors of the Fed. Reserve Sys，Federal Reserve Board Proposes New Rule to Strengthen the Ability of Largest Domestic and Foreign Banks Operating in the United States to Be Resolved Without Extraordinary Government Support or Taxpayer Assistance（Oct. 30，2015），https：//www. federalreserve. gov/newsevents/pressreleases/bcreg20151030a. htm.

(84) See Jianping Zhou et al.，From Bail-Out To Bail-In：Mandatory Debt Restructuring Of Systemic Financial Institutions，International Monetary Fund［IMF］（Apr. 24，2012），http：//www. imf. org/external/pubs/ft/sdn/2012/sdn1203. pdf.

(85) Emilios Avgouleas & Charles Goodhart，Critical Reflections on Bank Bail-Ins，1 J. FIN. REG. 3，4－5（2015）.

(86) 这方面的监督效果适得其反，因为它的目的是减少对处置的需要。见脚注 35 及附文。

欧洲已经发行了 CoCos[87]，在欧洲，这种债转股的初步尝试成败参半。2017 年 6 月初，西班牙人民银行的次级 CoCos 按计划转换，防止了该银行的倒闭。[88] 相比之下，2017 年 6 月末，意大利威尼托银行和维琴察大众银行的高级债券 CoCos 没有转换，导致纳税人对这些银行进行救助。[89] 尽管有办法区分这些情况[90]，但有些人认为它们反映了 CoCos 作为可行的处置方案也必然会失败。[91] 关于 CoCos 转换政策的实施，还存在其他问题，例如，何种条件下触发债务转换[92]，以及如何确保持有可转换债务的债权人在不使债务成本过高的情况下得到补偿。[93] 最近的一项研究甚至质疑，CoCos "在压力下的实际运

---

[87] 金融稳定委员会已将这种方法作为其计划的重要组成部分，以终结已认识到的系统重要性公司"大而不倒"的问题，即这些公司可能过度承担风险，因为它们既能从成功中获利，又能获得政府救助避免倒闭。参见：Fin. Stability Bd., Resilience Through Resolvability—Moving from Policy Design to Implementation: 5th Report to the G20 on Progress in Resolution, at 8 (Aug. 18, 2016), http://www.fsb.org/wp-content/uploads/Resilience-through-resolvability-%F2%80%93-moving-from-policy-design-to-implementation.pdf.

[88] Senior Moment: Is Europe's Framework for Resolving Banks Broken?, ECONOMIST (June 29, 2017), https://www.economist.com/leaders/2017/06/29/is-europes-framework-for-resolving-banks-broken.

[89] 同上。

[90] 例如，欧洲负责银行处置的新机构，即单一处置委员会（SRB）显然认定，意大利银行"对金融稳定不构成威胁，并将其交给意大利当局，由其根据本国的破产程序处理"。尽管没有这方面的证据，但与次级债券相比，单一处置委员会可能更不愿意转换优先级债券。

[91] 也可参见 Neel Kashkari, New Bailouts Prove 'Too Big to Fail' Is Alive and Well, WALL ST. J. (July 9, 2017), https://www.wsj.com/articles/new-bailouts-prove-too-big-to-fail-is-alive-and-well-1499638636（认为意大利银行的救助证明了"内部债务并不能防止救助"）。Kashkari 认为，CoCos 不会起作用，因为如果政府"迫使债券持有人承担损失"，就会"担心金融传染"。在系统性风险不成问题的情况下，他认为 CoCos 不会起作用，因为"政府可能担心债券持有人是政治上重要的选民。"Anat Admati 也认为：指望监管机构启动复杂、昂贵和未经检验的恢复和处置程序，以便让债务类总损失吸收能力（TLAC）证券承担损失，指望监管机构在政治上进一步采取行动，让债权人承担损失或强制债转股，这是不现实的。如果潜在的危机迫在眉睫，就尤其如此，因为触发式监管（pulling trigger）和估值折扣（haircut）可能会在整个不透明的金融体系中产生不可预知的后果。Anat R. Admati, The Missed Opportunity and Challenge of Capital Regulation, NAT'L. INST. ECON. REV., Feb. 2016, at R4, R10.

[92] See Emilios Avgouleas et al., Living Wills as a Catalyst for Action 4 (Duisenberg Sch. of Fin., Policy Paper No. 4, 2010.)

[93] Eric S. Halperin, CoCo Rising: Can the Emergence of Novel Hybrid Securities Protect From Future Liquidity Crises?, 8 INT'L L. & MGMT. REV. 15, 21–23 (2011)（解释了为什么向投资者发行 CoCos 可能比发行普通债券更昂贵）。Paul Melaschenko and Noel Reynolds, A Template for Recapitalising Too-Big-to-Fail Banks, BANK FOR INT'L SETTLE-MENTS Q. REV., June 2013, at 25, 34.

作存在种种不确定性……这实际上是脆弱性的来源"。[94]

CoCos 也有它自身的道德风险问题，即"发行或有资本的银行面临着加大其资产价值大幅跳水风险的道德风险激励"，也就是说银行资产可能遭受巨额、突然损失的风险。[95] 换句话说，CoCos 的发行者可能有动机投资于风险资产，因为此类债券的发行者将通过 CoCos 的债转股来防止资产价值的下跌。减少这种道德风险的尝试，如加入限制性的合同条款，可能会过于僵化，并"损害经理人追求价值最大化项目的能力"。[96] 然而，如果不能减少这种道德风险，发行 CoCos 的成本可能会进一步增加。[97]

即使 CoCos 没有上述问题，它也仅用于保护单个系统重要性公司。这种限制本身就可能使它们不足以成为宏观审慎监管工具。

2. 解决公司结构问题

实际上，解决公司结构问题就是事先制订计划，在系统重要性公司陷入困境时清除其股东，使政府或公司的债权人成为新的股东。这种方法类似于自救（bail-in）。[98]

作为一种宏观审慎工具，这种方法的典型例子是单点进入策略（SPOE）。[99]

---

[94] Gera Kiewiet et al., Contingent Convertibles: Can the Market Handle Them? 29-30 (De Nederlandsche Bank, Working Paper No. 572, 2017), https://papers.ssrn.com/sol3/papers.cfm?abstract_id=3048806（发现由于投资者无法区分不同 CoCos 的风险，因此在一家银行发布盈利警告后，他们会主动抛售所有银行的 CoCos）。

[95] George Pennacchi, A Structural Model of Contingent Bank Capital 30 (Fed. Res. Bankof Cleveland, Working Paper No. 10-04, 2011), https://business.illinois.edu/gpennacc/ConCap030211.pdf.

[96] Simone M. Sepe, Corporate Agency Problems and Dequity Contracts, 36 J. CORP. L. 113, 145 (2010). 对这种道德风险的另一个担忧是它会增加 CoCos 的成本。

[97] 参照 Pennacchi，见脚注 95，第 22 页（认为受到"价值跳水"影响的 CoCos 投资者，将"要求更高的新发行收益率以弥补这些潜在损失"）。

[98] 虽然这一术语并不准确，但自救通常指核销债权人的债权而不是股权。也可参见 Ben Eisen, A New Worry for Bank Investors: Bail-In Risk, WALL ST. J. (Feb. 17, 2016), http://www.wsj.com/articles/a-new-worry-forbank-investors-bail-in-risk-1455705000; What Is a Bail-In?, ECO-NOMIST (Apr. 8, 2013), http://www.economist.com/blogs/economist-explains/2013/04/economist-explains-2.

[99] 也可参见 Daniel K. Tarullo, Member, Bd. of Governors of the Fed. Reserve Sys., Remarks at the Federal Reserve Board and Federal Reserve Bank of Richmond Conference: Toward Building a More Effective Resolution Regime: Progress and Challenges (Oct. 18, 2013), https://www.federalreserve.gov/newsevents/speech/tarullo20131018a.htm（单点进入方法的目的是迅速稳定倒闭的公司，以减轻对美国金融体系的负面影响，并且不支持公司股东和其他资本性负债持有人，或者不让美国纳税人蒙受损失）。

该策略人为地依赖于系统重要性公司的母子公司型组织结构，其中的非系统重要性母公司持有系统重要性子公司的股份。[100] 因此，在开始时，对非母子公司型组织结构的系统重要性公司来说，实施单点进入策略面临挑战。[101]

根据单点进入策略，如果子公司破产，政府机构[102]将成为母公司的接管人[103]，清除母公司的股东（并可能减记其部分债务）。[104] 然后，接管人可能向母公司提供临时流动性，以维持子公司的运营（从而避免类似雷曼兄弟公司破产后金融市场的不稳定）[105]，同时，寻求向股权投资者出售其接管权益，以引入更多永久性资本。[106] 单点进入策略的支持者乐观地认为，一旦挑战得到解决，该策略就能发挥作用。[107] 但是，其他人认为该策略不太可能付诸实施。例如，一些学者将它描述成"针对非常典型甚至是假设的公司经营失败而设计的处置工具"。[108] 明尼阿波利斯联邦储备银行行长指出，在实际使用该策略之前，没有办法检验其有效性，并怀疑该策略在承压的经济环境中是否有用。[109] 其他人认为，一旦控股公司被清算，"声誉传染"可能会导致美国境内的投资

---

[100] John Crawford, Essay, "Single Point of Entry": The Promise and Limits of the Latest Curefor Bailouts, 109 NW. U. L. REV. ONLINE 103, 107 (2014).

[101] 对于组织结构受多个司法辖区监管的跨国公司而言，这一挑战可能尤其严峻。

[102] 在美国，根据有序清算制度的规定，这个机构是联邦存款保险公司。见脚注49～51及附文。

[103] 从机制上讲，上述步骤可能是通过一个过桥公司（bridge company）进行的。然而，上述简化描述仍然准确地刻画了单点进入策略的经济意义。也可参见：Jerome H. Powell, Member, Bd. of Governors of the Fed. Res. Sys., Remarks at the Institute of International Bankers 2013 Washington Conference: Ending "Too Big to Fail" (Mar. 4, 2013), http://www.federalreserve.gov/newsevents/speech/powell20 130304a.htm.

[104] 同上。

[105] Jin, 见脚注51, 第1764页。

[106] Powell, 见脚注103。

[107] Jeremy C. Stein, Regulating Large Financial Institutions, in WHAT HAVE WE LEARNED?: MACROECONOMIC POLICY AFTER THE CRISIS 135, 136 (George Akerlof et al. eds., 2014).

[108] Stephen J. Lubben and Arthur E. Wilmarth, Jr., Too Big and Unable to Fail, 69 FLA. L. REV. 1205, 1207 (2017).

[109] Neel Kashkari, President, Fed. Res. Bank of Minneapolis, Remarks at the Brookings Institution: Lessons from the Crisis: Ending Too Big to Fail (Feb. 16, 2016), https://www.minneapolisfed.org/news-and-events/presidents-speeches/lessons-from-the-crisisending-too-big-to-fail.

者外逃。⑩ 即使单点进入策略克服了这些法律挑战，而且在其他方面也是切实可行的，但它主要是为了保护单个系统重要性机构，其次才是保护金融稳定。⑪ 这种操作可能会限制它作为宏观审慎监管工具的效力。

3. 最后贷款

流动性不足是导致公司破产的主要因素。⑫ 大多数国家授权其中央银行充当最后贷款人，有权向有偿付能力但无法在到期时偿付其债务（即流动性不足）的系统重要性公司预付资金。⑬ 这种贷款是积极主动的，因为它预先计划好在公司陷入困境时加强其偿债能力。⑭ 但是，《多德－弗兰克法案》严格限制美联储向单个金融公司提供紧急贷款的权力。⑮ 这种限制即使不危险，也显得有些过分。⑯

总而言之，现有的和正在考虑的主动处置型监管（就像被动处置型监管）也不足以作为宏观审慎工具。

C. 逆向处置

这种监管方法是“逆向的”，因为它旨在通过防止公司陷入财务困境来减

---

(110) Emilios Avgouleas and Charles A. Goodhart, A Critical Evaluation of Bail-In as a Bank Recapitalisation Mechanism 1, 18 (Ctr. for Econ. Policy Research, Discussion Paper No. 10065, 2014); Paul H. Kupiec and Peter J. Wallison, Can the "Single Point of Entry" Strategy Be Used to Recapitalize a Failing Bank? 6－7 (Am. Enter. Inst., Economic Working Paper 2014－08, 2014)（讨论了联邦存款保险公司可能不得不从美国财政部借款以调整子公司资本，并对《多德－弗兰克法案》第二条禁止使用此类资金重组银行子公司的资本结构表示担忧；还指出，如果使用这些资金受到质疑，损失很可能落在纳税人身上）。

(111) 见脚注 105 及附文（讨论了提供临时流动性帮助避免金融不稳定的可能性）。

(112) 也可参见 SCOTT BESLEY & EUGENE F. BRIGHAM, PRINCIPLES OF FINANCE 600 (6th ed. 2015)（认为“公司失败的主要原因是它们无法满足其营运资金需求”）。

(113) See, e. g., FILIPPO OCCHINO, FED. RES. BANK OF CLEVELAND, Central Bank Lending in a Liquidity Crisis (2016), https://www.clevelandfed.org/newsroom-and-events/publications/economic-commentary/2016-economic-commentaries/ec-201602-central-bank-lending-in-a-liquidity-crisis.aspx. 例如，美联储扮演了银行最后贷款人的角色。Federal Reserve Act, 12 U.S.C. §343 (2012).

(114) 见脚注 77 及附文（定义了何为主动处置）。由于借款公司有偿付能力，最后贷款或许也可以归类为逆向处置。

(115) Dodd-Frank Wall Street Reform and Consumer Protection Act §1101 (b), 11 U.S.C. §507 (a)(2)(2012)（根据《联邦储备法案》第 13（3）条限制联邦储备银行的权力）。

(116) See Jeffrey N. Gordon & Christopher Muller, Confronting Financial Crisis: Dodd-Frank's Dangers and the Case for a Systemic Emergency Insurance Fund, 28 YALE J. ON REG. 151, 156 n.2 (2011).

少对处置的需求。因此，它并不是严格意义上的处置。[117] 例如，施加资本和流动性覆盖要求的监管旨在保持系统重要性公司有偿付能力并能够偿还债务，从而减少对处置的需求。[118] 然而，资本和流动性覆盖要求是常见的微观审慎监管的典型形式。

尽管如此，在讨论如何处置系统重要性公司时，逆向监管有时候是讨论的内容之一。[119] 对这一处置方式展开讨论不是本文的重点，即真正的处置型监管，还会不必要地扩大本文的范围[120]，因此，本文将分析限制在被动处置和主动处置上。[121]

第Ⅰ节表明，目前已经使用和考虑使用的被动和主动处置可能不足以作为宏观审慎工具。接下来，本文将更加规范地分析如何以及为什么应该适用处置型监管，如何以及为什么应该将它用作宏观审慎工具。为此，第Ⅱ节界定了处置的宏观审慎监管目标应该是什么。此后的第Ⅲ节探讨如何设计处置型监管以更好地实现这些目标。

II. 处置的宏观审慎目标

宏观审慎监管的目的是保护金融体系的稳定。[122] 因此，处置的宏观审慎监管目标应该包括金融稳定。为此，处置当然应该用于保护系统重要性公司。但是，下文的分析首先表明，使用处置分别保护每个系统重要性公司，不足以保

---

[117] 见脚注 37 及附文。
[118] 参见 Panel Discussion of SIFI at the International Insolvency Institute Annual Meeting in London (June 19, 2017)（讨论了资本和流动性覆盖要求作为逆向处置型监管的一种方式）。作者是本次专题讨论的讨论人之一。
[119] 同上（探讨了不仅要对资本和流动性覆盖要求进行监管，还要对系统重要性金融机构的治理进行监管，以减少系统重要性金融机构承担过度风险）。
[120] 纳入逆向处置型监管使本文的讨论范围扩大至包括了降低失败风险的所有监管形式。
[121] 为了直观地区分本文中的被动处置、主动处置和逆向处置型监管，可以考虑使用通俗的说法：公司濒临破产，就像"狗屎"砸到了风扇上。参见 Shit Hits the Fan, URBAN DICTIONARY (Oct. 20, 2006), http://www.urbandictionary.com/define.php?term=shit%20hits%20the%20fan（将其定义为"已经不稳定的局势演变为彻底混乱的时刻"）。一旦"狗屎"砸到风扇上，被动处置型监管就会试图清理混乱（类似于重组），或者如果风扇受到不可弥补的损坏，则将其扔掉（类似于清算）。主动处置型监管试图防止被扔出的"狗屎"真正砸到风扇。逆向监管则设法防止"狗屎"扔向风扇。一个更有力的类比是：如果"狗屎"砸到风扇并四处飞溅，将导致外部性，类似于本文所说的系统性损害。
[122] 见脚注 2 及附文。

护所有这些公司。因此，在可行的情况下，也应调整处置方式，以保护全体系统重要性公司。随后的分析表明为什么应在可行的范围内更多地使用处置，以保护系统重要性市场和基础设施，它们与公司一起构成了金融体系。

A. 处置应保护单个和全体系统重要性公司

从直觉上看，保护单个系统重要性公司的监管可能看起来是宏观审慎的：毕竟，如果系统重要性公司不破产，就不会引发系统性崩溃。这种期望就像数学的分配律逻辑，即"首先将几个数相加，然后将总和乘以某个数字的结果，等于首先将每个数分别乘以该数，然后再将乘积相加"。[123] 但是正如下文解释的，将数学的分配律与系统性风险做类比是错误的。[124] 此外，其他的失败也可能引发系统性崩溃。[125]

分配律类比之所以是错误的，有几个原因。[126] 例如，利兹瓦安·莫卡尔教授指出，监管理论将"自下而上的系统性风险"视作单个机构风险的简单加总，意味着"当且仅当每个机构都是健康的，整个金融体系才是健康的"。[127] 但是他认为，保护单个公司有时会加剧金融不稳定，他以净额结算公司间债务来减少公司风险敞口为例说明了这一点。[128]：

[净额结算] 是基于一个简单化的观点，即降低每个金融机构的风险

---

[123] Distributive Law, ENCYCLOPAEDIA BRITANNIC, https://www.britannica.com/topic/distributive-law (last visited June 1, 2006). 分配律用符号表示为 a (b+c) = ab + ac。同上。

[124] 见脚注 126~135 及附文。

[125] 见本文第 II. B 节。

[126] See Douglas J. Elliott et al., The History of Cyclical Macroprudential Policy in the United States 6 (Bd. of Governors of the Fed. Reserve Sys. Fin. and Econ. Discussion Series, Paper No. 2013–29, 2013), http://www.federalreserve.gov/pubs/feds/2013/201329/201329pap.pdf（观察到宏观审慎监管的目标"是管理可能危及整个金融体系的因素，即使从任何单个机构的角度看，这些因素不会明显成为严重威胁"）。

[127] Rizwaan Jameel Mokal, Liquidity, Systemic Risk, and the Bankruptcy Treatment of Financial Contracts, 10 BROOK. J. CORP. FIN. & COM. L. 15, 21 (2015) [Quoting Claudio Borio, Rediscovering the Macroeconomic Roots of Financial Stability Policy: Journey, Challenges, and a Way Forward, 3 ANN. REV. FIN. ECON. 87, 88 (2011)].

[128] Mokal 教授进一步认为，监管理论过于关注"顺周期的风险措施"，这对系统性稳定是不合适的。同上，第 21 页。例如，"信贷评级……早已被认为不能及时预测危机，而以（关注顺周期措施）为前提的银行资本和贷款损失准备金监管已被证明是加剧金融业压力的有力放大器。"

可以同等程度地降低系统性风险……［但］净额结算鼓励更高的杠杆率和交易方之间的集中度，通过加大金融代理成本和逆向选择成本来削弱贷款标准，重新分配而不是降低交易对手风险，在压力时期加剧市场波动，从而创造了额外的风险传导渠道，将冲击的影响扩散至整个金融体系。[129]

分配律类比之所以是错误的，还在于对单个系统重要性公司的处置并不总是采用降低系统性风险的方式。例如，有关公司重组的法律通常会寻求各利益相关方达成一项一致同意的债务重组计划[130]，如果没有这样的计划，公司可能不顾各方反对而试图强加一项重组计划，或者在最坏的情况下被清算。[131] 但是，利益相关方主要限于公司及其投资者（即债权人和股东）。[132] 正如另一种情况所示，这些当事方的利益与降低系统性风险的公共利益完全不一致。[133]

最后，分配律类比并没有消除导致多个系统重要性公司同时破产的相关触发因素。这样一来，旨在保护单个公司的监管就可能不堪重负。讽刺的是，旨在保护单个公司的监管甚至会制造相关触发因素。例如，监管机构通常要求保险公司剥离评级低于投资级别的公司债券，以保护单个保险公司可用于支付索赔的资产价值免受损失。[134] 但是这一要求有可能导致整个保险行业抛售失去该评级的债券，进而导致债券市场崩溃，触发系统性风险。[135]

为了克服这些局限，处置型监管应该尽力保护单个和全体系统重要性公司。

---

[129] 同脚注127，第19页。在衍生品方面，我对净额结算可能提高交易方之间的集中度、削弱信用标准并以其他方式加大系统性风险提出了类似的观点。见脚注68～73及附文。
[130] 参见11 U. S. C. §1109（b）（2012）（列出了利益相关方）。
[131] 同上，§1129（b）（讨论了强制重组要求重组计划必须公平公正，不得有不公平的歧视）；§1112条（讨论破产法院是否有能力将重组案件转化为有理由的清算，包括无法确认重组计划）。
[132] 同上，§1109（b）。
[133] Schwarcz，见脚注35，第2页；另见脚注15及附文（提到了这种错配）。
[134] 参见Daniel Schwarcz & Steven L. Schwarcz, Regulating Systemic Risk in Insurance, 81 U. CHI. L. REV. 1569, 1596, 1602（2014）。
[135] 同上，第1602页。参见Erik F. Gerding, Law, Bubbles, and Financial Regulation, in 18 THE ECONOMICS OF LEGAL RELATIONSHIPS 1, 13（Nicholas Mercuro & Michael D. Kaplowitz eds.，2014）（论证了监管可以为某些资产类别创造投资偏好，从而为资产泡沫和灾难性的银行挤兑埋下伏笔）；Muelbert，见脚注18，第395页［指出金融监管"导致银行以（更）统一的方式行事……这将增加系统性风险"］。

B. 处置应保护系统重要性市场和基础设施

即使能够保护单个和全体系统重要性公司，金融体系的其他关键要素失败也可能引发系统性崩溃。[136] 处置型监管还应该以保护其他要素免于失败为目标。

其中一个关键因素是促进证券转让（即发行和交易）的金融市场。[137] 例如，2008—2009年全球金融危机的根本原因可以说是抵押贷款支持证券市场的崩溃，而不是市场崩溃导致的雷曼兄弟等系统重要性公司的倒闭。[138] 2007年，当房价开始下跌时，次级借款人无法再融资，而且有许多人违约了。[139] 即使有能力支付抵押贷款的借款人也"因为抵押贷款超过了房屋价值而试图违约"。[140] 这些抵押贷款违约又导致大量低投资等级的抵押贷款支持证券（以下简称MBS）违约，一些AAA级的MBS被降级。[141] 某些高杠杆率的MBS的违约情况尤其严重，这些证券是由次级抵押贷款间接支持[142]；即使这些全额支付的高等级证券也对现金流的变化极为敏感，并依赖于房价将继续升值的（错误）假设。[143] 评级证券的违约和降级反过来又使投资者感到不安，他们原本认为AAA级意味着万无一失，投资级企业意味着不会违约。[144]

"投资者开始对评级失去信心，并回避债务证券。"[145] 需求减少导致债务证券的价格下跌，要求公司将这些证券作为抵押品按市值计价并提供现金，而提供现金需要出售更多的证券，导致市场价格进一步下跌，形成死亡

---

[136] 参见 Anabtawi and Schwarcz，见脚注5，第102页（讨论了使金融体系能够作为一个"系统"运作的"要素和相互联系"）。对于有资格作为一个系统的事物，（1）它必须由各种要素组成，（2）它的要素必须相互关联，以及（3）它必须具有与其要素不同的功能。DONELLA H. MEADOWS, THINKING IN SYSTEMS 11（Diana Wright ed., 2008）. 因此，金融体系显然有资格成为"系统"。

[137] 参见 Steven L. Schwarcz, Systemic Risk, 97 GEO. L. J. 193, 202（2008）（讨论了金融市场的系统重要性，并观察到脱媒现象急剧增多使市场对金融体系越来越重要）。

[138] 关于金融危机的讨论，来自 Steven L. Schwarcz, Keynote Address, Understanding the Subprime Financial Crisis, 60 S. C. L. REV. 549（2009）.

[139] 同上，第551页。

[140] 同上，第552页。

[141] 同上。

[142] 同上。这些被称为资产支持证券的债务抵押债券（ABS CDO）。

[143] 同上，见脚注138，第550页。

[144] 同上，第552页。

[145] 同上。

螺旋。[146] 例如，MBS 的市场价格"大幅下跌，远低于支持这些证券的抵押资产的内在价值"。[147] 市场价格的暴跌要求持有 MBS（和其他资产支持证券）的银行和其他金融机构"减记证券的价值"。[148] 这反过来又使大量持有这些证券的机构，如雷曼兄弟公司，看起来的金融风险更大，引发了人们对交易对手风险的担忧。[149] "由于担心这些机构可能会不履行合同义务，许多当事方不再与它们打交道。"[150] 2008 年 9 月中旬，美国政府拒绝拯救雷曼兄弟公司致使其破产，这加剧了恐慌。[151] 债券市场变得如此惊慌，以至于连短期商业票据市场也几乎关闭。[152] 在美国，债券市场融资约占企业信贷总量的 58%[153]，如果没有债券市场融资，公司缺乏扩张资金，甚至无法支付当前的费用。[154] 经济便随之崩溃。

金融体系的另一个关键因素是其基础设施[155]，它的功能包括清算[156]和结

---

[146] 见脚注 138（许多公司的高杠杆率似乎加剧了死亡漩涡。在早期流动性过剩的鼓励下，许多公司过度借贷，因为资金成本非常低）。

[147] 同上，第 552—553 页。

[148] 同上，第 552 页。

[149] "交易对手风险"是指一方可能对另一方的合同义务违约的风险。Colleen Baker, The Federal Reserve as Last Resort, 46 U. MICH. J. L. REFORM 69, 74 (2012).

[150] Schwarcz，见脚注 138，第 553 页。

[151] 同上，第 552 页。

[152] 同上。

[153] SILVIO CONTESSI ET AL., FED. RES. BANK OF ST. LOUIS, BANK VS. BOND FINANCING OVER THE BUSINESS CYCLE 1 (2013), https://research.stlouisfed.org/publications/es/13/ES_31_2013-11-15.pdf. 相比之下，银行贷款只占企业信贷总量的 10% 左右。这些估计是基于 2003—2013 年的数据。

[154] 也可参见 Fiorella De Fiore & Harald Uhlig, Corporate Debt Structure and the Financial Crisis 2 (2012)（未公开书稿），https://economicdynamics.org/meetpapers/2012/paper_429.pdf [（金融危机期间）经济活动动荡的含义是，投资和产出出现了史无前例的下降]。

[155] Bank For Int'L Settlements & Int'L Org. Of Sec. Comm'Ns, Principles For Financial Market Infrastructures 14 (2012) [观察到"（金融市场基础设施）的无序失效可能会导致系统性混乱"]。参见 Darrell Duffie, Resolution of Failing Central Counterparties, in MAKING FAILURE FEASIBLE 87, 88 (Kenneth E. Scott et al. eds., 2015)（讨论了"金融体系依赖的关键清算服务中断"的后果）。

[156] 清算（clearing）是"在结算之前传输、核对以及在某些情况下确认转移订单的过程"。EUROPEAN CENT. BANK, GLOSSARY OF TERMS RELATED TO PAYMENT, CLEARING AND SETTLEMENT SYSTEMS 5 (2009), https://www.ecb.europa.eu/pub/pdf/other/glossaryrelated-topaymentclearingandsettlementsystemsen.pdf.

算(157)服务，以完成证券和其他金融资产的转让及支付。(158) 金融体系的失败可能会引发系统性崩溃。目前提供大部分此类服务的清算所和其他公司有时被称为金融市场设施（FMU）。(159) 例如，美国存托公司（DTC）是对证券转让进行清算和结算的金融市场设施(160)，而芝加哥商品交易所则是对涉及交易所买卖合约（exchange-traded contracts）的交易和场外衍生品交易进行清算和结算的金融市场设施。(161) 一些金融市场设施，如中央对手方(162)，也有助于减少这些程序性步骤可能导致的对手风险。(163)

要了解金融市场设施的失败如何引发系统性崩溃，请首先考虑清算和结算证券交易的金融市场设施的失败，然后考虑充当中央对手方的金融市场设施的失败，以帮助降低因结算衍生品交易而导致的交易对手风险。(164) 虽然第一类金

(157) 结算（settlement）是“完成交易或处理，目的是通过转移资金或证券来履行参与者的义务。”来源同脚注 157。

(158) 关于金融基础设施的更多讨论，参见：Designated Financial Market Utilities，BD. GOVERNORS FED. RES. SYS.，https：//www. federalreserve. gov/paymentsystems/designated_fmu_about. htm（last updated Jan. 29，2015）.

(159) 同上（将金融市场设施称为“为金融机构之间或金融机构与金融体系之间的转移、清算和结算支付、证券和其他金融交易提供基础设施的多边系统”）。金融市场设施的一个简单功能是提供基本机制，通过它将金融资产从卖方转移到买方，以及从买方转移到卖方，从而相互补偿。Richard Heckinger et al.，Financial Market Utilitiesand the Challenge of Just-in-Time Liquidity（Fed. Res. Bank of Chicago，Chicago Fed. LetterNo. 268a，2009），https：//www. chicagofed. org/publications/chicago-fed-letter/2009/november-268a. 金融稳定监督委员会有权认定金融市场具有系统重要性，“如果金融市场设施的失败或功能中断可能造成或增加重大流动性或信贷问题在金融机构或市场之间蔓延的风险，从而威胁到美国金融体系的稳定”。FIN. STABILITY OVERSIGHT COUNCIL，2012 ANNUAL REPORT 110（2012），https：//www. treasury. gov/initiatives/fsoc/Documents/2012%20Annual%20Report. pdf. 至少有 8 个最大的金融市场设施被认定为具有系统重要性（“SIFMU”）。Dan Ryan，Financial Market Utilities：Is the System Safer?，HARV. L. SCH. F. ONCORP. GOV. & FIN. REG.（Feb. 21，2015），https：//corpgov. law. harvard. edu/2015/02/21/financial-market-utilities-is-the-system-safer/.

(160) Steven L. Schwarcz，Intermediary Risk in a Global Economy，50 DUKE L. J. 1541，1550（2001）.

(161) See CHI. MERCANTILE EXCH. GRP.，CME GROUP OVERVIEW（2013），http：//www. cmegroup. com/company/visit/files/cme-group-overview. pdf（描述了交易所的活动）；Designated Financial Market Utilities，见脚注 158（确认交易所是金融市场设施）。

(162) Baker，见脚注 149，第 74 页。

(163) 这种交易对手方风险是指参与转让、清算或结算的一方不履行其对另一方的合同义务的风险。来源同上。

(164) 在美国，所有标准化的衍生品交易必须通过这样的中央对手方结算。Dodd-Frank Wall Street Reform and Consumer Protection Act §725（c），7 U. S. C. §7a-1（2012）.

融市场设施执行的清算和结算服务不太可能导致其失败[165]，但一些金融市场设施是控股公司结构的一部分，这会使它们面临其他风险[166]。例如，如果金融市场设施的母公司申请破产，则金融市场设施很容易成为破产财产的一部分[167]。任何由此导致的清算和结算中断，即便是暂时的，也可能扰乱证券转让并引起金融恐慌[168]。

当金融市场设施作为中央对手方帮助降低交易对手风险时，系统性风险甚至更大。这样的中央对手方通过承担每个交易对手在结算日向另一个交易对手付款的潜在义务来降低交易对手风险[169]。因此，如果结算要求交易对手 A 向交易对手 B 付款，则中央对手方需要向交易对手 B 支付该款项，然后寻求来自交易对手 A 的偿付[170]。虽然这降低了单个交易对手的风险，但它将总的交易对手风险集中在中央对手方[171]。如果中央对手方无法获得足够的总偿付，它本身可能会违约[172]。这反过来可能会使衍生品交易市场全部或局部停摆，造成系统性传染，包括"抛售抵押品或衍生品合约，加剧广泛的市场波动"[173]。

---

[165] 这假定金融市场设施在提供这些服务时没有疏忽。
[166] 见脚注 265~276 及附文。
[167] 在美国，这可能以各种方式发生，包括母公司使其金融市场设施子公司申请破产。11 U.S.C. §301（2012）。或者金融市场设施与母公司进行实质性合并。同前，§105。
[168] 参见 Hester Peirce, Derivatives Clearinghouses: Clearing the Way to Failure, 64 CLEV. ST. L. REV. 589, 627（2016）[他指出，在一个中央对手方失败的情况下，"可能不存在其他的中央对手方，因此由失败的中央对手方清算并受清算指令（clearing mandate）约束的场外衍生品市场都将停摆"]。金融市场设施的破产是否会中断清算或结算是一个新问题。11 U.S.C. §362（a）（暂缓自动中止债务人与第三方之间的各种互动）。
[169] Heckinger et al., 见脚注 159（观察到中央对手方合法地介入交易对手之间，成为"每个卖家的合法买家和每个买家的合法卖家"）。也可参见 FIN. STABILITY OVERSIGHT COUNCIL，见脚注 159，第 174 页（讨论了 ICE Clear Credit，一家为信用违约互换衍生品进行清算的中央对手方，从而"降低违约导致主要信用违约互换的对手方违约在金融领域蔓延的可能性"）。
[170] 参见 Mark J. Roe, Clearinghouse Overconfidence, 101 CALIF. L. REV. 1641, 1661（2013）（提供了上述情况的一个例子，即中央对手方向交易方 B 付款）。
[171] See Iman Anabtawi and Steven L. Schwarcz, Regulating Systemic Risk: Towards an Analytical Framework, 86 NOTRE DAME L. REV. 1349, 1394–95（2011）。
[172] 同上。我并不是说违约是不可避免的。中央对手方通常"依靠各种风险管理策略，包括保证金要求和维持由会员资助的损失分担池，以弥补清算会员违约造成的损失。"另见 Ryan，见脚注 159（观察到其中一些风险管理策略是法律要求的）。
[173] Duffie，见脚注 155，第 88 页（认为中央对手方"未能履行它对其他系统重要性清算成员的义务"，可能会导致危机蔓延）。

因此，处置型监管的宏观审慎目标不仅应该保护单个和全体系统重要性公司，还应该保护系统重要性市场和基础设施，它们与这些公司一起构成了金融体系。接下来考虑如何设计处置型监管来实现宏观审慎目标。

III. 设计处置型监管以实现宏观审慎目标

本节首先研究处置型监管如何能够保护全体系统重要性公司[174]，同时考虑被动和主动处置[175]。其次，研究处置型监管如何能够保护系统重要性市场和基础设施[176]，同时再次考虑被动和主动处置。本文的附录简要总结了由此产生的设计建议，并将其引用于本节的详细讨论。

A. 对系统重要性公司的处置型监管

如前所述，对系统重要性公司的处置型监管应该有宏观审慎目标，即不仅保护单个系统重要性公司，而且保护全体系统重要性公司。让我们来考虑如何才能做到这一点。

1. 被动处置

被动处置型监管在保护全体系统重要性公司的能力方面存在固有的缺陷；当多家公司陷入困境时，有效重组其资本结构以使它们能够生存可能为时已晚。即使最近关于修改破产法以更好地适用于系统重要性公司的提议也有这方面的局限。[177] 研究破产和金融监管的学者们一直在思考这个问题，本文作者也是其中的一员。[178]

被动处置型监管至少有两方面的缺陷。首先，即使其中一些系统重要性公司可以重组，"经济也将需要协调应对，特别是在整个金融体系遭遇恐慌或缺

---

[174] 见本文第 III. A 节。
[175] 第三节不关注逆向监管，因为正如讨论的那样，逆向监管在概念上不符合处置型监管，关注它会不必要地扩大本文的范围。见脚注 120 及附文。
[176] 见本文第 III. B ~ III. C 节。
[177] 见脚注 48 及附文。
[178] 参见 Financial Scholars Letter，见脚注 50，第 4 页（讨论了"多个机构同时倒闭或摇摇欲坠"的可能性）。这封信的主要目的是反对拟议的立法，即用新的破产程序取代联邦存款保险公司的有序清算制度来处置系统重要性公司。同上，第 2 页；参见脚注 62 及附文（观察到生前遗嘱不能防止多家公司同时倒闭，为单个公司设计的保护措施可能会被多家公司同时倒闭所击败，因此不足以保护单个公司免受影响）。

乏流动性的时候"。[179] 在美国，"破产法官不能提供这种协调应对"。[180] 但是，监管型处置可以提供更加协调一致的应对，特别是在国际层面。[181] 监管保证（regulatory reassurance）也可能有助于降低金融恐慌的风险。[182]

本文已经讨论了联邦存款保险公司根据有序清算制度授予的接管权而实施被动处置型监管。[183] 作为一个行政机构，联邦存款保险公司在协调处置多个陷入困境的公司方面，当然比破产法官个人有更大的自由裁量权和灵活性。[184] 但是，有序清算制度也有其自身的局限性，例如过度依赖健康的大公司收购陷入困境的公司，以及缺乏透明度和可预测性[185]，很可能会削弱联邦存款保险公司提供协调一致的应对，甚至提供监管保证的能力。监管型处置程序与法官监督的破产程序更为相似，可能有助于替代这些限制，同时提供协调一致的响应。尽管这样的程序有其局限性，而且监管官员的处置专长可能比破产法官少得多，但这种局限性可以通过多种方式解决，包括根据需要指派破产法官担任监管程序的监督者。

另一个缺陷是难以筹集足够的融资，通常称为"持产债务人"（Debtor In Possession，DIP[186]）融资，以使多家陷入困境的系统重要性公司能够在重组其资本结构所需的时间内继续运营。[187] 如果没有持产债务人融资，一家公司别无选择，只能清算。[188] 通常，在传统破产案件中提供的持产债务人私人融资，"要

---

[179] Financial Scholars Letter，见脚注50，第4页。

[180] 同上，第4—5页（认为破产法官"不能参加决策会议并决定如何以最能稳定经济的方式处理多个破产案件"，因为他们"既没有授权，也没有适当的经验，更没有设计保护整个金融体系的计划所需的工作人员"）。

[181] 同上，第5页。

[182] 同上；还可参见 Fin. Crisis Inquiry Comm'n, The Financial Crisis Inquiry Report: Final Report Of The National Commission On The Causes Of The Financial And Economic Crisis In The United States 436 – 37（2011）（他们认为，监管机构未能迅速解决问题，也未能让投资者相信问题是孤立的，这加剧了投资者对爆发金融危机的担忧）。

[183] 参见脚注49~59及附文（讨论了破产接管权）。

[184] 参照脚注56（提出联邦存款保险公司作为一个行政机构，比破产法官个人有更大的自由裁量权和灵活性，可以基于系统性考虑来协调对多个困境公司的处置）。

[185] 见脚注55~57及附文。

[186] 根据美国《破产法》第11章的规定，在破产程序进行中，破产债务人仍可占有其资产并继续经营。——编者注

[187] Gilson，见脚注40，第28页。

[188] 同上，第23—28页（认为，持产债务人融资为债务积压问题提供了解决方案，否则公司"别无选择，只能清算"）。

么不可用，要么至少不足以"解决大型系统重要性公司的问题。[189] 当然，如果有大量此类公司同时需要融资，就会加剧持产债务人私人融资的缺乏问题。

如果私人资源不足，政府可以考虑提供持产债务人融资。例如，美国和加拿大政府在通用汽车破产案中提供了持产债务人融资。[190] 作为陷入困境的吸储银行的接管人，联邦存款保险公司还有权采取"行动或提供援助……这对于避免或减轻'经济状况或金融稳定受到的严重不利影响'是必要的，其中可能包括在无法获得足够的私人融资时提供持产债务人融资"。[191] 政府扩大持产债务人融资范围的能力和意愿超出了本文讨论的范围。[192]

2. 主动处置

本文表明，现有的和拟议的主动处置型监管也可能不足以作为一种宏观审慎工具。[193] 为了尝试设计更有效的主动处置型监管，可以将金融体系视为一个"系统"，然后考察这一视角为维护金融稳定提供的洞见。[194]

一般来说，交互复杂[195]和紧密耦合[196]的系统，尤其是金融体系，"容易发

---

[189] Howell E. Jackson and Stephanie Massman, The Resolution of Distressed Financial Conglomerates, 3 RUSSELL SAGE FOUND. J. SOC. SCI. 48, 60–61 (2017), https://www.rsfjournal.org/doi/pdf/10.7758/RSF.2017.3.1.03.

[190] Christine Caulfield, GM Gets OK to Tap ＄33.3B In DIP Financing, LAW 360（June 25, 2009），https://www.law360.com/articles/108332/gm-gets-ok-to-tap-33-3b-in-dip-financing.

[191] Jackson and Massman, 见脚注 188, 第 67 页 [引自 12 U.S.C. §1823（c）（4）（G）（2012）]。

[192] 在美国，美联储还可能有权"在具备广泛合格性的救助计划或便利下，为合格抵押品的信贷充当最后贷款人的职能。"同上，第 67 页 [引用 Federal Reserve Act §13（3），12U.S.C. §343（2012）]。

[193] 如果公司遇到财务问题，要求系统重要性公司将其必要部分的证券式债务转换为股权（例如总损失吸收能力和 CoCos）可能是不够的，因为债转股的初步尝试结果成败参半，而且更重要的是，债转股的使用仅限于保护单个公司，见本文第 I.B.1 节。试图让政府机构成为母公司的接管人并清除母公司的股东（并可能减记一些债务）来控制失败的系统重要性公司（如单点进入策略）可能是不够的，因为它人为地依赖于系统重要性公司拥有母子公司型组织结构；即使在经济环境承压的时候，它也可能是无效的，而且它的运作主要是为了保护单个系统重要性公司，其次才是保护金融稳定，见本文第 I.B.2 节。而中央银行的最后贷款可能是不够的，因为至少在美国，《多德－弗兰克法案》大幅限制了美联储提供此类贷款的权力，见本文第 I.B.3 节。

[194] 参见脚注 136（表明金融系统"显然符合'系统'的条件"）。

[195] "一个交互式复杂系统是指其元件能以意想不到或不同的方式互动……" Richard Bookstaber, A Demon Of Our Own Design: Market, Hedge Funds, And The Perils Of Financial Innovation 154 (2007). 因此，一个元件受到的冲击可能会导致"不知从哪里冒出来的故障或者看起来不可思议的失败"。同前，第 55 页。

[196] "紧密耦合系统是一个高度相互依赖的系统，其中一个部分受到的干扰几乎可以瞬间扩散到系统的其他部分。" Anabtawi and Schwarcz, 见脚注 5, 第 94 页。

生灾难性失败",因为这种组合"混淆了风险,并且在局部冲击后几乎没有任何干预的机会"。[197] 相比之下,既不具有交互复杂性又不紧密耦合的系统较少发生系统性风险。[198] 这表明,主动处置型监管的设计应着眼于减少系统重要性公司之间的紧密耦合性和交互复杂性。

接下来考虑如何设计主动处置型监管来降低交互复杂性。[199] 系统重要性公司至少会给金融体系带来两个交互复杂性的来源,它们都源于信息失灵。交互复杂性的第一个来源是市场参与者不知道其他公司持有什么证券。[200] 因此,作为一种风险规避形式,他们假设某家公司拥有的不良证券也会由与该公司类似的其他公司持有。[201] 如果这些公司中的任何一家倒闭,市场参与者可能不愿意向类似的公司提供信贷,即使这些公司实际上财务状况良好。[202] 失去信贷可能会引发健康公司不可预测的破产,从而加速金融危机。[203] 主动处置型监管可能有助于减少这种交互复杂性,它可以要求系统重要性公司如果不是按需披露也至少要定期披露其所持证券的数量和特征,从而有助于减少这种互动复杂性的来源。[204]

交互复杂性的另一个来源是市场参与者不知道其他公司的合同义务。[205] 但是,如果一家公司不履行义务,其交易对手可能被迫违约。[206] 因此,规避风险的市场参与者可能再次拒绝为看似会违约但实际上财务状况良好的公司提供信

---

[197] Anabtawi and Schwarcz,见脚注5,第112页。
[198] 同上。例如:一个交互复杂但只是松散耦合的系统……由于系统的交互复杂性,可能会在其元件之间产生不可预测的相互作用。然而,由于松散耦合为早期干预提供了机会,因此元件层面的故障对此类系统的最终损害可能是可控的。
[199] 监管可能无法消除交互复杂性,因为作为复杂性基础的信息故障是人为安排(human arrangement)所固有的。复杂性本身有时也可能是有益的。例如,衍生品可用于更好地在市场参与者之间配置风险。
[200] Anabtawi and Schwarcz,见脚注5,第92页。
[201] 同上,第95页。
[202] 同上,第95—96页。
[203] 同上,第94页(讨论了交互式复杂性导致的不可预测性)。
[204] 我将这种形式的处置型监管归类为主动监管,因为它提供了一种预先计划的改进措施(加强披露),如果公司因可能失去信贷渠道而陷入困境,该改进措施就会生效。于是,这一披露要求使公司可以继续获得信贷,增强公司的偿债能力(从而避免违约)。见脚注77~78(定义了主动处置型监管)。披露要求的效果也可能适得其反。
[205] Anabtawi and Schwarcz,见脚注5,第114页。
[206] 同上,第88页。

贷，从而引发这些健康公司不可预测的失败，并加速金融危机。[207] 如果市场参与者担心公司在衍生品合约中承担或有义务，使之面临不确定的债务风险，则风险厌恶可能会特别高。[208] 主动处置型监管[209]可以帮助减少这种互动复杂性的来源，具体来说，和前文一样要求系统重要性公司[210]披露其合同义务的金额（或者在担心不确定责任的情况下，估计责任限度[211]）和性质[212]。

主动处置型监管也可以帮助减少紧密耦合问题。[213] 需要注意的是，中央银行的最后贷款有助于防止金融体系某个部分受到的扰动（如一家有偿付能力但流动性不足的系统重要性公司的违约）迅速蔓延到系统的其他部分，包括违约公司的对手方。[214] 这种贷款将为该公司提供流动性，以防止其违约；而且由于该公司有偿付能力，它最终应该能够偿还贷款。[215] 我曾单独提出，《多德-弗兰克法案》对美联储提供最后贷款的权力限制应该取消。[216]

接下来考虑如何设计处置型监管来保护系统重要性市场和基础设施。目前保护金融体系关键要素的监管相对较少。[217]

B. 对系统重要性市场的处置型监管

1. 被动处置

被动处置型监管显然不适合陷入困境的系统重要性市场。我们尚不确定重

---

[207] Anabtawi and Schwarcz，见脚注 5，第 95—96 页。
[208] Schwarcz，见脚注 77，第 243—45 页。
[209] 这种形式的处置型监管是主动的。见脚注 203 及附文。
[210] 见脚注 202~204 及附文。
[211] 衍生品合约的当事人通常可以估计其潜在的责任限度。Steven L. Schwarcz, Central Clearing of Financial Contracts: Theory and Regulatory Implications, 167 U. PA. L. REV. (forthcoming 2018-19), https://ssrn.com/abstract=3104079.
[212] 参见 Schwarcz，见脚注 77，第 243—247 页（讨论了披露是帮助避免"信任危机"的一种选择）。一般公认会计原则（以下简称"GAAP"）并不要求充分披露合同义务，特别是或有义务，以减少互动的复杂性。只有当或有债务是一种"合理的可能性"时，而这本身就是一种主观判断，GAAP 要求各方披露或有债务。同前，第 243—244 页，及其注释 181~183。
[213] 同上，第 247 页。
[214] See Steven L. Schwarcz, Essay, Controlling Financial Chaos: The Power and Limits of Law, 2012 WIS. L. REV. 815, 829.
[215] Schwarcz，见脚注 77，第 250 页。
[216] Schwarcz，见脚注 214，第 829—833 页。
[217] Peirce，见脚注 12。

组陷入困境的金融市场意味着什么,但清算金融市场的后果可能是灾难性的。

2. 主动处置

相反,主动处置型监管非常适合陷入困境的系统重要性市场。理论上至少有两种可能的方法:预先计划的改进措施,这可以使市场更具内在稳健性[218];提前承诺向各方提供流动性以支持此类市场。[219]

预先监管计划可以通过减少不稳定市场的紧密耦合性使之更具内在稳健性。[220] 今天的金融市场至少有两个方面的紧密耦合。计算机化交易使它们特别容易受到闪电崩盘的影响,在这种情况下,高速自动交易会在不经意间导致价格极快的(实际上是不合理的)下跌。[221] 此外,"盯市"会计规则要求调整证券账户以响应证券市场价值的变化(通常会降低风险)[222],这可能会无意中造成低价抛售[223],在市场极端波动时期扭曲价值。[224]

预先监管计划可以减少系统重要性金融市场的紧密耦合。例如,它可以要求系统重要性市场设置熔断机制,以此减少闪电崩盘的紧密耦合,如果价格下跌过快,例如,在不到预设的时间段内超过预设的下跌量,熔断机制就会自动

---

[218] Steven L. Schwarcz, Perspectives on Regulating Systemic Risk, in SYSTEMIC RISK, INSTITUTIONAL DESIGN, AND THE REGULATION OF FINANCIAL MARKETS 39, 45 (Anita Anand ed., 2016)(认为监管应如何要求系统重要性市场更具内在稳健性是一个"重要但仅得到部分回答"的问题)。

[219] 同上。

[220] 回想一下,紧密耦合是指系统的一个部分发生故障往往会迅速导致其他故障,见脚注 196。

[221] 例如,Anabtawi and Schwarcz,见脚注 5,在 118 页(解释了"算法驱动的证券销售"是 2010 年闪电崩盘的一个原因)。

[222] 例如,投资者可以从证券经纪商那里赊购证券,通过抵押证券来保证购买价格。防止证券价格下跌至其作为抵押品的价值,且不足以偿付购买价格,经纪自营商要求投资者维持最低的抵押品价值。如果证券的市场价值低于这个最低值,经纪商将发出"追加保证金通知",要求投资者存入额外的抵押品,通常是以货币或额外证券的形式来满足这一最低要求。如果不这样做,就会引发违约,经纪交易商就可以取消抵押品的赎回权。ZVI BODIE ET AL., INVESTMENTS 71–72 (8th ed. 2008). 通常认为盯市可以降低风险。例如,Gikas A. Hardouvelis and Panayiotis Theodossiou, The Asymmetric Relation Between Initial Margin Requirements and Stock Market Volatility AcrossBull and Bear Markets, 15 REV. FIN. STUD. 1525, 1554–55 (2002)(发现更高的追加保证金要求和系统性风险降低之间存在相关性)。

[223] 例如,某些证券价格的暂时下跌会迫使人们出售这些证券以获得现金;这种被迫出售进一步推动价格下跌,而这又需要更多的被迫出售,这一过程快速循环往复,导致这些证券的价格完全崩溃。Anabtawi and Schwarcz,见脚注 5,第 118—119 页。

[224] 同上,第 119 页。

暂停市场交易。[225] 预先监管计划还可以在市场极端波动时暂停盯市会计规则，以此减少该规则的紧密耦合。[226]

在许多时候，这种预先计划要求监管机构根据每个市场的情况提前决定什么样的价格下跌是过快的[227]，从而有理由暂停交易。哪些情况会构成极端的市场波动[228]，从而证明暂停盯市会计规则是合理的。在做出这些决定时，监管机构必须尝试区分可能由恐慌、自动交易或其他冲击引起的短期定价波动和代表证券价值真实变化的定价波动。监管机构做出这些决定的过程超出了本文讨论的范围。[229]

主动处置型监管还可以事先承诺向各当事方提供流动性来稳定市场价格，以此加强和促进不稳定金融市场的可处置性。例如，由股票市场（如纽约证券交易所）成员发起的内部监管[230]对其会员实行流动性要求。[231] 学者们也在研究"以低于其内在价值但高于市场价格的价格购买市场证券"，为支持系统重要性市场提供部分私有化的政府流动性便利[232]，从而"稳定不良金融资产的价格"。[233]

C. 对系统重要性基础设施的处置型监管

1. 被动处置

顾名思义，系统重要性基础设施对金融体系的持续运作至关重要[234]，为防

---

[225] 见脚注5，第117页（在紧密耦合的情况下……重点是在时间上减缓或暂停后果的积累。）为了应对2010年的闪电崩盘，美国证券交易委员会研究了设计此类熔断机制的方法）。Investor Bulletin: Measures to Address Market Volatility, U. S. SEC. EXCHANGE & COMM'N. (July 1, 2012), https://www.sec.gov/oiea/investor-alerts-bulletins/investor-alerts-circuitbreakersbulletin-htm.html（将股票市场可能实行的熔断机制告知投资者）。

[226] Anabtawi and Schwarcz, 见脚注5，第119页。

[227] 见脚注225及附文。

[228] 见脚注226及附文。

[229] 例如，在防止2016年8月24日交易所交易基金的闪电崩盘方面，美国证券交易委员会最初设计的熔断机制"惨遭失败"。Vance Harwood, ETF FlashCrashes Happen with Big Funds Too, SIX FIGURE INVESTING (Dec. 6, 2016), https://sixfigureinvesting.com/2015/08/secs-circuit-breakers-for-etf-etn-flash-crash/.

[230] 参见 N. Y. STOCK EXCH., DESIGNATED MARKET MAKERS (2016), https://www.nyse.com/publicdocs/nyse/markets/nyse/designated_market_makers.pdf.

[231] Schwarcz, 见脚注218，第45页。

[232] Anabtawi and Schwarcz, 见脚注5，第108—109页。

[233] 同上，第107页；Gordon and Muller, 见脚注106，第185页（给出了相似的论述）。

[234] 见脚注154~157及附文。

止陷入困境的基础设施破产,随时需要被动处置。因此,银行破产案中的协商处置[235]可能太慢。更快速的监管干预措施,即类似于对系统重要性公司的有序清算制度这样的被动处置,可能更合适。然而,有序清算制度本身并不适用于对清算所的处置,清算所是系统重要性基础设施的重要组成部分。[236] 除其他局限外,负责管理有序清算的联邦存款保险公司"没有监管清算所或衍生品市场的经验"。[237] 此外,目前尚不清楚联邦存款保险公司能否找到一个健康的大型清算所来收购陷入困境的清算所。对于作为中央对手方的清算所来说,有序清算制度的局限可能更加严重[238],这些清算所的资产负债表"完全不同于其他主要类型的系统重要性金融机构,如银行、经纪自营商和保险公司的资产负债表"。[239]

斯蒂芬·卢本教授提出了一种快速监管干预措施,也即对濒临破产的清算所国有化,清除"股权、会员资格和投资者债务"。[240] 以前的清算所成员可以继续通过国有化的清算所,以"按服务付费"进行清算。[241] 一旦金融体系稳定下来,国有化的清算所将发行"新的会员资格以换取对违约基金的新缴款和新的资本承诺"。[242] 然而,国有化似乎是一种过于严厉的补救措施,甚至有可能违宪。[243]

2. 主动处置

相比之下,主动处置尤其适用于基础设施,以确保金融体系的不间断和持

---

[235] 见脚注 48 及附文。

[236] 见脚注 159 及附文。

[237] David Skeel, What if a Clearinghouse Fails?, BROOKINGS INSTITUTION (June 6, 2017), https://www.brookings.edu/research/what-if-a-clearinghouse-fails/. 一位学者认为,联邦存款保险公司的突出作用以及美国商品期货交易委员会在有序清算制度中的缺席表明,"国会从未打算让有序清算制度适用于受《多德-弗兰克法案》监管的清算所。" Stephen J. Lubben, Failure of the Clearinghouse: Dodd Frank's Fatal Flaw?, 10 VA. L. & BUS. REV. 127, 151 (2015).

[238] 见脚注 162~164 及附文(定义了中央对手方)。

[239] Duffie, 见脚注 155, 第 88 页。

[240] Stephen J. Lubben, Nationalize the Clearinghouses! 30, 31 (Seton Hall Pub. LawResearch Paper No. 2458506, 2014), http://ssrn.com/abstract=2458506 (认为联邦特许过桥机构应该接管陷入困境的清算所)。

[241] 同上,第 31 页。

[242] 同上。

[243] Duffie, 见脚注 155, 第 104 页(一些破产和破产处置程序的目标或要求是,分配给债权人的损失不应大于在破产实体被简单清算这一反事实情况下可能发生的损失……在这个意义上,如果处置程序为了减少社会总损失而使一些债权人的损失超过其在清算情况下的损失,就意味着对产权的某种侵犯)。本文不分析这种国有化是否会违反宪法第五修正案的规定。

续运行。㉔㊃正如预先计划的流动性供给可以使陷入困境的系统重要性公司能够偿还其债务[245]，并可以在动荡的金融市场中稳定价格[246]，它也可以用于稳定陷入困境的基础设施，例如使财务不稳定的清算所能够支付其费用。为此，美联储有权"在异常或紧急情况下"向清算所和其他金融市场设施提供贴现窗口贷款，这是流动性供给的一种形式。[247]

已被认定为具有系统重要性的金融市场设施[248]已经受到主动处置型监管，要求它们制订恢复计划和停业计划（wind-down plan）。[249] 国际监管机构同样希望系统重要性金融市场设施制订它们陷入困境时如何尽力修复，以及在恢复计划失败时如何停业的计划。[250]

然而，这些停业计划，也许还有恢复计划，可能有一些缺陷，这些缺陷类似于那些影响生前遗嘱有效性的缺陷：难以准确预测一家公司将如何破产，控制单个公司破产引起的系统性传染的计划并不能防止多个公司同时破产引起的系统性传染。[251]

有些私人组织提出了有效的主动处置，以帮助保护作为中央对手方的金融市场设施。例如，国际掉期与衍生品协会[252]提出了一种合约解决方案，称为变动保证金收益折扣（variation margin gains haircutting，VMGH）[253]，以防

---

[244] 见脚注 234 及附文。Peirce，见脚注 168，第 647 页（认为中央对手方倒闭的阴影和公司无法交易《多德-弗兰克法案》的清算指令中覆盖的金融工具，使清算成员和监管者在维持中央对手方服务方面有巨大的利益）。

[245] 见脚注 112～114 其附文。

[246] 见脚注 230～233 及附文。

[247] 参见 12 U.S.C. §5465 (b) (2012)（美联储理事会可授权联邦储备银行……只有在异常或紧急情况下，才能向指定的金融市场设施提供贴现和借款特权……）；Peirce，见脚注 168，第 648 页。

[248] 见脚注 159（讨论了系统重要性金融市场设施的认定）。

[249] 同上。

[250] 同上（讨论了由支付和市场基础设施委员会、国际证券委员会组织于 2012 年联合发布的《金融市场基础设施原则》）。

[251] 见脚注 61～64 及附文。

[252] 见脚注 66（讨论了国际掉期与衍生品协会）。

[253] INT'L SWAPS & DERIVATIVES ASS'N, INC., CCP LOSS ALLOCATION AT THE END OF THE WATERFALL 4 (2013), https://www2.isda.org/attachment/NTc5Nw==/CCP_loss_allocation_waterfall_0807.pdf.

止中央对手方在其他财务资源耗尽后出现违约。[254] 届时，中央对手方与其成员的合约将允许它"取消或减少本应向清算成员支付的变动保证金来保存或积累现金"[255]，同时收取成员欠缴的所有保证金。[256] 然而，一些人认为，变动保证金收益折扣方法可能会在无意中放大系统性风险。例如，在可能陷入财务困境的时期，"中央对手方及其客户可能蒙受额外损失"，这可能会导致其中一些公司倒闭。[257] 此外，强迫"希望获得现金支付的客户……为筹集资金清算资产"以支付所需的保证金，将"压低这些资产的价值并削弱市场，导致正在崩塌的市场可能变得更不稳定的顺周期情景"。[258]

作为变动保证金收益折扣的替代方案，投资银行摩根大通提出了一种私有化的保险形式，可以购买该保险以帮助不稳定的中央对手方进行资本重组。[259] 机构投资者可以通过提供此类保险赚取租金（以保险费的形式）。[260] 这也将激励提供保险的机构发挥外部监督作用。[261]

欧盟正在实施一种非常不同的主动处置型监管方法来保护中央对手方基础设施。其《欧洲市场基础设施条例》要求"为了履行清算义务，至少有两家中央对手方对某一特定资产类别进行清算"。[262] 因此，如果一家中央对手方倒闭，就可以让另一家承担清算职能。但是，《欧洲市场基础设施条例》并不完美，原因有几个。它并没有解决关联的中央对手方倒闭的问题。它忽略了中央对手方倒闭本身可能会导致交易冻结。[263] 此外，它实际上并不要求建立多家中央对手方，而只是在仅有一家中央对手方的情况下，中止了通过一家中央对手

---

[254] 同脚注253，第9页。

[255] Duffie，见脚注155，第92页。

[256] 同上。变动保证金就是定期（通常是每日）支付或抵押品转移，以抵消因中央对手方成员的投资组合的市场价值每日变动带来的损失风险。Peirce，见脚注168，第607页。

[257] Lubben，见脚注237，第153页。

[258] Office Of Regulatory Affairs., Jp Morgan Chase & Co., What Is The Resolution Plan For Ccps? 2 (2014), https://www.jpmorganchase.com/corporate/About-JPMC/document/resolution-plan-ccps.pdf.

[259] 同上，第4页。

[260] Duffie，见脚注155，第99页。

[261] Peirce，见脚注168，第655页。该替代方案类似于上文讨论的部分私有化的流动性工具。见脚注232~234及附文。

[262] World Fed'N Exchs., The Interplay Between Central Counterparty (CCP) Recovery And Resolution: A Global Perspective 5 (2017).

[263] 同上，第7页［鉴于（中央对手方失败）的重大影响，如果发生这种情况，市场本身也很有可能不再可行，因为退出的参与者可能会耗尽流动性……］。

方清算的义务。[264]

上述方法针对中央对手方和一些最大的金融市场设施[265],但它们基本上忽略了其他金融市场设施,这些金融市场设施是控股公司结构的一部分,面临着关联的财务和经营风险。[266]对此,可以设计主动处置型监管,通过隔离机制保护这些金融市场设施,从而在相当大的程度上保护它们免于:

> 承担与(关联公司)破产相关的责任和其他风险……有助于确保公司在其关联公司倒闭的情况下,也能够独立运营……(以及)保护公司不被关联公司利用,从而保护公司的业务和资产。[267]

由于成本高昂,隔离最常用于保护提供基本公共服务的垄断或半垄断实体(因此,即使有,也很少有替代品),例如生产和配送电力的公用事业公司。[268]如果公用事业公司是控股公司结构的一部分,从而面临非公用事业风险,这一点尤其有价值;将公用事业公司与非公用事业风险相隔离,有助于确保公共服务不受损害地继续运行。[269]

如果金融市场设施处于使它们面临其他风险的控股公司结构中,则它们符合公用事业公司模式。与公用事业公司一样,金融市场设施提供基本公共服务(确保金融体系的持续运行)。与公用事业公司一样,金融市场设施几乎没有替代品;事实上,它们往往是唯一能够提供清算和结算服务的实体。[270]

例如,为信用违约互换衍生品提供中央对手方清算服务的金融市场设施ICE Clear Credit 公司,是洲际交易所的间接子公司[271]。洲际交易所采取了激进

---

[264] 参见 EUROPEAN BANKING FED'N, EBF RESPONSE TO ESMA CONSULTATION PAPER ON THECLEARING OBLIGATION UNDER EMIR (NO.1)(2014), http://www.ebf-fbe.eu/wp-content/uploads/2014/08/EBF _ 009858G-FINAL-EBF-response-to-ESMA-CP-on-clearing-obligation-no.1-IRS.pdf.

[265] 见脚注 159(讨论了系统重要性金融市场设施)。

[266] 见脚注 165~167 及附文(讨论金融市场设施对附属风险的风险敞口)。

[267] 参见 Steven L. Schwarcz, Ring-Fencing, 87 S. CAL. L. REV. 69, 81–82 (2013).

[268] 同上,第 105 页。

[269] 同上,第 74 页。

[270] 例如,FIN. STABILITY OVERSIGHT COUNCIL,脚注 159,第 157 页、第 160—161 页、第 174 页。

[271] 同上,第 172 页。

的收购战略[222]，导致其积累了巨额债务[223]，而且"其业务的任何方面……都涉及大量责任风险"。[224] 隔离 ICE Clear Credit 公司将有助于保护它免受母公司财务和经营风险的影响[225]，从而确保即使母公司破产，这家金融市场设施也能持续提供清算服务。[226]

结论

为了应对全球金融危机，监管机构和政策制定者已经将他们的重点从旨在保护单个公司的微观审慎监管，转移到保护金融体系自身稳定的宏观审慎监管。受挫于在如何防止另一场危机方面进展甚微，监管机构如今正在设法运用破产处置方法来帮助稳定金融体系。但是，迄今为止，他们的努力是不够的，部分原因在于破产法传统上只有微观审慎目标，而保护金融稳定是宏观审慎目标。

本文试图推导出一个逻辑上自洽的理论，说明处置型监管如何以及为什么能够帮助稳定金融体系。为此，本文确定了三种处置型监管方法：被动处置型监管，包括传统破产的变化；主动处置型监管，包括预先计划的改进措施，旨在加强或促进对陷入困境的金融体系构成要素的处置；以及逆向处置型监管，

---

[222] 参见 INTERCONTINENTAL EXCH., ILLUMINATING MARKETS: 2016 ANNUAL REPORT 29 (2016), http://ir.theice.com/~/media/Files/I/Ice-IR/annual-reports/2016/2016-annualreport.pdf（我们可能很有收购能力）。

[223] 同上，第 31 页（在我们收购纽约证券交易所和 Interactive Data 之后，形成了大量未偿并表债务）。

[224] 同上，第 33 页（我们许多方面的业务……涉及大量责任风险……例如，在我们的电子平台上进行交易的市场参与者不满意……可能就交易执行的质量提出索赔，或者指控我们或我们的参与者不当的确认或结算交易、滥用交易行为、安全和保密漏洞、管理不善甚或欺诈……针对我们提起的任何诉讼或索赔的不利和解方案可能要求我们支付巨额赔偿金……）。

[225] 对金融市场设施进行隔离的实际操作超出了本文的讨论范围，因为它们高度依赖于现实情况。不过，总的来说，它们可能会包括预先计划的保护措施，使金融市场设施的破产不会影响其关联公司，并在关联公司倒闭时能够独立运行。参见 Schwarcz，见脚注 267，第 74 页（解释了隔离如何有助于保护公用事业在控股公司结构中的持续运作）。

[226] 对于最关键的系统重要性金融市场设施，即使它们的关联风险很小，也可以考虑隔离。例如，CME Clearing 公司是为美国绝大部分期货、期货期权和商品期权交易提供清算服务的金融市场设施，也是芝加哥商品交易所的一个非法人部门。STABILITY OVERSIGHT COUNCIL，见脚注 159，第 157 页。隔离 CME Clearing 有助于将它与交易所相关的风险隔离开来，从而确保在交易所失败这种不太可能发生的情况下，其清算服务不会受到损害。

旨在减少处置的需要（因此不是真正的处置）。[277]

本文认为，处置型监管不仅应该（按照目前的构想）致力于保护陷入困境的单个系统重要性公司，而且应该防止系统重要性公司集体倒闭，并保护金融体系的其他关键要素。这些要素包括证券和其他金融资产交易的市场以及为交易提供便利的基础设施。最后，本文将这些见解应用于设计处置型监管，监管机构可以将它作为额外的宏观审慎工具。[278]

本文对宏观审慎的处置型监管的分析既适用于美国，也适用于美国之外的国家或地区。但是，本文并未探讨不一致的处置型监管方法的跨国承认或可能的国际整合。雷曼兄弟公司的破产表明，对一家系统重要性跨国公司的有效跨境处置需要大量的国际协调，因此这是一个有待进一步研究的重要课题。[279]

附录

A. 有关监管设计的建议

参考本文的详细讨论，本附录简要总结了如何设计宏观审慎的处置型监管，不仅保护系统重要性公司，也要保护系统重要性金融市场和基础设施。本附录还区分了哪些处置型监管是被动的[280]，哪些是主动的。[281]

1. 对系统重要性公司的处置型监管

根据现行法律，被动处置型监管不应仅限于保护陷入困境的单个系统重要

---

[277] 见脚注121（讨论了区分这些监管方式的直观方法）。
[278] 见脚注4（讨论了宏观审慎监管工具箱）。
[279] 笔者单独研究了处置型监管方法的跨国承认问题。参见：Steven L. Schwarcz et al., Comments on the September 29, 2014 FSB Consultative Document, "Cross-Border Recognition of Resolution Action" (Ctr. for Int'l Governance Innovation, CIGI Paper No. 51, 2014), http://www.cigionline.org/sites/default/files/no.51.pdf. 包括笔者在内的一批研究破产和金融监管的美国和国际学者也一直在分析处置型监管方法的跨国整合。参见Financial Scholars Letter，见脚注50，第3页。此外，该信函认为，法院很可能"缺乏与外国监管机构在破产申请前达成谅解的深厚关系或权力"，从而"使外国监管机构或外国法院更有可能在当地利益集团的要求下，扣押其管辖范围内（全球系统重要性公司）的资产"。正如这种抢夺会破坏对国内公司的有效处置，它"可能会阻碍对全球系统重要性公司的成功处置"。
[280] 如果处置型监管适用于陷入困境的金融体系构成要素，即公司、市场或基础设施，那么这种监管就是被动式的。
[281] 如果处置型监管包括预先计划的改进，旨在加强或促进开始出现问题的金融体系构成要素的可处置性，那么这种监管就是主动式的。

性公司。金融危机表明，多家系统重要性公司可能会同时陷入困境[232]，需要采取比司法破产案件中可行的应对措施更全面、更协调一致的应对措施。[233] 受监管机构监督的处置方法可能有助于提供这种应对措施，但监管机构在处置方面的专业知识可能比破产法官少。为了弥补这一点，破产法官可以担任这一监管程序的监督者。[234]

为了使陷入困境的多家系统重要性公司能够在重组其资本结构所需的时间内继续运营，持产债务人融资是必要的。如果私人资源不足，政府应考虑提供这种融资。[235]

主动处置型监管可以帮助减少导致不可预测的对手方行为的交互复杂性和紧密耦合性。为此目的，监管可以要求系统重要性公司如果不是按需也至少要定期向交易对手披露其持有证券的数量和特征[236]，以及合同义务的金额（或者在担心衍生品合约的不确定责任的情况下，估计责任限度）和性质。[237] 为了防止系统重要性公司违约和迅速蔓延的金融恐慌，中央银行可以考虑，至少应该获得授权向这些公司提供最后贷款，特别是流动性不足但有偿付能力的公司，从而最终有能力偿还贷款。[238]

2. 对系统重要性金融市场的处置型监管

目前，处置型监管的重点是陷入困境的系统重要性公司，这掩盖了利用处置型监管来保护金融体系中其他可能导致系统性崩溃的关键要素的重要性。这些要素包括交易证券和其他金融资产的市场。

主动处置型监管非常适合处置陷入困境的系统重要性市场。为了防止不稳定市场的崩溃，此类监管可能会要求熔断机制在价格下跌过快时自动暂停交易。[239] 同样，监管可能会暂停对易受极端波动影响的系统重要性市场的盯市会计规则。[240]

---

[232] 见脚注 63~64 及附文。
[233] 见脚注 179~180。
[234] 见脚注 181~182。
[235] 见脚注 187~192。
[236] 见脚注 203~204。
[237] 见脚注 205~212。
[238] 见脚注 214~215。
[239] 见脚注 225~226。
[240] 见脚注 226~227。

主动处置型监管还可能需要创设流动性便利,以帮助在市场恐慌时稳定价格。例如,此类便利可用于"以低于其内在价值但高于当时市场价格的价格购买证券",从而将价格稳定在更合理的水平。[291] 尽管这些流动性便利可能是政府提供的,但也可以部分由私人提供。[292]

3. 对系统重要性金融基础设施的处置型监管

用于清算、结算证券和其他金融资产交易的金融基础设施构成了金融体系的另一个关键要素,其失败可能引发系统性崩溃。各国政府和私人组织一直在考虑,至少是含蓄地考虑,主动处置型监管如何保护部分基础设施。但是,它们基本上忽略了保护金融基础设施免受过度暴露于关联风险的需要。处置型监管可以通过隔离基础设施,保护它们免于破产。[293]

(中国政法大学研究生院　马学荣　译　中国政法大学商学院　胡继晔　校)

---

[291] Anabtawi & Schwarcz,见脚注5,第109页;见脚注230~233。
[292] 见脚注230~233。
[293] 见脚注265~276。

从另类公司的治理实践看治理的逻辑

郑志刚

一、正在程式化的公司治理和治理失败

人类历史上第一家现代股份公司荷兰东印度公司诞生于 1602 年。它的诞生不仅标志着企业组织制度的一次革命，也标志着融资实现方式的一次革命。在企业组织制度上，随着现代股份公司的出现，人类社会的工业生产逐步摆脱家庭手工作坊，开始走向基于专业化分工的社会化大生产；在融资方式上，从单纯依靠抵押担保的债务融资演进为依靠现代公司治理制度保障的权益融资。经济学家巴特勒把现代股份公司称为"人类历史上的一项伟大发明"，指出，"如果没有它，连蒸汽机、电力技术发明的重要性也得大打折扣"。

作为权益融资实现的基础性制度安排，施莱弗和维什尼（Shleifer and Vishny，1997）对公司治理的权威定义是，使资金的提供者按时收回投资并取得合理回报的各种方法的总称。那么，股东如何"按时收回投资并取得合理回报"呢？实践中，除了在股东大会上通过集体表决对现代股份公司重大事项进行最后裁决，股东还将委派在法律上向股东负有诚信责任的董事组成董事会，代表全体股东监督公司聘任的经理人，并进行战略咨询。荷兰东印度公司在成立时，设立了成员多达 70 人的董事会，之后演变成被称为"十七绅士"

---

* 作者为中国人民大学财政金融学院教授，中国公司治理50人论坛成员。

的议事机构，成为现代股份公司董事会制度的雏形。

与战略咨询相比，监督经理人被认为是董事会更加核心的职能。其中，确保股东获得公司真实财务信息的所谓内部控制是董事会监督经理人职能的重要体现。例如，2020年4月瑞幸咖啡财务造假丑闻表明该董事会的内控系统是失灵的，很多投资者和媒体由此发出"瑞幸咖啡公司治理去哪儿了？"的疑问。[1] 董事会通常需要聘请至少一位有会计背景的独立董事来兼任董事会中的审计或内控专业委员会的主席。内控专业委员会对提供独立审计服务的专业会计师事务所的外聘具有重要建议权。

董事会监督经理人职能的另外一个重要方面则来自如何为经理人设计薪酬激励方案。通过将经理人获得的股权激励等薪酬与企业绩效有效挂钩，在激励经理人努力进取、获得高薪酬回报的同时，为股东创造更多财富。按照梯若尔教授的概括，"一个好的治理结构是选出最有能力的经理人，并使他们向投资者负责"（Tirole，2001）。一个未能履行诚信责任的董事将面临股东的集体诉讼，甚至被要求举证倒置。

从荷兰东印度公司的诞生至今，公司治理实践走过了长达400多年的历程，而公司治理的理论研究则不足上百年的历史。公司治理的理论研究可以追溯到伯利和米恩斯所著的《现代公司和私有财产》一书于1932年的出版（Berle and Means，1932）。在1929—1933年大萧条爆发后，很多学者开始反思它为什么会首先在美国爆发。其中伯利和米恩斯将大萧条的爆发与美国主要公司分散的股权结构和由此形成的所有权与经营权分离联系在一起，在《现代公司和私有财产》一书中正式提出了关注经理人与股东利益冲突的公司治理问题。他们认为，外部分散股东由于无法有效地行使控制权，放任职业经理人挥霍，使投资者蒙受了巨大损失，"对过去三个世纪赖以生存的经济秩序构成威胁"。事实上，经济学鼻祖亚当·斯密在《国富论》中就曾有过"作为其他人所有的资金的经营者，不要期望他会像对自己所有的资金一样精心照顾"的论述（Smith，1776）。

詹森和麦克林的经典论文将委托代理理论的研究框架应用于分析伯利和米恩斯提出的"公司治理问题"，形成了著名的"代理成本"这一公司治理标准研究范式（Jensen and Meckling，1976）。公司治理的政策目标从此明确为"缓

---

[1] 参见郑志刚，"瑞幸咖啡财务造假，公司治理去哪儿了？"，FT中文网，2020年4月7日。

解代理冲突，降低代理成本"。

我们注意到，500年的公司治理实践与近百年的公司治理理论研究已经使公司治理范式出现了一种"程式化"的趋势。这种公司治理范式的程式化集中体现在以下三个方面：

第一，股东是公司治理的权威。按照2016年诺贝尔经济学奖得主奥利弗·哈特于20世纪90年代发展的现代产权理论（Grossman and Hart，1986；Hart and Moore，1990；Hart，1995），向现代股份公司提供资本的股东与维持公司日常运作的经理人围绕外部权益融资签订的合同是不完备的，股东以"所有权与经营权分离"的方式提供资本，由此面临事后被经理人"要挟"的机会主义行为风险。预期到这一点，股东事前出资认股的激励不足。为了鼓励股东进行所谓的资产专用性投资，现代股份公司需要在受《公司法》和《证券法》保护的公司章程中向股东做出承诺：出资入股的股东将集体享有现代股份公司的所有者权益，成为"公司治理的权威"。

与其他利益相关者相比，作为所有者权益的享有者，现代股份公司的股东拥有以下两项"特殊的权利"：其一是所谓的"剩余控制权"，即对双方通过购买股票签署的不完备合同未规定的事项，股东有权在股东大会上以投票表决的方式做出最后裁决。其二是所谓的"剩余索取权"，即在利润分配时，股东的受益顺序排在雇员、债权人等其他利益相关者之后。享有"剩余索取权"使股东能够为可能做出的错误决策以出资额为限承担有限责任，因而该权利事实上成为股东在现代股份公司中承担的一项义务。股东在现代股份公司中享有的权利和承担的义务由此得到很好的对应和匹配。享有上述两种特殊权利的股东因此被主流公司治理理论明确为公司治理的权威，"股东中心"导向的公司治理制度在实践中也逐步确立。股东的权威性集中体现在以下两个方面：股东大会作为公司的最高权力机构，有权对公司章程制定和其他重大事项进行最后裁决；《公司法》规定经理人和董事向股东负有诚信责任（郑志刚，2020B）。

第二，董事会是公司治理的核心。董事会是由股东大会按照公司章程相关规定，经过遴选委任产生的公司常设机构，代表股东履行监督经理人的职责，同时向经理人进行战略咨询。而"任何一家现代股份公司的生存发展，依赖于两股性质截然不同的力量，即公司所有者的力量与公司经营者的力量之间的权衡。公司依靠股东获得资本，同时也需要维持公司日常运作的经理人"（Monks and Minow，2001）。由于董事会把提供资本的股东和使用这些资本创造价值的经理人连接起来，成为协调二者之间利益冲突的重要机制，因而董事会被认为是公司治理的核心（Hermalin and Weisbach，2001）。

其中，独立董事在董事会履行监督职能的过程中扮演重要角色。所谓独立董事指的是除了担任公司的董事，与公司没有任何家族、商业关联的董事会成员。担任独立董事的通常是其他企业的前任或现任经理人，会计和律师事务所的职业会计师、律师，以及前政府官员和大学教授等。按照独立董事履职的相关规定，独立董事需要在大股东关联交易、抵押担保等涉嫌损害股东利益的董事会议案中出具独立意见。上市公司需要对独立董事签署的独立意见进行严格的信息披露。这客观上提高了相关信息的透明度，增加了内部人损害股东利益的成本。或者出于对未能履职将承担法律处罚风险的畏惧，或者出于对自身声誉损失的担心，来自公司外部、兼职性质的独立董事更有可能在有损股东利益的董事会议案中出具否定性意见。

第三，经理人薪酬合约设计是公司治理的关键。由于经理人的努力是外部股东无法分享的私人信息，经理人薪酬合约的设计不仅仅是经理人努力付出的补偿问题，还有通过支付信息租金鼓励其"说真话"的激励问题（Myerson，1981）。尽管经理人的努力无法在法律上证实，甚至不可观察，但通过将经理人的薪酬与作为"努力结果"的企业绩效挂钩，希望获得高薪酬的经理人通过付出更多的努力来提升企业绩效，上述激励合约设计由此实现了激励经理人努力工作的目的（Holmstrom and Milgrom，1987）。由此，向经理人授予股权激励计划，使经理人"像股东一样思考"成为解决经理人与股东之间代理冲突的重要途径之一（Jensen and Meckling，1976）。在一些证券投资基金中，有限合伙投资协议类似于经理人股权激励计划，成为协调有限合伙人与普通合伙人代理冲突的公司治理的制度基础，乃至这些证券投资基金有时并不需要设立董事会。[②]

除了公司治理实践发展与理论研究推动公司治理范式出现上述程式化趋势，对上市公司监管的日益加强也助推了这一趋势的出现。一个典型的例子是，受美国上市公司监管政策调整的影响，巴菲特控股的伯克希尔·哈撒韦公司（以下简称伯克希尔）在治理构架中不得不引入上市公司的一些特征。伯

[②] 参见郑志刚，"为什么在证券投资基金的治理构架中没有董事会的一席之地？"，FT中文网，2021年5月7日。

克希尔在2003年后增加了四位外部（独立）董事，同时董事会下设了由外部董事组成的审计委员会及治理、薪酬和提名委员会。这是在安然等会计丑闻发生后，美国出台《萨班斯－奥克斯利法案》加强董事会独立性（独立董事占董事会全体成员的比例）的直接举措。事实上，巴菲特本人一直对独立董事在公司治理中的作用不置可否。他曾在1993年致股东的信中提及，"如果与所有者/经理人没有任何关系的董事取得了一致意见，那就很有可能产生某种作用，但更有可能起不到任何作用"。他甚至多次直言不讳地批评独立董事制度，认为"独立董事每年只需工作几天就能获得数十万美元的报酬；他们对公司的未来并不感兴趣，而且经常偏向于管理层，管理层想要什么他们都会同意"。③

我国上市公司的独立董事制度是监管当局推动的直接结果。2001年8月中国证监会发布了《关于在上市公司建立独立董事制度的指导意见》（以下简称《指导意见》）。2002年，中国证监会进一步联合当时的国家经贸委发布《上市公司治理准则》，开始在上市公司中强制推行独立董事制度。《指导意见》规定，在2002年6月30日之前上市公司的独立董事人数不少于两人，在2003年6月30日之前上市公司独立董事人数应占到公司董事人数的1/3以上。为了提高执行效率在实施环节"一刀切"地推行，必然使原本传递改善公司治理信号的董事会独立性适得其反地蜕化为一项合规要求。这也为我国上市公司独立董事沦为"花瓶"和"表决机器"埋下了制度隐患（郑志刚，2020a）。

上述公司治理程式化的结果是，所有上市公司一定会设立股东大会、董事会等治理机构，董事会中甚至会聘请不低于一定比例的独立董事，公司忙于向经理人和核心员工推出股权激励计划和员工持股计划。然而，这些看起来一应俱全的公司治理机构及其相应的治理制度似乎并没有发挥预期的作用。在2002年安然、世通等会计丑闻爆发后，拉詹和津加莱斯在其著作《从资本家手中拯救资本主义》*中指出，"最近的丑闻（安然，世通等）表明，即使在最先进的市场经济里，在改善公司治理方面依然大有可为"（Rajan and Zingales，2003）。而在2008年的全球金融风暴中，除了看到过度金融创新导致无

---

③ 参见郑志刚，"巴菲特控股的伯克希尔的'另类'治理逻辑"，FT中文网，2021年5月19日。

* 中文版参见中信出版集团2021年版。——编者注

法有效识别和控制次贷风险外,我们同样可以从一些投行经理身上隐约看到,高能激励手段产生疯狂推销次贷的激励扭曲这一公司治理问题。

如同尽管存在市场,进而存在价格机制这只所谓"看不见的手",但由于垄断、外部性、公共品提供和信息不对称等原因,市场不能实现资源的有效配置,会出现市场失灵一样,我们看到,如今每一家上市公司看起来都设立了股东大会和董事会等机构,忙于推行各种股权激励方案,但这些基本治理机构和相应的治理制度似乎并不能发挥预期的治理作用,导致了所谓的治理失败。

二、"另类"治理与程式化治理的典型案例

从公司治理范式和实践看,"股神"巴菲特控股的伯克希尔无疑是美国上市公司中的"另类"。在美国持有超过1%的股份就被称为"大股东"的股权高度分散的上市公司中,伯克希尔是少数股权相对集中的公司之一。此外,伯克希尔还是美国上市公司中为数不多依然存在金字塔控股链条的公司之一。因此,每当有股东将伯克希尔与标准普尔500的投资收益水平做比较时,巴菲特总是强调二者之间不具可比性。由于是金字塔式的控股结构,伯克希尔需要同时缴纳母公司与子公司的股利税,双重纳税使得伯克希尔的总体税负远高于标准普尔500。

伯克希尔在公司治理中的"另类"还体现在,一年一度有数万名股东参加在篮球馆举行的股东大会不像是董事会向股东述职并接受股东质询,倒像是股东在聆听"股神"巴菲特讲授投资圣经。鉴于伯克希尔的两名董事获得了每人1 600万美元这一美国上市公司最高的基本工资,但信息披露有限,而且"高管薪酬与公司业绩之间没有可衡量的联系",作为大股东投票代理机构的美国机构股东服务公司(ISS)一度建议股东对伯克希尔"薪酬话语权"事项投反对票。

在伯克希尔的公司治理历史上,最受争议的是其长期任人唯亲的董事会。从20世纪60年代中期接管至今,巴菲特长期担任伯克希尔董事长兼CEO,而他的老搭档芒格则从1978年开始担任伯克希尔的副董事长至今。在伯克希尔很长时间里只有7名成员的董事会中,来自巴菲特家族的成员就多达3位。除了巴菲特本人外,还有他的妻子苏珊·巴菲特(已经离世)和儿子霍华德·巴菲特。

如果将伯克希尔董事会构成与曾经爆发会计丑闻的安然董事会做简单比较，我们不难发现，与伯克希尔任人唯亲的董事会相比，安然堪称现代权力制衡的董事会典范。在安然的17人董事会中，除了担任董事会主席的肯尼斯·雷伊（Kenneth L. Lay）和担任CEO的杰弗里·斯基林（Jeffrey K. Skilling）为安然的内部董事外，其余15人均是外部董事。他们或是其他公司的高管，或是非政府组织机构的负责人和大学教授。安然的董事会还设置了执行委员会、审计委员会、财务委员会、薪资委员会、提名委员会等多个专业委员会。

尽管在公司治理实践中伯克希尔堪称最"另类"的公司之一，但它在过去50多年里取得的投资总回报是标普500指数的两倍。根据2020年8月10日发布的《财富》世界500强排行榜，伯克希尔位列第21位。而巴菲特本人也成为历史上最伟大的价值投资者之一。

如果说巴菲特在伯克希尔公司的治理实践中做对了什么，那就是他以大股东身份负责公司的经营管理，以十分自然的方式实施了现代股份公司为激励管理人而设计的股权激励计划，并以长期主义赢得了股东的极大信任。不同于董事会是公司治理的核心，伯克希尔这类以投资为主业的上市公司，管理团队作为普通合伙人的投资通常在证券投资基金中占有较大的比重，构成了能够为未来风险承担责任的可信承诺。这一较大比例的投入与未来绩效带来的投资回报直接挂钩，以十分自然的方式实施了现代股份公司中为了激励管理团队而后天设计的股权激励计划。在伯克希尔，董事长兼CEO巴菲特和副董事长芒格只领取10万美元的固定年薪，但他们无疑是所有股东中最希望伯克希尔基业长青的股东。

与此同时，伯克希尔奉行的长期主义为巴菲特在股东中赢得了极高的声誉和极大的信任，很多股东毫无保留地相信"巴菲特总是对的"。巴菲特的长期主义包括但不限于：总部只有区区20多人；没有独立的奢华办公大楼，只是在非常偏僻的美国中部内布拉斯加州奥巴哈市的基威特大厦（Kiewit Plaza）的14层租了半层楼做办公室，而且一租就是50多年；等等。这种来自股东毫无保留的信任事实上是公司治理的最高境界。这是很多现代股份公司的投资者梦寐以求但难以做到的事，往往不得不耗费大量成本引入各种治理制度和文化对代理人进行制衡和约束。

与伯克希尔奉行的另类公司治理形成鲜明对比的是，来自中国的程式化公司治理的典型案例，即2021年初宣布破产重组的中国海航。海航前身是成立于1989年9月的一家地方国企,最初致力于解决建省不久的海南省的地方航空运输问题。海航曾引入乔治·索罗斯的股权投资,推行今天很多国企正在推进的混合所有制改革。作为业务主体的海南航空股份有限公司于1997年发行B股,于1999年发行A股上市。[④] 从2010年开始,在海航的股权结构中出现了只有在发展上百年的家族企业才会采用的基金控股。分别持股29.50%的Cihang Charity Foundation Inc和持股22.75%的海南省慈航公益基金会成为海航的大股东。前董事局主席陈峰和前董事长王健则作为海航实施的经理人股权激励计划的受益人,分别持股14.98%,成为海航最大的自然人股东。在成熟市场经济国家公司治理实践中流行的基金控股、股权激励计划等在海航的公司治理制度设计中可谓应有尽有。

海航治理的程式化不仅体现在它对制度盲目引进,不加消化地吸收,甚至在企业文化建设中程式化无不用其极。在我国知名的大企业中,海航企业文化中的佛教色彩是最为不加遮掩甚至明目彰显的。大到海航大厦的外部造型、布局,小到员工身上印着"南无阿弥陀佛"六字真言的工牌,海航企业文化中的佛教元素无处不在。[⑤] 陈峰和王健甚至承诺,在他们离职或离世时把通过股权激励制度获得的股权捐赠给基金会。不难看到,海航朝着公司治理程式化方向一路前行,既有引进的基金控股、股权激励计划等治理制度的护航,又有企业文化中佛教元素的加持。然而,令人遗憾的是,海航依然折戟沉沙,难逃破产的命运。

总结海航公司治理程式化进程的教训,一方面,在股权结构设计上,盲目程式化引入的无论是工会还是基金会,都是"虚化的主体",这些主体的控股无法形成制衡的股权结构,阻止海航内部人控制下的盲目扩张。另一方面,刻意强调佛教文化对高管员工行为的约束和影响,而不求诸制度的实质防范。与此同时,转制过程中非透明的暗箱操作以及在政府若隐若现的扶助之手的支持下,获得海航实控地位的少数内部人由于得到太容易,并没有清晰的成本概念,面对外部资本市场的诱惑,将不可避免地产生盲目扩张的冲动。

我们看到,公司治理程式化的海航把国企与民企身上两种不良的基因意外地组合在一起。对于"花别人的钱办别人的事"的国企而言,一个不良的基

[④] 参见郑志刚,"混改后的海航为什么依然难逃破产命运?",FT中文网,2021年2月22日。
[⑤] 参见郑志刚,"企业文化中的佛教元素为什么未能帮助海航脱离苦海?",《董事会》,2021年第4期。

因是预算约束动辄软化。"得到太容易"的海航并不像那些真正投入真金白银、出资承担责任和风险的民营企业一样强调效率和成本。而对于那些盈亏自负的民企而言,创始人听不到不同的声音,独断专行的一言堂,往往使民企具有任性蛮干的不良基因。混改后的海航一方面通过政府或明或暗扶助之手的资源倾斜和金字塔控股结构的负外部性,继承了国有企业预算约束软化的基因;另一方面,在工会、基金会等控股股东主体虚化下形成的内部人控制逐步在海航身上培植了民企任性蛮干的基因。于是,混改的海航把国企预算软约束基因和民企任性蛮干这两种不良的基因组合在一起。看似完成混改的海航在预算约束软化下不计成本(国企的基因)而又任性蛮干(民企的基因),不可避免地在盲目并购扩张的路上一路狂奔,一发不可收。

如果说美国的伯克希尔尽管在治理制度的形式上并没有严格程式化,成为公司治理的另类,却取得了良好的治理实效,而中国的海航在形式上无疑是程式化公司治理的典型,引进和移植大量先进的公司治理制度,却出人意料地成为治理实效中的"另类"。

换言之,伯克希尔并没有建立起程式化的公司治理制度,但实践中做得很好,而海航则通过引进和移植大量先进的公司治理制度,看似建立了完善的公司治理,但在实践上做得很糟。这两个案例使我们有理由怀疑公司治理实践、理论研究以及监管政策共同推动的程式化公司治理的有效性。这反过来促使我们思考,对现代股份公司来说,治理的真谛究竟是什么?

三、公司治理的"不变"与"变"

从伯克希尔成功的"另类"公司治理实践与海航失败的程式化公司治理实践中,我们尝试提炼公司治理范式和架构设计应该遵循的"不变"原则。这些也许才是公司治理实践应该坚守的真谛。

第一,权利与义务匹配的原则。在公司治理实践中,股东之所以成为"公司治理的权威",是因为股东一方面以股东大会投票表决的方式对公司重大事项做出最后裁决,另一方面,受益顺序排在最后的股东则以出资额为限为可能做出的错误决策承担有限责任。股东中心主义的形成显然并非由于"资本的力量",甚至"资本的稀缺性",而是因为股东权利与义务在上述治理实践中的对称和匹配有助于减少"收益自己享有,成本与人分担"的外部性和由此带来的激励扭曲(郑志刚,2020b)。因此,与股东中心主义相比,公司治理范式和架构设计应该遵循的更一般原则是股东中心主义背后的"权利与义务对称原则"。

由于早期不够透明的改制和政府长期或明或暗的扶植，海航调动资源的能力十分强大，并不像那些真正投入真金白银、出资承担责任和风险的民营企业一样强调效率和成本。在海航混改过程中，无论工会还是基金会这些"虚化主体"的控股，都无法代替民营战略投资者的参股，形成制衡的股权结构，阻止海航内部人控制下的盲目扩张。与之相对照，作为负责投资管理的普通合伙人，巴菲特持有伯克希尔248734股A类普通股，占A类普通股总数的38.8%，他同时持有10188股B类普通股，总受益权为16.2%。用巴菲特的话说，管理团队只有把股东的钱和自己的钱同等对待，把自己的财富和公司业务绑在一起，才会对任何可能大幅损害公司价值的事情保持警惕。

第二，激励相容的原则。公司治理的实质是借助成熟的资本市场和相应的监管框架，基于参与主体内心意愿的遵从和事前彼此平等的法律地位，形成参与主体通过专业化分工提升效率，实现合作共赢的市场化组织体系和实现机制（郑志刚，2021a）。在现代股份公司中，股东通过提供资本投资现代股份公司，分担风险，获得投资回报，而职业经理人通过经营股东提供的资本，获得股东对其人力资本价值的认同和人力资本投资的补偿。市场对生产要素的定价功能在公司治理结构完备的现代股份公司中得到充分体现。股东通过向现代股份公司提供资本，以资本回报的方式实现其资本的定价；而经营资本的职业经理人以获得薪酬和股权激励的方式实现人力资本的定价。

如何把现代股份公司中的职业经理人，从短期雇佣合约下的"打工仔"转变为长期合作合约下的"合伙人"，始终是公司治理制度创新十分重要的思考方向。在1996年致股东的信中，巴菲特提到"尽管我们的形式是法人组织，但我们的经营理念却是合伙制。我和芒格将我们的股东看作所有者合伙人（负责分担经营风险的有限合伙人），并将我们自己看作经营合伙人（负责投资管理的普通合伙人）"。[6]

在并没有发行AB双重股权结构股票的阿里巴巴的股权结构中，虽然阿里合伙人团队共同持有的股份远低于第一大股东软银和第二大股东雅虎，但基于

---

[6] 参见郑志刚，"作为公司治理中的'另类'的伯克希尔的治理逻辑"，FT中文网，2021年5月19日。

阿里合伙人与主要股东之间的股权协议，阿里合伙人有权任命董事会的大多数成员，集体成为公司的实际控制人。通过推出合伙人制度，阿里实现了控制权的配置权重向阿里合伙人倾斜，只发行一类股票的阿里变相实现了双重股权结构股票的发行，形成同股不同权构架。"长期合伙合约"下的阿里合伙人成为阿里"不变的董事长"或者说"董事会中的董事会"，实现了"铁打的经理人，铁打的股东"（郑志刚，2021a）。阿里上述激励相容的公司治理制度设计使管理团队成员不仅自身是合伙人，管理团队与主要股东之间也成为合伙人。阿里能在平台经济中独领风骚与合伙人制度提供的稳定合伙人关系不无关系。

第三，治理的成本收益权衡原则。与企业经营管理决策一样，公司治理实践也是在完善公司治理制度降低代理成本带来的收益与建立并运行公司治理制度的成本之间的权衡。对现代股份公司而言，不仅依赖经理人激励合约的设计、董事会监督等内部治理机制，还需要依靠外部法律环境、媒体、接管威胁甚至市场做空力量等外部治理机制。而对业务活动比较单一的证券投资基金，借助有限合伙投资协议这一内部治理机制和基于基金排名的外部声誉治理机制就能形成基本的公司治理架构。这也是同样面临委托代理冲突的证券投资基金的治理架构无须董事会这一现代股份公司治理核心的主要原因。[7]

证券投资基金的治理制度设计给我们的一个启发是，作为现代股份公司治理核心的董事会也许并非所有现代企业组织必需的。如果通过设计激励合约能够解决一家现代企业组织面临的大部分委托代理问题，那么，这家企业就没有必要付出高昂的成本，聘请独立董事，组建董事会。设立董事会只是追求价值最大化的企业可能的选择之一。

如果上述三个方面是公司治理范式和架构设计应该遵循的"不变"原则和治理真谛，那么，围绕不同的产业特性、业务模式特征以及面临的真正问题，公司治理范式和架构又可以进行怎样的灵活改变和相机调整呢？

第一，对于高科技独角兽企业，为了鼓励业务模式创新，控制权可以适度向创业团队倾斜，实现投资者权益保护与鼓励业务模式创新之间的平衡。

一方面，技术密集型高科技企业的物质资本权重低，估值波动大，很容易在资本市场上成为接管对象，因此需要建立有效防范"野蛮人入侵"的

---

[7] 参见郑志刚，"为什么在证券投资基金的治理构架中没有董事会的一席之地？"，FT中文网，2021年5月7日。

制度安排,以鼓励创业团队持续投入其人力资本;另一方面,以互联网技术为标志的第四次工业革命带来的信息不对称加剧提出了以企业家为中心的公司治理范式,以创新导向重构企业组织的现实需求(郑志刚,2019)。而控制权向创业团队倾斜的股权结构设计(即同股不同权)无疑有助于上述两方面目标的实现。我们看到,在上百年的公司治理实践中饱受质疑和批评的AB双重股权结构正是由于迎合了第四次工业革命对重构创新导向型企业组织的现实诉求,从而获得了理论界和实务界的认同。这一股权结构的重新兴起也成为高科技企业公司治理范式从股东中心向企业家中心转变的重要标志(郑志刚,2019)。

鉴于控制权倾斜可能损害外部分散股东的权益,近十多年的公司治理实践逐步发展出股权设计的"日落条款",使投票权的配置向创业团队倾斜取决于其领导业务创新的状态和能力,以此平衡投资者权益保护和鼓励业务模式创新(郑志刚,2021a)。

数字时代深度的专业化分工,使创业团队主导业务模式创新的现实需求与外部投资者为保护其权益而实施控制的内在要求之间产生了日益严重的冲突,因此需要通过制度创新设计合理的股权结构以实现两者之间的平衡。我们看到,除了直接发行AB双重股票形成控制权向创业团队倾斜的"同股不同权架构",一些高科技独角兽企业还通过有限合伙投资协议变相形成"同股不同权构架"。这些都成为数字时代公司治理制度设计的重要创新。

以拟于2020年秋季在内地和香港同步上市,但因外部监管环境变化而暂停上市的蚂蚁集团为例。按照当时公布的招股说明书,蚂蚁的股权结构设计基于三层有限合伙投资架构。第一层是马云相对控股,同时隔离有限合伙协议中的普通合伙人债务无限连带责任的有限责任公司杭州云铂。持有杭州云铂34%股份的马云,与分别持有其22%股份的井贤栋、胡晓明和蒋芳签署《一致行动协议》。第二层是分成两级的五家有限合伙公司。在五家有限合伙公司中,马云相对控股的杭州云铂成为执行合伙事务的普通合伙人,代表上述五家有限合伙公司履行所持有蚂蚁股份的股东权利。而蚂蚁主要高管则以不同的持股比例成为上述五家有限合伙公司的有限合伙人。其中上一级的君洁和君济同时是下一级的杭州君瀚和杭州君澳的有限合伙人。第三层是持有蚂蚁29.9%股份的杭州君瀚和持有蚂蚁20.7%股份的杭州君澳通过合计持有蚂蚁50.5177%的股份成为蚂蚁的控股股东。这样,在第一层杭州云铂相对控股的马云，通过使杭州云铂成为第二层众多有限合伙公司执行合伙事务的普通合伙人，穿透控制第三层的蚂蚁的两家控股股东，而最终成为蚂蚁集团的实控人。在蚂蚁的上述股权结构设计中，执行合伙事务的普通合伙人的实控人透过有限合伙构架履行对所持有的蚂蚁股票的表决权，实现控制权配置权重适度向创业团队倾斜。这使得只发行一类股票的蚂蚁集团在投票权表决问题上十分类似于投票权配置权重向创业团队倾斜的阿里的合伙人制度和京东的 AB 双重股票发行，变相形成"同股不同权"架构（郑志刚，2021b）。与此同时，以有限合伙的方式对投资风险进行隔离，以其认缴的出资额为限对合伙企业债务承担责任的有限合伙人成为蚂蚁推出的经济激励计划的受益者。通过上述负责投资管理的普通合伙人与负责风险分担的有限合伙人之间的深度专业化分工为合作双方带来投资效率的提升。高科技独角兽企业的业务特质所要求的鼓励人力资本投入的员工股权激励问题与投票权配置权重向创业团队倾斜的问题在蚂蚁的有限合伙构架中得到了很好的平衡。⑧

这里需要指出的是，同股不同权构架和有限合伙构架在高科技独角兽企业的股权结构设计中盛行进一步推动和加深了股东权益履行的专业化分工趋势（郑志刚，2021a）。在普通股东着力风险分担的同时，将专业决策权更多地集中到创业团队手中，实现了普通股东与创业团队之间的专业化分工，前者负责风险分担职能（哈特意义上的剩余索取权），后者负责集中决策职能（哈特意义上的剩余控制权），从而提升治理效率。

第二，对于证券投资基金，有限合伙投资协议和各种基金排名替代了董事会监督和经理人薪酬合约设计等现代股份公司通常采用的常规公司治理机制。

简单对比证券投资基金和现代股份公司，我们可以看到，无论在证券投资基金中的有限合伙人和普通合伙人之间，还是在现代股份公司的外部分散股东与管理团队之间，都存在所有权与经营权分离及信息不对称导致的委托代理问题。但大多数证券投资基金很少设立董事会，聘请独立董事更是鲜有发生。

在证券投资基金中，有限合伙投资协议代替董事会，成为协调有限合伙人与普通合伙人委托代理的基本治理制度。一方面，证券投资基金的经营活动很好地满足了合约有效实施需要具备的法律上的可证实性。而现代股份公司由于

---

⑧ 参见郑志刚，"新金融企业如何设计公司治理制度？"，FT 中文网，2020 年 12 月 10 日。

复杂的生产经营组织活动和经营过程中众多潜在的关联交易，不仅需要建立严格的内控系统，聘请专业的会计师事务所，以确保相关会计信息的真实可靠，还需要独立董事对其关联交易损害股东利益的可能性出具独立意见。另一方面，如前所述，在证券投资基金中，普通合伙人自身的投资通常占有较大的比重，构成了能够承担未来风险责任的可信承诺，可以替代现代股份公司中为充分激励管理团队而设计的股权激励计划。由于上述两方面原因，普通合伙人承担的无限连带责任使普通合伙人成为最后责任人，提供了强大的激励和约束，使得普通合伙人在经营管理中并不会像现代股份公司的管理人一样以"打工仔"的心态经营管理"老板"的资产。[9]

与现代股份公司通过完备的公司治理制度形成对管理团队的更迭威胁不同，证券投资基金更多地依赖普通合伙人基于基金排名建立的职业声誉带来的自我激励与约束。基金排名不仅仅是基金一年经营状况的展示，而且直接决定了基金合伙人下一年度有限合伙协议中的自投资金比例和利润分成系数等。因此，基金排名在证券投资基金的治理架构设计中有特殊的作用，是十分重要的外部治理机制之一。它与有限合伙投资协议等内部治理机制共同替代了董事会监督和经理人薪酬合约设计等现代股份公司的常规公司治理机制。

第三，对于我国的传统金融机构，治理范式和架构设计的重点应当从以往的监管依赖走向未来的合规治理。我国金融机构的主要股权结构是国有控股，而且受到严格的监管。这些金融机构背后都有一家国资性质的控股股东，其内部治理制度安排，从董事的委派和董事会的组建，外部审计机构的聘请，到董事长和总经理的任免，都在这家国资性质的控股股东（及其背后的实控人）主导下完成。针对不同类型的金融机构，我们不仅分别设立了银保监会与证监会等职能监管机构，而且设立了央行牵头的金融稳定委员会等监管协调机构。于是，金融机构的治理形成了既有来自大股东理论上的内部监督，又有外部强力监管的"双重约束模式"（郑志刚，2021c）。

然而，一段时期以来，恒丰、包商和华融等金融机构依然不可思议地成为公司治理问题爆发的重灾区。原因之一是金融机构的国有控股股东先天的所有者缺位容易滋生"中国式内部人控制"。从2013年开始，我国启动以混合所

---

[9] 参见郑志刚，"为什么在证券投资基金的治理构架中没有董事会的一席之地？"，FT中文网，2021年5月7日。

有制为典型特征的新一轮国企改革，其核心目的就是解决国企中普遍存在的所有者缺位和内部人控制问题。原因之二是，金融业的强势监管造就了金融机构的治理在很大程度上依赖监管机构的外在监督和检查，这使金融机构患上"治理监管依赖症"。一些金融机构的公司治理不是依靠股东和董事利用股东大会和董事会等现有治理构架主动作为，而是在外部监管的监督检查下被动作为。控股股东的所有者缺位与治理监管依赖症的叠加导致目前我国很多金融机构存在一定程度的治理缺失（郑志刚，2021c）。

与高科技独角兽企业股权结构设计可以选择控制权适度倾斜，以及证券投资基金以有限合伙协议替代董事会不同，在我们看来，解决金融机构目前面临的治理缺失问题的关键恰恰需要从监管依赖走向合规治理。通过引入背景多元的战略投资者，使虚化的所有者"实化"，重塑股东在公司治理中的权威地位；与此同时，形成制衡的股权结构，从而建立起对防范金融机构治理风险十分重要的"自动纠错机制"。除了制衡股东委派的董事，走向合规治理的金融机构将聘请更多注重声誉的兼职外部独立董事。由制衡股东主导的更加独立的董事会，从保障股东权益的角度出发，选聘具备良好能力、声誉和资质的专业会计机构，并使它们真正向董事会和股东负责。

从上述高科技独角兽、证券投资基金与传统金融机构的公司治理范式和架构设计中，我们看到，具体的公司治理范式和架构设计需要结合产业特性和业务模式的特征以及面临的真正问题，灵活改变和相机调整。这是公司治理中"变"的方面。而在这些特殊和新兴产业的公司治理范式和架构设计的背后，是始终"不变"的"权利与义务匹配""激励相容"以及"治理的成本收益权衡"这些核心原则。

参考文献

郑志刚（2019）："从'股东'中心到'企业家'中心：公司治理制度变革的全球趋势"，《金融评论》，2019年第1期。

郑志刚（2020a）：《成为董事长：郑志刚公司金融通识课》，中国人民大学出版社，2020年8月。

郑志刚（2020b）："利益相关者主义V.S.股东至上主义——对当前公司治理领域两种思潮的评析"，《金融评论》，2020年第1期。

郑志刚（2021a）：《驾驭独角兽——新经济企业的公司治理》，中国人民大学出版社，2021年6月。

郑志刚（2021b）："蚂蚁的有限合伙架构与金融科技公司的治理逻辑"，《中欧商业评论》，2021年第3期。

郑志刚（2021c）："金融机构：从所有者缺位到治理缺失"，《哈佛商业评论》（中文版），2021年第6期。

Berle, A. and G. Means (1932). "The Modern Corporation and Private Property," Macmillan Publishing Co., New York.

Grossman, S. and O. Hart (1986). "The Cost and Benefits of Ownership: A Theory of Vertical and Lateral Integration," *Journal of Political Economy*, 94 (4), 691—719.

Hart O. (1995). *Firms, Contracts, and Financial Structure*, Oxford University Press, Oxford.

Hart, O. and J. Moore (1990). "Property Rights and the Nature of the Firm," *Journal of Political Economy*, 98 (6), 1119–1158.

Hermalin, B. E. and M. S. Weisbach (2001). "Boards of Directors as an Endogenously Determined Institution: A Survey of the Economic Literature," National Bureau of Economic Research, 73, 7–26.

Holmstrom, B. and P. Milgrom (1987). "Aggregation and Linearity In The Provision of Intertemporal Incentives," *Econometrica*, Volume 55, Issue 2, 303–328.

Jensen, M. and W. Meckling (1976). "Theory of the Firm: Managerial Behavior, Agency Costs, and Ownership Structure," *Journal of Financial Economics*, 3 (4), 305–360.

Monks R. and N. Minow (2001). *Corporate Governance*, Blackwell Publishing, Oxford.

MyersonR. (1979). "Incentive Compatibility and the Bargaining Problem," *Econometrica*, Volume 47, Issue 1, 61–74.

Rajan, R. and L. Zingales (2003). *Saving Capitalism From The Capitalists: Unleashing The Power of Financial Markets To Create Wealth and Spread Opportunity*, Princeton University Press, 2003.

Shleifer, A. and R. W. Vishny (1997). "A Survey of Corporate Governance," *The Journal of Finance*, 52, 737–783.

Smith, Adam. (1776). *An Inquiry into the Nature and Causes of the Wealth of Nations*, Glasgow edition, Oxford.

Tirole, J. (2001). "Corporate Governance," *Econometrica*, Volume 69, Issue 1, 1–35.

视界

Horizon

20世纪70年代发达国家滞胀的回顾与启示

魏加宁 周毅 等

2021年,由于新冠疫情冲击等因素,国际大宗商品价格不断攀升,一些国家经济增长出现停滞,有关"滞胀"的话题再次升温。受有关方面委托,笔者带领课题组对20世纪70年代的滞胀历史再次进行了回顾性梳理,从滞胀的形成过程,到学术界的成因讨论,再到各国应对滞胀的经验教训,一共形成了10个研究报告。这里,我们先将有关发达国家的三个专题报告合并发表,以期抛砖引玉,温故知新。

需要说明的是:这篇报告只是对过去滞胀历史的回顾性梳理,既不涉及现在,也未涉及中国,仅供大家在研究滞胀问题时参考。

一、滞胀:从理论上的不可能变为现实中的两难困境

"滞胀"全称"停滞性通货膨胀"(Stagflation),用以描述20世纪70年

---

* 本文为有关部门委托课题的部分研究成果,课题负责人为魏加宁,完成时间为2021年9月。课题组成员有:陈全生、叶松、胡琨、马骏驰、马思宇、敦志刚、朱一凡、孙天琪、钟佳睿、周毅、魏诗滢。此外,朱太辉、唐滔等参与了讨论。本次发表的内容主要由前三个报告组成,具体写作分工如下:有关滞胀的形成过程与应对经验中,美国部分主要由马思宇、朱一凡执笔,英国部分主要由周毅执笔,德国部分主要由胡琨、钟佳睿执笔,日本部分主要由魏加宁、孙天琪执笔;有关成因分析部分主要由魏加宁、周毅执笔;最后,全部稿件由魏加宁、周毅负责统稿。

代美国等主要发达国家出现的经济停滞与通货膨胀并存的罕见现象。[①] 20世纪60年代以前,传统经济学根据菲利普斯曲线原理认为,通胀和失业呈此消彼长的替代关系,即经济上行阶段,失业率下降,但通胀率上升;经济下行阶段,失业率上升,但通胀率下降。然而,20世纪60年代中期以后,美国等主要发达国家相继出现了失业率与通胀率同时高涨的局面,用菲利普斯曲线原理已经无法解释,宏观经济政策陷入了两难境地:如采取紧缩政策,则经济增长将进一步下行;如实行扩张政策,则通货膨胀将进一步加剧。

表1 主要发达国家滞胀发生时的经济概况 （单位:%）

国家	期间（年）	年均生产率增长	消费品价格平均提高幅度	失业率
美国	1963—1973	1.9	3.6	4.5
	1974—1979	-0.1	8.6	6.7
英国	1963—1973	3.0	5.3	3.0
	1974—1979	0.8	15.7	5.3
法国	1963—1973	4.6	4.7	2.0
	1974—1979	2.7	10.7	4.5
联邦德国	1963—1973	4.6	3.6	0.8
	1974—1979	2.9	4.7	3.2
意大利	1963—1973	5.4	4.0	5.2
	1974—1979	1.4	16.1	6.6
日本	1963—1973	8.7	6.2	1.2
	1974—1979	3.3	10.2	1.9
加拿大	1963—1973	2.4	4.6	4.8
	1974—1979	0.1	9.2	7.2

资料来源：OECD Economic Outlook。

---

① 《日本大百科》对滞胀的定义是:经济停滞与通货膨胀的复合词,显示了经济衰退与通胀同时发生。

本文将研究重点聚焦于美国、英国、联邦德国、日本四个主要发达国家，对比其滞胀的形成过程以及应对经验，找出其共性与不同之处。

二、主要发达国家滞胀形成过程

1. 美国：福利主义盛行与宏观调控失据，导致滞胀局面形成并不断趋于恶化

20世纪70年代，美国共经历了三轮严重滞胀，其间经济增长放缓，高失业与高通胀并存，菲利普斯曲线失效。② 在黄金和石油价格不断飙升的背景下，通胀率达到了15%以上，失业率从4%以下上升到接近9%，从而引发金融市场动荡、股市价格暴跌，直至发生社会骚乱。③

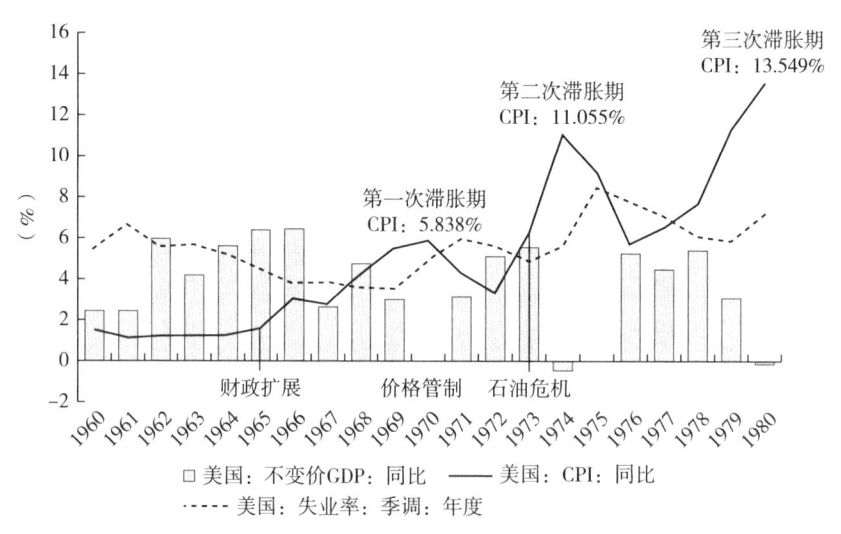

图1 20世纪70年代美国经济滞胀

资料来源：Wind。

肯尼迪时期和约翰逊政府长期奉行凯恩斯主义，不断拉升通胀水平。20世纪60年代，美国产业竞争力不断下降，全球出口份额由19.9%大幅回落至13.4%。肯尼迪总统奉行凯恩斯主义，实行赤字财政政策，不断扩大政府支出

---

② 美国著名经济学家米什金认为，这一时期美国的大通胀是20世纪最严重的货币政策错误之一。
③ Knotek, E. S., & Khan, S. (2014). "Drifting inflation targets and monetary stagflation". *SSRN Electronic Journal*.

以刺激增长、增加就业。由于当时的美联储处于弱势地位，只能对总统的扩张性财政政策给予积极配合，在政府大量发行国债的背景下，美联储为防止市场利率上行，于是提高货币供给增长率，M1增速从1960年的-0.05%快速提升到1968年的7.02%。

约翰逊总统上台后大力推行"伟大社会"建设计划，社会福利水平快速提高，再加上越战迟迟无法结束，导致物价持续上涨。在扩张性财政政策和宽松货币政策的共同刺激下，1969年通胀率上升至5%，达到1951年以来的最高值。

尼克松时期实行价格管制和冻结工资，促使通胀转为滞胀。1971年，尼克松政府为控制物价采取"新经济政策"，实行工资、价格管制，停止用黄金兑付美元，使得信奉自由主义的美国国民深感震惊，出现了极为罕见的抢购风潮。1972年，物价在管制下仍然上涨了3.2%，而失业率也保持在5%，滞胀局面开始形成。1973年春，尼克松因食品价格猛涨和"水门事件"的困扰，再次实施价格冻结，结果导致"市场上见不到牛肉的踪影，食品货架上空空如也"，美国人极为罕见地在和平时期遇到了短缺现象。1973年价格管制放开以后，通胀率报复性反弹至6.2%，失业率仍然维持在4.9%的水平上居高不下，滞胀局面基本定型。

福特政府和卡特政府时期宏观政策时紧时松，导致美国经济在滞胀泥潭中越陷越深。1974年，福特就任美国总统，《经济稳定法案》对工资物价的管制到期，各种商品价格出现快速反弹；加之需求过剩、美元贬值、全球农业歉收，特别是第一次石油危机的冲击，导致物价扶摇直上，1974年达到了上涨12%的历史最高纪录，同时，失业率在9个月内上升到9%。

1975年，美联储开始放松银根，但直到福特卸任为止，宏观经济政策一直时紧时松，疲于应付，经济呈现高失业与高通胀螺旋式上升的局面。1977年，卡特政府上台后又开始实行刺激经济增长的财政政策和货币政策，1977—1979年间M1的增长创战后最高纪录，导致1979年第四季度通胀率上升至12.7%，失业率则一直在6%~8%之间徘徊。

1973—1979年两次石油危机爆发，将美国带入恶性通胀。1973年第一次石油危机爆发，欧佩克控制石油产量，导致原油价格从战前的3美元/桶急升至1974年的12美元/桶，涨至原来的4倍，促使美国的通胀率在1975年达到12%的恶性通胀区间。1979年，第二次石油危机爆发，全球原油供需矛盾进一步激化，1974—1984年伊朗原油产量由3.03亿吨大幅降至1.03亿吨，原油价格从1978年的13美元/桶上升至1980年的32美元/桶，美国的通胀率进一步飙升至14.8%。

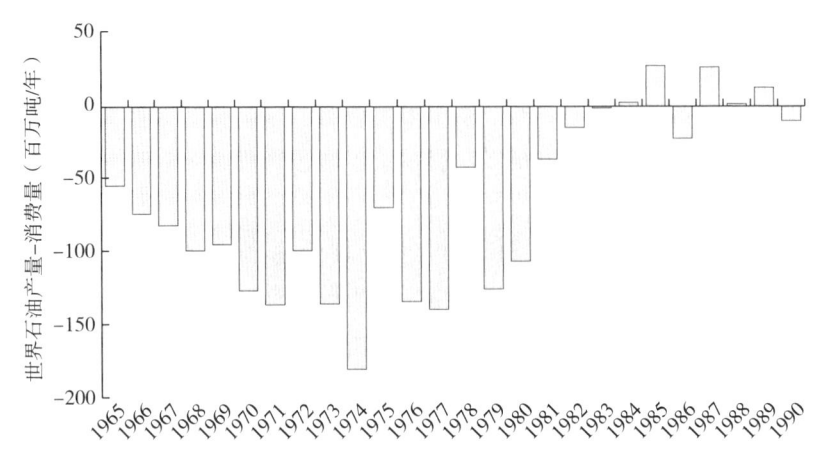

图2　1973—1979年石油危机激化全球原油供需矛盾

资料来源：Statistical Review of World Energy。

1979—1980年美联储连续加息，高利率加剧经济衰退。1979—1980年美国通胀率持续维持在两位数的恶性区间，接近15%；3个月期美国国债利率超过17%，商业银行贷款利率最高达21.5%，均为战后罕见。1979年，沃尔克就任美联储主席后继续大幅提高联邦基金利率，并抛售短期国债、提高贴现率至12%，联邦基金利率最高提至22.36%的高位。高利率政策加速了经济下滑，GDP增速降至-1.8%、失业率上升至10.8%，经济衰退进一步加剧，为治理通胀付出了巨大代价。好在此后里根政府实行了一系列改革措施，与沃尔克的紧缩货币政策相配合，才终于将美国经济带出了滞胀泥潭。

2. 英国：国有企业效率低下和工会力量过于强大，导致英国形成滞胀局面

1973年第一次石油危机爆发，全球经济陷入衰退，英国亦出现了低增长、高失业、高通胀的滞胀局面。1974—1980年，英国GDP增长率平均只有1.0%，而通胀率平均达到15.9%。同时，英国的失业率不断攀升，从20世纪70年代初的3.8%上升至70年代末的5.5%，80年代初更是攀升至11.9%，英国经济深陷滞胀泥潭。

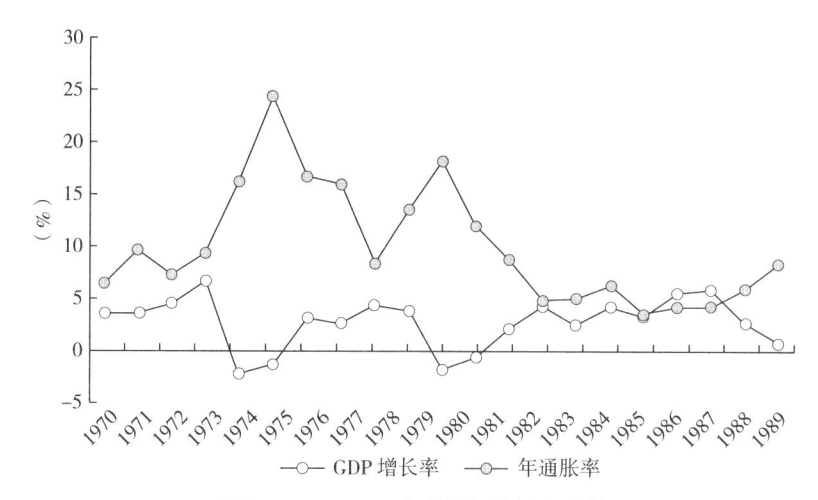

图3 1970—1990年英国经济指标走势

资料来源：世界银行。

国有经济占比过高，国企出现大面积亏损。两次工党执政期间的英国国有企业在国民经济中占有举足轻重的地位。据英国《经济学家》1978年12月30日那一期的统计数字，国有经济在英国重工业和交通部门中的比重分别为：石油25%、汽车50%、钢铁75%、航空75%、煤炭100%、电力100%、天然气100%、造船100%、铁路100%、邮政100%、电信100%。

然而，随着英国进入后工业社会，英国的重工业需求不断下降，传统工业部门面临着规模收缩和结构调整的压力，而1973年石油危机引致的全球经济衰退，使英国的经济矛盾直接引爆。此外，国有企业因长期的政府保护和缺乏激励机制而效率低下，并且承担过重的社会职能使其无法按照收益最大化目标组织生产；机构庞大臃肿、官僚主义盛行的国有企业所需的巨额补贴不仅增加了财政负担，而且挤占了对私人企业的资金扶持。于是，在外部经济环境恶化和内部企业管理不善的共同作用下，英国的竞争力不断下降，1979年，英国以购买力平价计算的人均GDP在欧洲15国中仅排名第九。[④]

英国工会力量空前强大，劳资关系过度紧张。在1979年撒切尔夫人上台时，英国工会会员已占全国劳动力总人数的57%，而且英国工会被赋予了过多的法律保护和司法特权，工会的规模和力量过度膨胀对英国经济产生了诸多

[④] 李罡. 论英国的结构改革与经济增长——对撒切尔结构改革及其影响的再解读[J]. 欧洲研究，2015，33（02）：60-80+6-7.

负面影响：一是扭曲了市场机制，造成劳动力市场缺乏灵活性。工会不断要求上调工资，扭曲了劳动力市场的工资价格、增加了企业的雇佣成本，致使企业不愿增加雇佣，导致失业率不断上升，同时还造成了英国企业的竞争力不断下降。1974—1975年，工党实施"社会契约"政策期间，工资增长32%，远远超过原定目标[5]，这使英国1976年的通胀率直接上升到27%。二是罢工活动过于频繁，导致劳资关系极度紧张。一旦提高工资的要求得不到满足，工会就会号召工人罢工，过度频繁的罢工事件不仅使劳资关系极度紧张，而且造成了巨大的经济损失。1968年，英国因为罢工损失的工作日为470万个，1972年猛增至2 390万个。[6] 三是威胁国家的政治和社会稳定。工会的强大力量不仅影响到政府各项政策的推行，甚至能够左右英国大选。70年代，在英国的罢工潮中，接连导致两届政府（保守党希思政府和工党卡拉汉政府）下台。[7]

社会福利支出过于庞大，导致企业投资和个人工作的积极性明显下降。不断提升社会福利水平是二战后英国为应对苏联挑战而达成的"共识政治"之一，然而到了20世纪70年代，随着石油危机的爆发，英国经济陷入衰退，福利制度的弊端逐渐显现：一是社会福利支出增长过快，远超经济增速，使国家财政不堪重负。1960—1980年和1980—1983年，英国年均经济增长率分别为2.3%和1.6%，然而社会福利支出的年均增长率分别为5.2%和7%。1972—1987年，英国财政持续呈现赤字状态，为应对不断攀升的社会福利支出导致的巨额财政赤字，英国政府只能举债度日，使得1979年英国公共债务占GDP的比重高达55.2%。二是高福利导致高税收，降低了个人和企业工作和投资的积极性，促使人才和资本外流。在撒切尔夫人税制改革以前，英国的个人所得税基本税率为33%，最高税率达83%；公司税税率为52%，从而使企业的投资意愿不断降低。同时，失业者可以通过领取食品、住房补贴和其他各种津贴等来维持基本生活，生活水平与就业时相差不大，许多人成为自愿失业者，导致政府的失业救济支出居高不下，个人工作的积极性大幅下降，失去了进取心和自立精神。

---

[5] 毛锐. 撒切尔政府私有化政策研究［M］. 中国社会科学出版社，2005年，第165页.
[6] 高倩. 撒切尔政府劳资政策分析［D］. 东北大学，2014.
[7] 刘彩凤. 英国劳动关系的发展——工会、集体谈判与劳动争议处理［J］. 当代经济研究，2010（03）：57–63.

面对经济社会危机，英国工党政府依然坚持实行凯恩斯主义的宏观经济政策，试图通过宽松的财政政策和货币政策来刺激需求，以恢复经济增长。石油价格的上涨和凯恩斯的需求管理政策导致英国通胀问题日益严重，出现了通胀与经济衰退同时出现的滞胀现象，这违背了凯恩斯主义的增长与通胀互不兼容的核心结论。英国面临的并非是外部性和周期性问题，而是供给侧结构性和体制性问题。因此，需求侧刺激不但难以提高经济增速，反而导致持续的高通胀和高失业，使得英国陷入滞胀泥潭长达10年之久。

3. 联邦德国：经济政策奉行凯恩斯主义，社会政策奉行民主社会主义，滞胀局面逐步形成

世界银行的数据显示，不仅是美国，以联邦德国为首的欧洲七个主要发达国家也于20世纪70年代初陷入了滞胀泥潭，年均增长率仅为2.4%，失业率为5.3%，消费物价年上涨率达9.4%。而在此之前的1968—1972年，该七国的年均增长率为4.3%，平均失业率为3.2%，消费物价平均上涨率为4.8%。

20世纪60年代后期，以联邦德国为代表的西欧经济开始出现增长疲软、通胀抬头迹象。1965年，联邦德国人均GDP达到9 186国际元⑧，经济增速进入换挡期。随着战后重建工作的结束以及对外经济关系日益紧密，经济波动开始加剧。⑨ 1965—1966年，联邦德国名义失业人口数量增幅达9.5%。⑩ 社会政策上信奉民主社会主义，经济政策上信奉凯恩斯主义的经济部长卡尔·席勒，在"总体调控"理念的指导下推出了《促进经济稳定与增长法》，借助逆周期财政政策和合作性经济政策使联邦德国经济与就业形势迅速好转。⑪ 在全面调控思想的指导下，联邦政府于1967年接连出台了两个财政刺激方案，总

---

⑧ 经济学家麦迪森以1990年美元为基准水平，采用购买力平价和国际多边比较的方法，创造出"1990年国际元"，作为衡量经济总量和人均收入的单位
⑨ 1966年社民党与联盟党组成执政联盟，1969—1982年作为最大执政党与自民党组成执政联盟。
⑩ Nützenadel, Stunde, S. 111.
⑪ 席勒同样重视维护市场竞争秩序，其景气政策的出发点仍以不损害竞争秩序为准则，即"尽可能竞争，必要时计划"，社民党经济政策理念向市场经济的转型功不可没，1972年，席勒因反对过度的景气政策而辞职，可参见 Karl Schiller, Der Ökonom und die Gesellschaft: Das Freiheitliche und das Soziale Element in der Modernen Wirtschaftspolitik. Vorträge und Aufsätze, Stuttgart: Gustav Fischer, 1964, S. 15 ff.

价值78亿德国马克。⑫ 两个刺激计划使得联邦德国经济在1967年第四季度显示出回升态势，1968—1970年联邦德国经济增速保持在5%以上，就业和工业销售额都开始回暖。⑬ 经济的暂时好转强化了联邦德国政府调控经济的自信心，而《促进经济稳定与增长法》又没有明确规定政府干预的范围和强度，从而导致干预政策在扩张性财政政策支持下逐渐被滥用，社会福利持续扩张，财政赤字快速增长。⑭

此外，尽管价格稳定作为宏观调控目标被写入《促进经济稳定与增长法》，但在1970年前后，由于美元危机不断加剧，德国马克不断受到国际投机资本的冲击，在固定汇率制度下，联邦德国货币政策进退失据。最终，联邦德国外汇市场被迫于1973年3月1日关闭。布雷顿森林体系瓦解后，德意志联邦银行（中央银行）不再承担汇率干预职责，重新获得货币供应量的控制权。⑮ 但是，重新获得货币政策自主权的德意志联邦银行在《联邦银行法》中"有义务支持联邦政府一般经济政策"条款的约束下，货币政策不断受到社会民主党政府景气刺激政策的强烈影响而摇摆不定，加上不断扩张的财政政策，以及不合时宜的工资增长政策等因素，因而无法履行其确保价格稳定的货币政策职责，通胀率一路走高。⑯

20世纪70年代，两次石油危机和布雷顿森林体系瓦解促使联邦德国经济陷入滞胀困境难以自拔。1973年，受第一次石油危机的影响，一向价格稳定的联邦德国，通胀率也上升到历史最高值的7.1%；经济增长虽然还维持在4.8%，但到了1975年，经济就出现了负增长，增长率快速下滑到-0.9%，失业率为4.7%，通胀率仍然高达6%。1979年，受第二次石油危机影响，增长率尽管勉强维持在4.2%，但失业率仍为3.8%，通胀率为4.1%。1980—1983年连续四年经济低迷，GDP平均增长率为0.8%，其中1982年为-0.4%，工业生产从1980年下半年到1983年上半年连续三年下降，私人消费

---

⑫ Nützenadel, Stunde, S. 323.
⑬ 同上，S. 131.
⑭ 如增加补贴、国有化、市场管制、解聘保护等措施，可参见 Otto Schlecht, "Entscheidungslinien der Deutschen Wettbewerbspolitik", ORDO, 43, 1992, S. 319-335.
⑮ 虽然欧洲货币联盟（体系）的干预义务始终存在，但是在很长时间内对德意志联邦银行自主性的危害远没有与美元挂钩那样大。
⑯ Jürgen von Hagen, Geldpolitik auf neuen Wegen, Fünfzig Jahre Deutsche Mark. Notenbank und Währung in Deutschland seit 1948, München: C. H. Beck, 1998, S. 439-473.

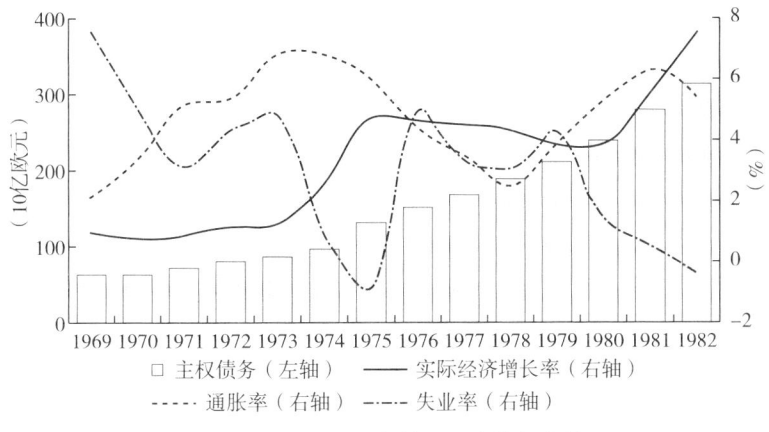

图4 1969—1982年德国经济指标走势

资料来源：Algermissen, J. (2019). Hans Tietmeyer: Ein Leben für ein stabiles Deutschland und ein dynamisches Europa (Vol. 70). Mohr Siebeck. S. 159。

在1981—1982年连续两年持续萎缩，就业人数在1981—1983年连续三年持续减少。

20世纪20年代的历史教训推动联邦德国在80年代达成改革共识。德国曾在一战后经历过一次恶性通胀，魏玛共和国无力偿还巨额赔款，大量印发货币购买外汇并支付赔款，进而引发马克急剧贬值。1922—1924年魏玛共和国的货币和物价以惊人的速率快速上升。1921年上半年，马克汇率稳定在1美元兑换90马克，1923年11月时，1美元等于4 210 500 000 000德国马克。

鉴于惨痛的历史教训，二战后，德国中央银行十分重视对通胀的控制，倾向于采取稳健的货币政策，停止通过货币发行支撑政府债务增长并倒逼财政部门削减预算赤字。因此，联邦德国的滞胀与其他主要发达国家相比，程度相对较轻（图5）。

4. 日本："国土改造论""社会福利元年"以及宏观政策失误，导致滞胀局面逐渐形成

与美国的滞胀情况相类似，日本在相同时期也出现了滞胀局面。CPI从1972年第三季度的3.9%一路攀升至1973年第四季度的超过18%，1974年达到23.3%。GDP实际增速从1973年第二季度的9.3%直线下跌至1974年第四季度的-2.0%。1974年日本实际GDP增长率首次变为负值，消费物价涨幅则超过20%。70年代末期，日本的CPI同比增速再度上行至7.779%（1980年），实际GDP增速也从5%左右下滑到1%左右（图6）。

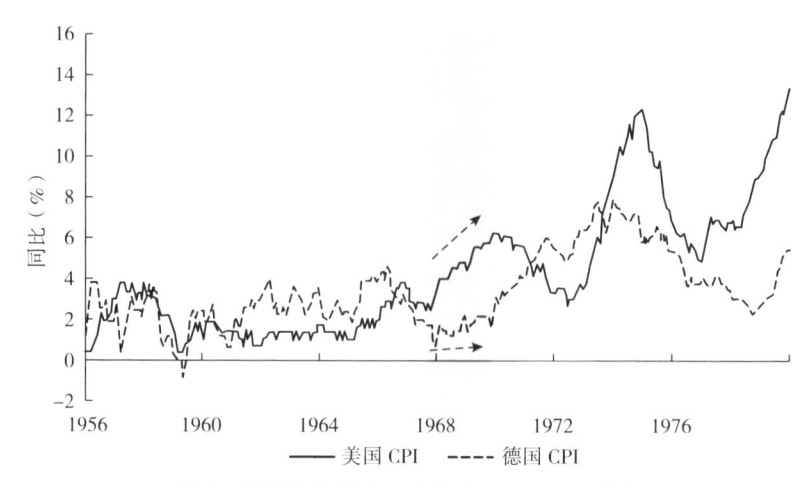

图 5　美国和德国 CPI 走势（1956—1976 年）

资料来源：Wind。

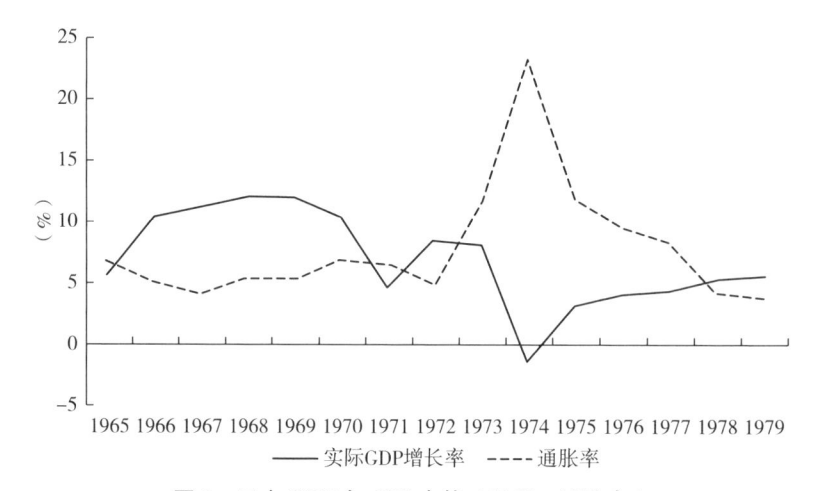

图 6　日本 GDP 与 CPI 走势（1965—1979 年）

资料来源：Fred。

汇率骤然上升导致出口快速下降，经济增长失速。日本经济过度依赖出口，且过度依赖于对美国的出口。当美国经济陷入滞胀购买力下降后，日本也因此被拖累，增速大幅放缓。1971 年，随着布雷顿森林体系崩溃，日元开始正式进入国际货币体系，实行有管理的浮动汇率制。但在美国政府的压力下，日元汇率长期处于上升态势。日本于 1971 年 12 月将日元兑美元汇率从 360∶1 调整到 308∶1，升值 16.9%。此后，日元年平均汇率从 1973 年的 1 美元兑

272.19日元进一步上升到1978年的210日元。虽然到1984年底又逐步回落到237.52日元左右，但基本保持了升值趋势，日元累计升值约52%。

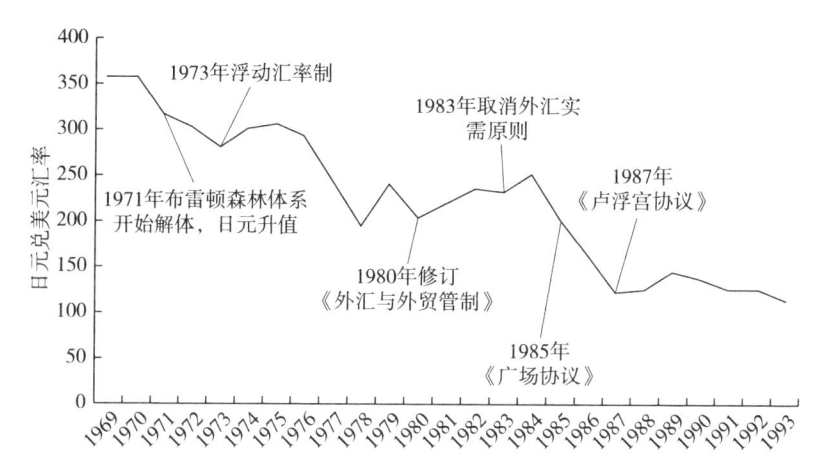

图7　日元的国际化进程简图

注：1949—1971年：日元一直采取1∶360的固定汇率制，1971年12月，日本调整汇率，从1美元兑换360日元升为308日元，并以此作为标准汇率，上下浮动2.25%，这是日元持续升值前一次较大幅度的调升币值；1973—1985年，1973年2月13日，日本从固定汇率制向浮动汇率制转变，开始推行有管理的浮动汇率制。从1973年2月到1985年9月，日元逐步升值为1美元兑240~250日元。1985年至今，自《广场协议》签订以后，日元大幅升值，从1∶250升至1∶120，升幅高达两倍多。

资料来源：CEIC。

石油危机造成油价不断飙升，进一步引发输入性通胀。对于依靠重化工和出口导向实现高速增长的日本，石油不仅是重要能源，也是出口产业的主要原材料，因此，石油危机导致工业生产下降了20%以上。第一次石油危机爆发后的8个月内，日本进口石油价格指数同比上涨超过228%。从经济发展历程来看，第一次石油危机发生于日本经济粗放型发展阶段的顶峰时期。当时日本经济虽然实现了工业化，但是单位能耗过大，对能源进口依赖过大，经济高速增长背后的高耗能和环境污染问题日益突出，抵御外部冲击的能力十分脆弱，因而日本经济在第一次石油危机时受到的冲击较大。第二次石油危机期间，日本进口石油价格指数最高增幅也达到了137%。油价上涨使得日本的通胀率再次严重恶化，实际GDP再次出现负增长。广大民众疯抢日用品，街道减少照明，电梯停止使用，电视台也主动取消了深夜播放的娱乐节目。但由于日本政府把"危机管理"应用于应对石油危机，并提前收紧银根，因此，第二次石油危机对日本经济的影响相对较轻。

"列岛改造热"拉动地价大幅上涨,加剧已经过热的日本经济。从财政政策来看,1972年,时任首相田中角荣发表了著名的"日本列岛改造论",提出到1985年保持年均10%的高增长率,并且要在全国建设众多人口规模25万左右的城市,对国土进行全方位大规模开发。从1973年4月至1974年3月"日本列岛改造计划"被叫停的一年间,因财政原因和国会制约,田中政府不得不两次推迟公共事业投资计划的实施时间。但由于财政政策和货币政策的收缩时间过晚,日本在第一次石油危机时期CPI上涨超过了20%。

表2 列岛改造论主要内容

交通通信	以高速交通网将日本列岛结成一个以东京为中心的整体,为此扩大、兴建高速公路和新干线;建设横贯"里日本""外日本"的全国铁路新干线和四通八达的高速公路,实现日本列岛内一天往返的目标;建设连接全国各地区的信息网。
工业布局	主张根据各种工业的不同性质与规模进行重新布局;在进行工业重新布局时,先引进核心企业,建设大规模工业区,以据点开发方式为中心,建设25万人口规模的城市。
老城改造	把平面城市改造成立体化城市,加大公共投资缓和交通拥堵问题。
新城建设	改善城市居民的居住环境,增加广场和绿地;建立60~80个"新25万人口城市构想"。
环境保护	针对大气、水质、土质污染等产业公害及生活垃圾物问题,提出了具体的治理和防治措施。
城乡差距	缩小城市和农村的差距,引进非公害的内陆型工业,谋求工农一体化等。

资料来源:《列岛改造论》等,国泰君安证券研究。

扩张性政策转向过迟,导致滞胀局面更加严峻。财政政策坚持按照以往承诺的"和平与福利"原则引导社会投资,推出"日本列岛改造论"[17]以及建设"社会保障元年"等重大政策。由于20世纪60年代的经济高速增长,日本政府自觉财力充足,再加上欧洲福利主义思潮的影响,于是不断提高社会保障标准。1973年被称为日本的"社会福利建设元年",但是这些社会福利都要依靠政府财政支出的大幅度提高,同时还伴随着经济效率的不断下降。

---

[17] 用高速公路网络将日本建造成一个以东京为中心的整体,大力修建高速公路和新干线。

在货币政策方面，为了抵消日元升值带来的不利影响，防止可能出现的"日元升值萧条"，维护国内的政治稳定，日本政府决定实施扩张性货币政策。M2增长率最高时达到20%，为1973年后出现滞胀局面埋下隐患。大量国际资本因为汇率过低而涌入日本，再加上日本国内的热钱，资本涌入股市和楼市，资产价格快速升值并开始拉大贫富差距。

5. 几点总体印象

（1）主要发达国家在20世纪70年代相继发生滞胀，大多有一个共同特点：一方面是社会政策追求超水平福利主义，另一方面是经济政策长期实行凯恩斯主义，在经济增长动力放缓的同时供需缺口拉大，构成滞胀形成的基础性内因。

（2）中央银行独立性相对较弱，货币政策被财政政策裹挟，导致财政政策货币化，为滞胀形成提供了货币基础。

（3）第一次石油危机加速了滞胀的形成；而第二次石油危机又拉长了滞胀持续的时间，构成滞胀的外部原因。

（4）就各国特殊原因而言，美国由于尼克松政府在应对通胀时采取了计划经济手段控制工资、物价，不仅没能克服通胀，反而加速了滞胀的形成。

英国在面临石油危机的冲击时，占比过高的国有经济和空前强大的工会势力加剧了经济社会矛盾，此时工党忽视调整结构和体制改革，直接导致英国经济的滞胀。

日本在第一次石油危机时宏观政策紧缩过晚导致严重滞胀；第二次石油危机时由于把危机管理应用到石油危机应对，及时采取了紧缩政策，所以在第二次石油危机冲击时所受影响较轻。

联邦德国因为有过惨痛的历史教训，存在一定的社会张力，所以政府的干预政策遇到较大阻力，并且为后来的供给学派改革提供了共识基础。

三、有关主要发达国家滞胀成因的讨论

自从20世纪70年代初主要发达国家相继发生通胀与失业并发的滞胀现象以来，由于无法解释这一新的经济现象，一直占据经济学主流地位的凯恩斯主义理论备受质疑和抨击。于是，如何解释滞胀成为经济学各主要流派争论的焦点。各个学派对滞胀成因的解释各不相同，极大地推动了现代经济学理论的繁荣和发展。

1. "西方马克思主义"与"新左派"：资本主义的所有制结构必然导致滞胀

美国著名西方马克思主义学者、激进政治经济学派主将霍华德·谢尔曼批

判性地继承了以马克思、米切尔、凯恩斯和卡莱斯基为代表的传统经济周期理论，并综合了供给与需求、成本和收入两方面因素，提出了一个双面挤压的"利润挤压论"（表3）。[18] 谢尔曼认为，内生或内部因素是资本主义经济周期的主要根源，并将以往强调内生因素的理论分为两派：一派强调消费需求，另一派则强调供给成本。谢尔曼通过对投资、利润与利润率、劳动份额等各个变量的探讨，认为滞胀是供给与需求、成本和收入两方面共同决定的结果。在该理论框架下，资本主义制度本身造成的周期是滞胀产生的主要原因。即使在积极的国家干预下，也需要集中关注资本主义在周期中运行的内生力量和这种不稳定的持久性。这种持久的不稳定，特别是周期性的高失业率，只有引入民主的社会主义才可以消除。

表3 各主要学派对滞胀的解释

	滞胀成因		代表人物	学派	
制度	私有制从成本与收入双面挤压利润		谢尔曼	西方马克思主义	左
	公司权力费用模型，私人特权结构		戈登		
供给侧	初级产品完全竞争，工业产品垄断，价格工资螺旋		罗宾逊	新剑桥学派	中左
	劳动力市场扭曲	结构性失业，工资价格刚性，通胀	托宾	新凯恩斯学派	
		高于市场水平的效率工资，通胀	耶伦		
		雇佣粘性，局外人压力失灵，工资刚性	萨默斯		
	高税收，高福利，财政赤字，导致货币超发，通货膨胀；企业家不愿投资，工人自愿失业		拉弗	供给学派	
需求侧	适应性预期，货币供给干扰，价格信号失真 自然失业率的存在导致充分就业目标难以实现		弗里德曼	货币主义	中右
	通货膨胀率取决于货币政策预期；国家宏观干预政策被合理预期抵消		卢卡斯	理性预期	
	直接干预+间接干预=市场机制失灵，价格无法反映资源稀缺和供求状况，僵尸企业存留，市场难以出清		哈耶克	奥地利	右

资料来源：笔者根据相关文献整理而成。

---

[18] Sherman H J, Evans G R. Macroeconomics: Keynesian, monetarist, and Marxist views [M]. New York: Harper & Row, 1984.

同样作为美国激进政治经济学的开拓者和新左翼社会活动家的大卫·戈登与另两位左派学者鲍尔斯、威斯考普夫共同合作，以资本主义劳动关系为核心议题，研究了滞胀的成因。[19] 借助"公司权力费用模型"，他们剖析了美国经济增长乏力的根本原因：二战后美国公司制度以统治与服从的关系为基础，形成了僵硬的、等级化的私人特权结构。这造成了巨大的效率损失，使美国资本主义经济不堪重负。只有形成以社会关系为基础、消除经济浪费、更好地促进生产率增长的民主社会主义经济学，才能够真正摆脱萧条，推动经济复兴。

2. 新剑桥学派：滞胀主因是工业垄断导致收入分配差距扩大

以卡尔多、罗宾逊为代表的新剑桥学派，试图在否定新古典综合派的基础上，重新恢复李嘉图的传统学说，建立一个以客观价值理论为基础、以分配理论为中心的理论体系。为了解释滞胀现象，该学派把世界经济分为三个部门：初级产品部门、制造业部门和服务业部门，并认为，通胀的根源在于初级产品部门和制造业部门之间的生产比例失调。卡尔多与罗宾逊认为初级产品市场是完全竞争的，其价格由市场供求决定；而工业产品市场是不完全竞争的，大部分生产都集中在大企业手中，因而价格是被操纵的，即由生产者自己决定，不由市场决定。两个市场之间的增长比例失调最终导致经济失衡：初级产品价格无论是上升还是下降，都会对工业活动起到抑制作用。当初级产品价格下降时，虽然有可能刺激工业部门吸收更多初级产品，但因为贸易条件对初级产品生产者极为不利，所以投资会减少，从而会抑制加工工业发展。当初级产品价格上升时，虽然一开始贸易条件有利于初级产品生产者，但这种有利条件并不会持续太久，因为制造业部门将通过由成本上升引起的产品价格上涨来应对初级产品价格的上涨，最终会造成总体通胀。[20]

此外，由于垄断程度的提高，货币信用制度也使得资本家扩大投资更为方便，国民收入分配将越来越有利于利润收入者。当工人的实际工资因物价水平上涨而降低时，垄断带来的不合理收入加剧了工会与雇主在工资谈判中的斗争，工人在工会强大力量的支持下要求补偿性提高工资，这会引发物价水平的再次上涨，导致工资-价格螺旋上涨式通胀。而政府为抑制高通胀采用的紧缩

---

[19] Gordon D M, Edwards R, Reich M. Segmented work, divided workers [M]. Cambridge University Press Cambridge, 1982.

[20] Kaldor N. Inflation and recession in the world economy [J]. The Economic Journal, 1976, 86 (344): 703–714.

性经济政策又会限制经济活动,从而引发衰退,最终形成了停滞与通胀并存的滞胀局面。[21]

为此,新剑桥学派竭力主张收入分配领域的改革。如主张通过累进所得税制改进收入分配不均的状态;给予低收入家庭适当补助;减少用于军事等方面的支出,用以发展民用服务、环境保护和原料、材料生产等部门;提高失业者的文化技能水平,以便使他们能够有更多的就业机会;制定适应经济增长、逐渐达到消灭赤字的财政政策和预定的实际工资增长率政策;实施进口管制,发展出口品生产,增加出口,从而为国内提供更多的工作岗位。[22]

3. 新凯恩斯主义:滞胀源于劳动力市场扭曲导致工资上涨

凯恩斯主义学派本身也对滞胀提出了自己的解释。新凯恩斯主义学者区分了两种不同类型的通胀:需求拉动型和成本推动型,并认为滞胀是由后者引起的。虽然货币政策和财政政策可以用来在总需求波动的情况下稳定经济,但是在面对总供给波动时,政策效果将大大降低。在该理论框架下,20 世纪 70 年代政府的不当干预政策、油价上涨以及工资 - 价格螺旋上升共同引发了滞胀现象。新凯恩斯学派有如下主要理论观点。

托宾:劳动力市场结构失衡引发滞胀。新凯恩斯主义代表人物、诺贝尔经济学奖获得者托宾,于 1972 年提出了"结构性失衡"的观点,即微观市场的结构性变化是引发滞胀的主要原因。由于产品生产、技术革新、部门构成、地区差别等因素造成的经济结构变化,在不同地区、不同产业中将会出现失业与空位并存的"结构性失业"现象,特别是在专业性很强的劳动力供求市场。由于彼此难以相互替代,就会出现在一部分市场存在劳动力过度供给的同时,另一部分市场处于劳动力短缺的过度需求状态。例如,在劳动力市场上缺乏计算机相关专业的技术人员,但失业的却是职业技工;而美国东部地区的劳动力难以因西部地区缺乏劳动力便主动填补空位,这最终造成了"人找工作"与"工作找人"同时并存。[23] 由于工资刚性和价格刚性的存在,虽然出现了失业,但工资并不会下降,空位的存在也加速了工资的提升,继而推动物价水平的上涨。因此,在失业与空位并存的条件下,最终会出现失业率与物价同时上升的

---

[21] Joan R. What Are the Questions? [J]. Journal of Economic Literature, 1977, 15 (4): 1318 - 1339.

[22] Robinson J. Solving the Stagflation Puzzle [J]. Challenge, 1979, 22 (5): 40 - 46.

[23] Tobin J. Inflation and unemployment [J]. The American Economic Review, 1972, 62: 232 - 254.

滞胀局面。

阿克洛夫与耶伦：效率工资导致滞胀。阿克洛夫与耶伦在梳理总结效率工资模型的微观经济学基础上，解释了非自愿失业背后的原因。[24] 效率工资指企业给员工支付比市场工资水平高得多的工资，促使员工努力工作的一种激励与薪酬制度。定量地讲，企业在利润最大化水平上确定雇用工人的工资，当工资对劳动效率的弹性为1时，称它为效率工资；此时工资增加1%，劳动效率也提高1%。效率工资是单位效率上总劳动成本最小处的工资水平，它保证了总劳动成本最低。因此，效率工资理论认为，企业为了减少工人偷懒、防止员工跳槽或者为了提高劳动生产率留住工作能力强的员工，便会给雇员支付高于均衡工资的效率工资，此时即使劳动力市场供大于求，企业也不会降低工资，因为降低工资会损害效率，进而损失利润，由此导致企业外部劳动力市场上出现"非自愿失业"。另外，过高的效率工资会使商品成本增加，物价随之上涨，最终形成高工资与高失业共存的局面。

林德贝克、斯诺尔和萨默斯：失业的滞后性引致滞胀。林德贝克、斯诺尔、萨默斯等人以"内部人－外部人"[25] 模型为基础，通过提出失业滞后理论来解释滞胀的成因。由于遣散费、雇用过程中的支出及企业特定的培训等劳动力流动成本的存在，使得降低工资的所得不足以补偿转换成本，因此企业不愿意使用没有经验的外部人，而倾向于继续使用工资高但有经验的内部人。同时，内部人也会利用工会等组织来尽量减少其他人员的进入，这使得尽管许多失业工人愿意以较低的工资接受工作机会，但是劳动力市场并没有出现任何工资出价过低的情况，最终导致市场失灵，即工资不是根据劳动力市场的需求或偏好确定的。[26] 当出现扩张性经济政策使总需求增加，只有内部人都被雇用完以后仍对劳动力有需求时，企业才会雇用外部人。由于外部人不能对工资调整施加有效影响，所以长期失业会增加并持续，引发高失业与高通胀并存。

---

[24] Akerlof G A, Yellen J L. Efficiency wage models of the labor market [M]. Cambridge University Press, 1986. Yellen J L. Efficiency Wage Models of Unemployment [J]. The American Economic Review, 1984, 74 (2): 200-205.

[25] "内部人"指那些被公司雇用的人，"外部人"指长期游离于企业单位之外的失业工人或短期在职的临时工。

[26] Lindbeck A, Snower D J. The insider-outsider theory of employment and unemployment [J]. MIT Press Books, 1989, 1. Blanchard O J, Summers L H. Hysteresis and the European Unemployment Problem [J]. NBER Macroeconomics Annual, 1986, 1: 15-78.

4. 供给学派：庞大的财政支出和过高的税率最终导致滞胀

供给学派在汲取非凯恩斯主义经济思想，特别是芝加哥学派和新古典主义学派的理论基础上，从供给与需求的角度分析滞胀现象。他们认为，凯恩斯主义颠倒了因果关系，把需求看作经济生活中的首要因素，供给是派生的次要因素。滞胀时期的美国经济与凯恩斯分析的大萧条情况不同，需求增长不一定会造成产量增长，而只能增加货币数量、促进物价上涨，结果反而引起储蓄率和投资率的下降、技术变革的延缓。正是由于面向需求的政策，使政府总是设法改变各阶层收入悬殊的状况，以提高低收入者的需求水平，如扩大社会福利、向高收入者大量征税等。这些政策的实行，一方面打击了人们储蓄、投资和工作的积极性；另一方面降低了失业成本，使得很多人宁愿失业也不愿意从事低薪工作，从而形成自愿失业现象，难以起到刺激生产扩张和减少失业的政策效果。同时，福利支出的增加经常会导致财政赤字的扩大，政府为了弥补财政赤字通常会发行更多的货币，从而加剧了通胀，最终形成滞胀。[27] 他们认为，美国经济中的根本问题不是需求不足，而是供给不足。解决滞胀的唯一办法是提高劳动生产率以增加供给。为此，必须加强个人刺激，提高人们储蓄、投资和工作的积极性。

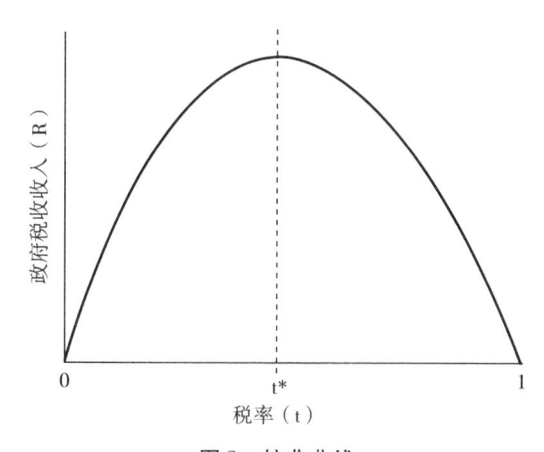

图 8 拉弗曲线

---

[27] Canto V A, Joines D H, Laffer A B. Foundations of supply-side economics: Theory and evidence [M]. Academic Press, 1983. Laffer A B. Supply-side economics [J]. Financial Analysts Journal, 1981, 37 (5): 29–43.

据说，拉弗在一张餐巾纸上非正式提出了"拉弗曲线"。该曲线说明了税率与政府税收水平之间的理论关系。拉弗曲线显示，税收收入最大化的点在 0%～100%之间。从零开始，税率提高将增加政府税收；然而，在某一点之后，继续提高税率将导致税收减少。在供给学派看来，大幅度降低税率是刺激经济的主要手段。降低税率虽然在短期内政府税收会减少，但由于降低税率可以减少逃税漏税，并能刺激企业和个人的生产劳动积极性，因而税基反而会扩大，导致从长期看税收会增加。因此，降低个人所得税和公司所得税，特别是削减边际税率，是增加供给的重要手段。

5. 货币学派：滞胀的根本原因在于货币供给量变化导致价格机制扭曲

货币学派代表人物弗里德曼运用适应性预期理论与自然率假说理论阐释了斜率为正的"恶化"的菲利普斯曲线，批评了凯恩斯主义，并解释了滞胀的成因。该学派的核心观点是：在经济活动中，货币扮演着最重要的角色，通胀的原因就是货币发行过多，货币供给量在短期对国家产出、在长期对物价水平都有巨大影响。货币学派认为，政府的角色是通过中央银行调控在经济体中流通的货币数量，除此之外，不需要干预经济活动。[28]

弗里德曼在解释滞胀现象时引入了预期的因素。他所运用的预期概念是"适应性预期"，即人们根据过去的经验形成并调整对未来的预期。弗里德曼认为，菲利普斯曲线表示的失业与通胀之间的"替换"关系，只在短期内存在，从长期看并不存在。只有在人们具有"货币幻觉"，他们预期的通胀率低于实际通胀水平，即没有意识到货币贬值的时候，凯恩斯主义的"刺激总需求"政策才有可能收到暂时的"成效"。一旦人们从经验中学习、把通胀预期调高，失业率也会回到原有水平。而政府为了维持低失业率，又不得不进一步增加货币投放。由此形成了恶性循环，从长期看，不仅充分就业不能实现，而且还会导致较高的通货膨胀。从长期看，失业率总是处在由摩擦性原因和结构性原因引起的"自然失业率"水平上，任何试图将失业率降低到"自然失业率"以下的努力，不仅是徒劳的，而且是有害的。[29] 换句话说，人们在追求"短期成效"的过程中，实际上在不知不觉地将菲利普斯曲线的位置不断地推

---

[28] Friedman M, Schwartz A J. A monetary history of the United States, 1867–1960 [M]. Princeton University Press, 1963.

[29] Friedman M. The Role of Monetary Policy [J]. The American Economic Review, 1968, 58 (1): 1–17.

向远离原点的方向，因而只能在更高的失业率和更高的通胀率之间去寻找新的平衡。

6. 理性预期学派：国家干预导致市场机制扭曲

理性预期学派是20世纪70年代从货币学派中分化出来的一个分支。该学派继承了弗里德曼的自然失业率假说，并将弗里德曼的"适应性预期理论"修改为"理性预期假说"，在此基础上否定了宏观经济政策的有效性。萨金特在《理性预期与通货膨胀》一文中引入了关于德国恶性通胀的例子，在此基础上加入了"理性预期假说"，认为价格水平取决于预期本期及未来所有货币供给量的总和，因此通胀率取决于人们对货币政策的预期。也就是说，不管中央银行实际的货币政策如何，只要人们预期到了扩张性政策，通胀便会发生。

此外，由于政府对经济信息的反应不如公众那样及时，政府决策不可能像个人决策那样灵活，因此政府任何一项稳定经济的政策措施，都会被公众的合理预期抵消，成为无效措施，并最终迫使政府放弃政策的实施。在理性预期学派看来，正是二战后主要发达国家政府长时间滥用凯恩斯主义的需求管理政策对经济进行干预，扭曲了市场机制的作用，不仅没能减少失业，反而还引发了通胀，从而造成了滞胀。[30]

7. 奥地利学派：完全自由的市场经济可以避免滞胀

奥地利学派是近代边际效用学派中的最主要分支，它强调价格机制的自发组织力量，主张经济自由，并认为商业贸易所受强制最小化是确保经济长期稳定和民生发展的最有效方式，并反对理想化数学建模的分析方法。在奥地利学派的自由市场中是不会出现滞胀的。该学派将政府对经济的干预行为分为直接干预和间接干预：所谓直接干预是指用政策性指令指导经济发展，从产业结构到企业薪酬；所谓间接干预是给予人民大量与本国GDP发展水平不相匹配的福利、补贴等。这些与经济发展不相称的财富几乎都是通过举债的方式获得，用增加未来的负担换取一时的痛快。同时，这些财富或购买力流入市场，使许多本该被淘汰的企业能够苟延残喘，成为"僵尸企业"；这种表面繁荣又进一步吸引更多资金进入这些产业和企业，导致市场始终难以出清，新的经济增长点难以发展起来。

奥地利学派的代表人物哈耶克反对以过于宽松的货币供给人为制造虚假繁

---

[30] Sargent T J. Rational expectations and inflation [M]. Princeton University Press, 2013.

荣，他认为人为的过于宽松的货币供给会导致相对价格的扭曲，使得价格无法反映资源的稀缺程度和供求的真实情况。他坚决反对刺激消费需求、提供公共工程和维持价格水平的宏观经济政策。面对萧条，他认为政府采取的任何政策效果都不会太好[31]，哈耶克甚至主张取消中央银行，通过市场竞争来决定货币供给。奥地利学派的拥护者弗兰克·肖斯塔克认为，凭空创造新的货币对新货币的创造者和早期接受者有利，而对后期接受者不利；货币的创造不是财富的创造，它只是让早期的货币接受者在资源、商品和服务上胜过后期的接受者。由于财富的实际生产者通常是后期接受者，所以货币供应量的增加使得财富的形成被削弱，破坏了经济增长的速度[32]，最终使价格上升和经济停滞的局面并存。

8. 争论焦点和分歧所在

总而言之，各派学者围绕滞胀成因各执己见。除冷战因素和石油危机等外因论以外，主要围绕以下几个核心问题展开讨论。

（1）政治（变革）和经济（改革）。偏左的学派比较强调长期因素和制度因素，认为滞胀是资本主义固有矛盾的总爆发，不可避免；主张只有对资本主义政治制度与产权制度进行彻底的政治变革，才有可能从根本上避免危机的再次出现。

而偏右的学派则比较强调短期因素和政策因素，认为滞胀只是一系列社会经济政策失误造成的，因而是可以克服的。滞胀可以通过一系列政策调整和经济改革得到解决。

（2）政府（作用）与市场（机制）。偏左的学派更倾向于从市场经济的缺陷角度进行分析，强调政府在面对危机时应当发挥重要作用。对新凯恩斯主义者而言，经济在短期内会偏离长期均衡水平，而且货币政策和财政政策对真实经济变量有切实影响，因此政府为稳定经济进行干预是必须的，也是有效的，尤其是当经济处于深度衰退时。

而偏右的学派则更倾向于技术性分析，强调市场自主调节。对货币主义者而言，市场具有自我稳定的能力，人为干预会破坏其固有的稳定机制，所谓的"稳定政策"很可能增加而不是减少不稳定性，只有自由市场在资源配置上才

---

[31] Hayek, Friedrich August von. "Keynes und die Folgen." Inflation ohne Ende (1977): 40 – 46.
[32] Frank Shostak (2006). "Did Phelps Really Explain Stagflation?". Mises Daily. Ludwig von Mises Institute. Retrieved February 2011.

是有效率的。

（3）（社会）公平与（经济）效率。偏左的学派更加强调公平因素，认为是社会不公导致了滞胀的形成。侧重分配问题的新剑桥学派认为垄断是造成滞胀困局的主要原因，主张反垄断和趋向平等的分配政策可以带领经济走出滞胀，避免危机再次发生。

而偏右的学派更加强调效率因素，认为是效率下降导致了滞胀的发生。在新古典主义学派看来，预期在经济运行中起着至关重要的作用。要形成稳定的预期首先需要长期稳定、一以贯之的宏观政策；预期管理是政府的长期任务，宏观政策的时间不一致性将深远地影响人们的通胀预期及政策解读，最终使国民经济陷入滞胀困境。

四、主要发达国家滞胀的应对经验

20世纪80年代，美、英、德、日等主要发达国家为克服高失业、高通胀并存的滞胀局面，均采取了积极的改革措施和政策调整，大力推动供给侧结构性改革，全面调整宏观经济政策，终于从80年代中期开始纷纷走出滞胀泥潭，各国的应对经验值得认真总结和酌情借鉴。

1. 美国：紧缩货币政策，缩减政府职能

为应对持续十年之久的滞胀局面，里根政府上台后便根据供给学派和货币主义的政策主张推出了经济复兴计划，在坚定支持美联储严格控制货币供给的同时，大力推进减税、减支和减少政府干预的经济政策和改革措施，重新调整政府与市场、政府与国民的关系。主要措施如下：

（1）紧缩货币供给，抑制通货膨胀。里根总统力挺美联储主席保罗·沃尔克大幅提升银行利率，以缩减货币供给。即使利率过高有触发经济危机的风险，美联储也绝不放松从紧的货币政策。稳定的货币供给稳定了市场预期，终于使通胀率下降到1984年的3.8%。在紧缩货币供给的过程中，美国经济于1981年7月出现急剧衰退，但是美联储仍然坚持紧缩政策直至改革效果显现、经济开始复苏。

（2）削减财政支出、调整支出结构，减少政府管制和行政干预。里根认为，滞胀的直接原因是政府职能过度膨胀，他在总统就职典礼上就明确指出："政府不是解决问题的方法，政府本身才是问题所在。"弗里德曼用历任总统任期内每年联邦政府公文数量的变化来说明里根政府的政策取向：20世纪60

年代以后,历任总统每年发布的联邦政府公文数量一直都在持续大幅增加,但里根上任后增幅明显降低。据估计,在改革的头两年因公文减少而节约的工作量就达到3亿个工作小时,而改革为政府、企业和消费者节约的支出在十年中达到1 500亿美元。[33]

里根对政府管制的改革措施主要有三:一是停止价格控制。里根政府下令停止对石油价格的控制,以恢复美国在石油生产和勘探领域的市场动力。二是放松行业管制。里根政府先后放松了航空、铁路、汽车、运输、电信、有线电视、经纪业、天然气等诸多行业的管制。具体而言:暂停已经制定但尚未执行的一切规章条例,并成立以副总统老布什为首的总统特别工作小组;放宽包括能源政策在内的政府管制,把一部分管制权由联邦政府下放给州政府和地方政府;取消民主党政府对工资和物价的管制;督促国会颁布新的银行法案,放宽对金融市场的利率管制。三是改革社保制度。由于意识到过去通过零敲碎打逐步形成的社会福利支出总量增长过快,里根指派艾伦·格林斯潘负责领导社会福利改革,制定了减缓社会福利支出计划,主要涉及失业保障、新生儿家庭补贴、医疗保健、学生营养补贴、住房补贴等200个福利项目,改革目标是让这套制度能够在接下来的50~70年内不会超出财政负担能力。1983年《社会保障修订法案》的颁布还促成了以401(k)为代表的补充养老金的发展,在减少财政支出的同时,改革了社保制度,调整了社保结构,完善了社保体系,提高了总体保障能力。

里根政府的放松管制等改革措施,减少了政府干预,取得了显著成效,使得美国的生产率得到大幅提高。《华尔街日报》统计显示,里根政府执政的第一个任期内,制造业劳动生产率年均增长3.8%,为二战后最好时期。

(3)实行结构性减税,刺激储蓄、投资和工作的积极性。为适应财政支出的减少,同时也是为了提高投资者投资和劳动者工作的积极性,里根政府通过采取结构性减税措施,降低个人所得税和企业所得税税率,降低边际税率。例如,所得税最高税率从80年代初的70%下调至1982年的28%。里根的减税措施主要通过两部相关法案:一是1981年的《经济复兴法案》,主要包括:降低个人所得税、企业所得税、资本利得税,同时还增加了企业所得税的抵扣。二是1986年的《税收改革法案》,不仅涉及个人所得税和企业所得税,

---

[33] https://www.pbs.org/wgbh/commandingheights/shared/minitext/int_miltonfriedman.html.

更为重要的是彻底改革了美国整体税制结构，包括削减税收优惠、合并税基、简化税收征管等，改革后的美国税制体系一直延续至今。

（4）落实和修订《拜杜法案》，引发中小企业创新浪潮。在《拜杜法案》出台以前，美国的专利政策奉行"谁出资，谁拥有"的原则。这导致科研机构与政府部门双方都缺乏动力推动科研成果的商业转化，截至1980年，联邦政府持有专利近2.8万项，但是获得商业转化的不到5%。

对此，1980年出台并经多次修订的《拜杜法案》做出了新的规定：默认政府资助研发成果的所有权由大学等科研机构保留；同时，大学等科研机构应积极推进研发成果的商业转化，并与发明人分享成果转化的收益。一旦发现企业未能在规定期限内实现市场化开发，大学等科研机构还有权收回专利的商业开发权。由于大学等科研机构获得了收益权，于是便有了内在动力推动科研成果的商业转化；同时，又由于大学等科研机构拥有懂技术的专业人员，所以也有了推动科研成果商业转化的能力。此外，通过修改相关法律，企业可以只需购买该项技术的商业开发权，而无须再购买完整的技术所有权。商业开发权与技术所有权的分离大幅降低了技术转让费用，使得广大中小企业也具备了购买能力，并成为技术成果商业转化的主体。这使得许多新的技术转移办公室在大学相继成立，并纷纷加入大学技术管理协会（AUTM）。大学技术管理协会的成员数量从1989年的691个增至1999年的2178个。而在创新立法浪潮兴起的前一年，即1979年，该协会的会员数仅为113个。

值得一提的是，由于中小企业把有限资金中的大部分用在了技术转化方面，因此没有能力再大规模量产这些创新出来的产品，于是便外包到东亚地区进行生产，然后再向全世界销售。在中国启动改革开放，后又加入WTO（世界贸易组织），以及中美两国关系不断升温的背景下，终于形成了"美国创新，中国生产，世界销售"的全球化新格局，成为过去多年，中美两国实现互利双赢、世界经济实现快速增长的动力源泉。[34]

上述一系列"政策组合拳"的成效十分显著，在打破通胀预期的同时，提高了社会劳动生产率，使美国经济于1982年12月开始走出滞胀泥潭，GDP开始呈正增长，并在80年代中期一度达到8%的高位；同时，失业率于1988年底回落到5.3%，通胀率也下降到3%~4%的较低水平。1982—1999年，美

---

[34] 施展. 破茧 [M]. 湖南文艺出版社，2020.

国经济持续增长65个月,被称为"20世纪最持久的繁荣阶段"。

应当承认,里根经济政策的后果之一就是在提高效率的同时开始拉大贫富差距。收入最高的1%美国人,税前收入占比从1979年的9.0%上升到1986年13.8%,然后在1989年下降到12.3%。税后这一比例从1979年的7.4%上升到1986年的12.8%,然后在1989年下降到11.0%。但由于当时所有阶层的收入都得到了提高,包括最底层的贫穷人口也提升了6%(美国普查局,1996),因此这一政策的副作用在当时并未引发太大的社会不满。

此外,里根执政期间,美国通过国内外借贷来弥补联邦预算赤字(主要由军费大量扩张造成),将国债规模从9 970亿美元增加到2.85万亿美元。这导致美国从世界上最大的债权国转变为最大的债务国。

表4 美国为应对滞胀采取的措施

年份	改革法案和内容
1981	·通过《经济复兴法案》,启动全面改革,涉及财税、货币、福利政策等,放松政府管制,适当提高地方政府的自治。
1981—1986	·实施紧缩的货币政策,颁布《加恩-圣杰曼存款机构法案》,推动金融市场化改革,并在1986年最终实现利率市场化。
1982	·批准《税赋公平与会计责任法案》,为应对1981年第四季度经济开始衰退导致的财政收入减少,小幅增税,但也没有影响降低税率的总体政策方向。
1983—1984	·签署《社会福利修正法案》,提出"一揽子"社会福利改革计划。此项改革削减一些社会保障项目,尤其是"随意性"的社会福利开支,用以解决当时出现的联邦政府承担社会福利的过重负担。 ·提出"战略防御计划"(即"星球大战计划"),进行国防和军事改革。 ·成立战略防御计划组织,筹集大量人力、物力和财力实施改革计划。
1984	·修订《拜杜法案》(1980年由国会通过)。后被纳入美国法典第35编(《专利法案》)第18章,标题为"联邦资助完成发明的专利权"。

(续表)

年份	改革法案和内容
1985	· 通过《格拉姆－拉德曼－霍林斯平衡预算法案》，确定1986—1991财年的预算支出削减计划，并在1991财年实现预算平衡。
1986	· 签署1986年《税收改革法案》，推行新的税制改革，在继续1981年减税改革的同时，着重解决税制过于烦琐的问题。主要内容是，从累进税制向比例税制过渡，由作为政府政策工具的税制向中性税制过渡，税改的目的是为了刺激经济增长。 · 签署《戈德华特－尼科尔斯国防部重构法案》，对美国军队的组织方式和指挥系统进行全面改变。
1987	· 为推迟实现预算平衡的日期，免受赤字最高限额的约束，国会修改《格拉姆－拉德曼－霍林斯平衡预算法案》，修改后的法案被称为《格拉姆－拉德曼法案》。 · 通过《综合预算协调法案》，建立一个高层次的全国社会保险改革委员会，"建议降低美国政府联邦预算赤字的方法，这些方法会刺激经济增长，而不会大幅度地损害社会中的任何集团或者国家的任何地区"。

资料来源：笔者根据公开资料整理。

2. 英国：从需求侧刺激转向供给侧改革

20世纪70年代，英国在长期奉行凯恩斯主义的需求侧刺激政策失效以后，深陷滞胀泥潭不能自拔。撒切尔夫人执政以后，为了控制高通胀而采取紧缩的货币政策，并大力压缩国有资本经营范围，释放民营资本活力，削减政府福利开支，以提高生产效率，从而使英国经济逐渐走出滞胀泥潭。

（1）框定政府边界，释放市场活力。撒切尔夫人执政以后，首先将宏观经济政策思路从需求管理转向供给管理，主要目标由先前的充分就业转向控制通胀，严格实行货币紧缩政策，大力压缩公共开支。同时，框定政府边界，推行民营化政策：一是通过出售国有资产将一些可市场化领域的经营主体从公共部门转向私人部门；二是放松行业管制，打破国家对部分产业的垄断格局，取消新企业进入的行政法规壁垒；三是通过特许招标、合同承包等方式，鼓励私人部门提供可市场化的产品或服务。同时，在民营化过程中，就方案设计、国企股票定价与发行方法、全程审计介入等都建立了一整套严格的法治化程序和民主化规则,在议会通过《竞争法案》的同时,还专门设立国有企业特别委员会,加强已有的国有企业顾主委员会,对政府有关部门和国有企业提出质询,并检查它们所承诺措施的具体落实情况[35],以避免腐败问题和"国有资产流失"。

(2)减少政府职能,强化个人和企业责任。1979年,撒切尔首相着手改造积重难返的社会福利体系。一是在社会保障领域,大力削减社会福利支出,调整相关支出结构,改变以往的"普遍性原则",实施"选择性原则",使社会福利真正起到帮助穷人的作用,而不再是简单的平均分配;二是在教育和医疗部门引入竞争机制,酌情推进市场化改革,大力提倡和鼓励社会福利事业民营化;三是在住房领域采取"国家后撤"的政策,减少由政府提供的住房,减少住房补贴,规定即使最贫困的家庭也必须负担房租的20%。

(3)大力压缩地方财政权力,将部分公共服务推向市场。由于英国地方政府过度膨胀导致地方财政支出过于庞大,所以,与里根政府的分权式改革不同,撒切尔首相主要从三个方面削弱地方政府权力:一是控制地方政府财政。1980年,英国议会通过了《地方政府计划与土地条例》,以控制中央政府对地方政府的财政拨款和地方政府的财政支出。在其三届任期中,中央政府对地方政府的财政控制逐渐加强,地方政府的财政自主权被逐步削弱。中央拨款占地方财政的比例由1978年的61%下降到1987年的46%,1990—1991年度进一步下降到38%。二是推动地方公用事业民营化。其中包括:出售地方政府拥有的公有资产;在地方公用事业中引进私人企业;把市场原则引入公用事业,强化竞争机制。三是推行公共部门内部社会化改革。内部社会化改革主要是将竞争机制和市场原则引入以往市场资本很难深入的公共领域,主要包括教育和国民医疗保健体系,从而削弱了地方政府对这些服务领域的过度控制;四是推动社会保障体系多元化,1986年的《社会保障法案》允许保险公司等金融中介提供"个人养老计划"来取代退休年金保单,从此雇员不能再被强制要求加入或保留雇主职业养老金计划。

(4)依托民主法治,推进工会改革。与苏联东欧等社会主义国家官办工会组织形同虚设正好相反,二战后英美等发达国家的工会力量日益强大,工会权力过度膨胀,罢工浪潮此起彼伏,以致到达阻碍效率提高、妨碍经济发展、

---

[35] 杨洁勉. 撒切尔政府的非国有化政策[J]. 世界经济, 1985 (09): 46-49.

危及社会稳定的地步。于是，撒切尔首相十分重视以法律手段对工会进行钳制，对罢工加以限制。1980年颁布的《就业法案》，限制工会在劳资行动中的豁免权，废除组织罢工的工会官员的豁免权；如果雇主同时解雇所有参加罢工的雇员，被解雇者将不得再以不公平解雇为由要求雇主给予赔偿。1982年《就业法案》规定，只有在工人和其雇主之间发生的、主要涉及工资和就业条件的劳资纠纷方面，工会才有可能获得豁免权；而具有政治目的的纠纷不再享有豁免权。对于涉及非法的罢工纠察行为、非法的罢工附属行动以及将全员入会的要求强加于雇主以及工会策划的行动，因超出了工会活动的范围，故取消工会的豁免权，工会对自己的行动要负法律责任。这使得工会及其行为自1906年以来首次被置于法律监督之下。

撒切尔首相的一系列强有力改革，终于使英国经济逐步走出了滞胀，但由于她对工会以及罢工的强硬态度，导致下层民众的不满和党内矛盾的激化，最终迫使撒切尔夫人因党内斗争失利而黯然下台。

3. 联邦德国：强化货币政策独立性，推进财政结构性改革

联邦德国在长期实行凯恩斯主义的需求侧刺激政策失效以后，也陷入了低增长、高通胀的滞胀困境。对此，联邦德国开展了有关经济政策范式的大讨论。大讨论改变了政策重心，使联邦德国的宏观经济政策重新回到艾哈德时代提倡的"秩序自由主义"导向。

"秩序自由主义"作为德国现今社会市场经济制度的理论基础，首先由瓦尔特·欧肯在1939年的《国民经济学基础》一书中提出。其主要思想为：政府的任务是为自由竞争创建一个监管框架，在这一框架内，所有主体的自由都应当受到保护。此外，经济政策应保持稳定，具有可预测性，让公众建立起对经济政策的信任，以便让竞争环境中的企业家能够拥有"长期主义"，做出长远规划，从而使德国经济实现可持续繁荣。

1982年，科尔政府在"从更多国家到更多市场"的口号下，宣布回归"社会市场经济"，重建竞争秩序：一方面，赋予价格稳定以优先地位；另一方面，通过削减财政赤字、减税和税制改革，缩减社会福利支出，推行民营化，减少政府管制，以及推动欧洲一体化等措施促进市场竞争。

（1）强化货币政策独立性，坚持以稳定币值为首要目标。在货币政策方面，德意志联邦银行（中央银行）始终独立制定货币政策，坚持以稳定货币价值为首要目标。这是联邦德国在滞胀期间通胀率相对较低的一个重要原因。

在整个滞胀时期,联邦德国的通胀率基本上没有超过8%。经济学家乌波尔在《德意志联邦银行的独立性:一个成功的故事》一文中指出,这在很大程度上要归功于中央银行的独立性以及对价格稳定目标的坚守。

关于央行独立性问题早在1957年德意志联邦银行设立之初就被写入《联邦银行法》。联邦银行在履行其任务时具有法律独立性,不受国家、议会或任何其他机构的指示和约束。联邦银行的首要任务是稳定货币价值,且仅在不影响其首要任务的前提下,才有支持联邦政府经济政策的义务。德意志联邦银行实际拥有的独立性为各国之最,其主要原因在于德国人善于吸取历史上恶性通胀的惨痛教训。

德意志联邦银行的独立性主要分为四个层次:一是机构独立性,全面禁止国家或超国家机构,如政府、议会等向联邦银行发布指令;二是功能独立性,包括目标独立性和工具独立性,其中目标独立性意味着德意志联邦银行能够自主决定货币政策的最终目标,工具独立性指德意志联邦银行能够自主决定实现其货币政策目标的工具;三是财务独立性,德意志联邦银行能够自由和独立地处置其财务资源,且不受任何方式和借口左右,也不受迫为政府赤字融资。四是人员独立性,德意志联邦银行可以自行决定人员任命、任命程序、任免条件以及任期等。

中央银行独立性与通货膨胀之间的负相关关系早已被大量的学术研究证实。赫尔格·贝格(Helge Berger)等人对2000年之前的35个实证研究结果进行了总结分析,结果显示,1955—1988年16个发达国家的通胀率和央行独立性之间存在着十分显著的负相关性。[36]

20世纪70年代初布雷顿森林体系崩溃以后,德意志联邦银行重新获得了控制货币供给量的自主权。从1975年开始,德意志联邦银行采取每年公布货币供给量目标的办法来落实价格稳定这一货币政策首要目标。1979—1981年,德意志联邦银行借助减少再贴现额度、提高存款准备金率和提高基准利率等紧缩政策来应对通胀压力,成功地使通胀率从1982年的5.3%逐渐下降至1985年的2.2%。通胀压力缓解和通胀下行趋势显现之后,德意志联邦银行于1983年开始转为实施中性的货币政策,以维持价格稳定。1986年以后,经济强劲复苏和资本大量流入导致联邦德国通胀风险若隐若现。为提前预防通胀,德意

---

[36] Berger H, De Haan J, Eijffinger S C W. Central Bank Independence: An Update of Theory and Evidence [J]. Journal of Economic Surveys, 2001, 15 (1): 3–40.

志联邦银行从1988年开始重新收紧货币政策,基准利率于1989年被调高至1982年以后的最高水平。在这一系列政策措施的努力下,整个80年代,联邦德国较好地控制了通胀水平,尽管1989年一度上升到2.8%,但仍然远低于其他发达国家4.3%的平均水平。

(2)调整财政支出结构,重新实现财政平衡。联邦德国整顿财政的着眼点不是提高税率,而是致力于借助严格的节约开支来降低政府支出占经济总量的比例,使公共财政支出扩张不高于名义GDP增加,从而降低公共负债,保障联邦德国的长期竞争力。社会福利是导致政府支出与公共债务上升的主要因素,因此,财政整顿的主要任务是改革社会保障体系与削减公共服务支出。

科尔政府首先整顿的是失业保险赤字:一方面提高雇员的缴费水平;另一方面削减公共部门失业金的支出。1983年的新立法将劳工局为失业人员缴纳的社保和养老金降至此前的70%。与此同时,失业金开始与缴费期限挂钩,领取失业金的期限被缩短,领取额度也从原工资的100%降到68%。在养老保险方面,科尔政府引入了个人医疗保险缴费,使公共养老金支出稳步下降。此外,科尔政府还缩减了其他社会福利领域的支出,特别是在教育、促进就业、社会援助等方面。1982—1990年,社会福利支出比率从33%下降到29%。

1981—1985年,德国联邦政府将财政赤字从近380亿马克降至230亿马克,财政支出从1982年占GDP的47.5%下降到1989年的43.1%。财政收支状况得到较大改善,从1982年占GDP比重的-3.4%(财政赤字)转变为1989年占GDP比重的0.1%(财政盈余)。

(3)通过民营化让国家退出经济活动,恢复市场自由竞争。与英国等其他发达国家主要出于财政预算考虑进行的民营化不同,联邦德国的民营化改革更多是出于对市场经济的坚定信念,并且明确了民营企业活动相对于国有企业活动、私有财产相对于国有财产的优先权,从而极大地改善了联邦德国的市场竞争环境,激励了企业家的创新精神,同时还减轻了国家的财政负担。80年代,德国联邦政府几乎剥离了所有大型企业的国有股权。到1990年初,国家直接参股的500强企业从约90家减少到9家,间接持股的企业则从959家减少至337家。联邦德国的民营化做法不同于英国,它仅仅是减少国家在企业中的股份,而不是改变企业的法律地位,因为这些企业本来就是以私法形式构成的。[37]

(4) 降低个税和企业税，释放私人部门的经济活力。德国联邦政府税改的核心是简化税收程序和降低企业税率，促进经济主体集中精力参与市场竞争。税收改革措施包括：引入线性累进税，减轻中产阶层负担；提升基本免税额；将最低与最高税率分别降低3%；将企业所得税税率从58%降至50%。

在营商环境得到改善、经济开始复苏的基础上，为进一步提高企业竞争力，德国联邦政府通过"三步走"的减税法规，分别于1986年、1988年和1990年实施了税收改革。1986年，联邦德国改革了工资税与所得税，减税规模约为100亿马克，缩短了经营设施建筑物的计提周期，减税规模约为40亿马克。1988年第二次和1990年第三次减税的规模分别为142亿和390亿马克。1986—1990年，减税政策使纳税人每年的税收负担减少约670亿马克，相当于GDP的2.5%。

(5) 人口结构变化、外需逐步复苏以及技术创新投资也促进了联邦德国在20世纪80年代的经济复兴。首先，联邦德国战后婴儿潮出生的人口于80年代开始涌入劳动力市场，在这一时期，联邦德国的老龄化趋势有所放缓；其次，80年代中后期，世界经济复苏也为作为出口和制造业大国的联邦德国提供了经济增长动力；最后，联邦德国在六七十年代虽然经济出现滞胀，但由于政府对技术创新投资的力度一直很大，因而在80年代内外需恢复、市场活力重新释放后，能够迅速重拾经济增长。

4. 日本：推动政策转型，优化产业结构

日本在第一次石油危机时，由于央行加息过晚，使得通胀率上涨23.3%，通胀预期在10%以上高位徘徊；经济增长速度也受到很大影响，一度跌至-0.2%，最终形成滞胀。第二次石油危机时，日本政府和央行吸取了上一次的教训，及时采取紧缩政策进行"危机管理"，加息行动明显提速，虽然物价仍然上涨了7.8%，但由于货币政策紧缩及时，所以避免了输入性通胀和国内通胀预期叠加导致的物价更快上涨。与此同时，日本政府开始弱化产业政策，强化竞争政策，调整产业结构，倒逼产业升级，并大力推进"技术立国"战略。日本为克服滞胀采取的主要政策措施和改革举措如下：

(1) 货币政策及时紧缩，财政政策依赖国债。1973—1974年，为应对通

---

[37] 沈华. 联邦德国的私有化运动 [J]. 西欧研究, 1988 (05)：30-34.

胀的快速上升,日本央行采取了严格的货币紧缩政策,连续5次上调存款准备金率及官方贴现率。与此同时,由于企业经营状况恶化,导致法人税、所得税收入减少,日本政府不得不从1975年开始大量发行赤字国债。与高速增长时期基本保持财政收支平衡形成鲜明对照的是,滞胀时期日本财政对国债的依赖程度迅速提高,国债依存度在1979年达到了34.7%。

由于日本在70年代滞胀时期,尤其是第二次石油危机时,经济表现略好于其他发达国家,从高速增长转变为"适度增长"。因此从1980年开始,日本央行在日元不断升值的背景下不断放松银根,将贴现率从1980年的9%降至1989年的历史最低值2.5%。利率大幅走低推动了资产市场的短期繁荣。

日经指数从1982年10月1日的阶段性最低点6 850点上涨到1989年12月29日的历史最高点38 916点,涨幅达468%[38];1984—1988年,东京都宅基地的资产额由149万亿日元升至529万亿日元,增加2.6倍[39];东京地价上涨传导至大阪,再传导至名古屋;1986—1991年,日本六大城市地价上涨了2.07倍,复合年均增长率(CAGR)为25.2%[40]。直到1989年3月,由于担心经济过热和通货膨胀,日本央行才开始连续5次提高贴现率,将贴现率从最低时的2.5%提高到6%(见表5),加之1990年3月,负责金融监管的大藏省(现更名为财务省)推出了不动产贷款总量控制政策,即规定银行对不动产贷款时,增长率不得超过其贷款总量增长率。不动产贷款总量限制政策导致银行贷款同比缩减85%,由9.5万亿日元降至1.4万亿日元[41];与此同时,日本政府还酝酿出台新的房产税并于1992年开始实施,于是,日本股市和房地产价格双双出现快速下跌,"平成泡沫"随之破裂。

表5　日本银行贴现率(1980—1990年)

时间	贴现率(%)
1980.02.19	7.25
1980.03.19	9.00

---

[38] 资料来源:路透资讯。
[39] (日)野口悠纪雄著;曾寅初译;金洪云丛书主编;川岛真副主编;金洪云译校.泡沫经济学[M].生活·读书·新知三联书店,2005.
[40] 数据来自招商证券研发中心:"日本房地产泡沫经验及借鉴"。
[41] 数据来源:日本统计局。

（续表）

时间	贴现率（%）
1980.08.20	8.25
1980.11.06	7.25
1981.03.18	6.25
1981.12.11	5.50
1983.10.22	5.00
1986.01.30	4.50
1986.03.01	4.00
1986.03.10	4.00
1986.04.21	3.50
1986.11.01	3.00
1987.02.23	2.50
1989.05.31	3.25
1989.10.11	3.75
1989.12.25	4.25
1990.03.20	5.25
1990.08.30	6.00
1991.07.01	5.50

资料来源：路透社，《日本利率纪事》。

表6　新增不动产贷款（1988—1992年）

时间	新增不动产贷款（万亿日元）
1988	4.0
1989	9.5
1990	1.4
1991	2.3
1992	2.8

资料来源：日本统计局。

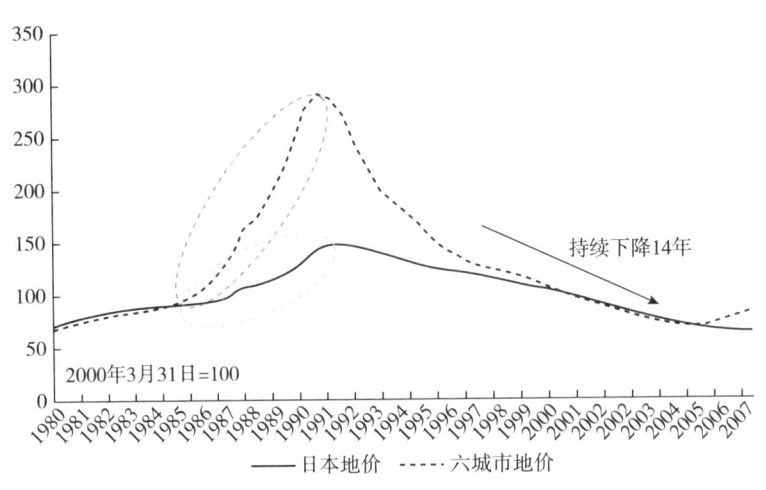

图9 日本土地价格走势（1980—2007年）

资料来源：Japan Real Estate Institute。

表7 泡沫时期日本出台的土地政策

时间	土地政策	主要内容	意图
1987年	设立"土地交易监视区域制度"	土地交易需获许可证，交易价格需备案；1987年12月原则上冻结国铁用地等国有、公有土地出售	限制交易，减少土地供给
	出台"修养地法"和第四次综合开发	诱导民间资金进入房地产行业	意图借助民间力量增加住房供给
1988年	修改置换更新特别优惠措施	原则上废除了居住用房产置换更新的特别优惠措施（继承并居住30年以上的除外）	抑制居民购买大房
	调整转让所得税	对保有期在二年以内的土地转让收益，征收96%的税收	限制交易
	通过《土地基本法》	明确"对土地要适宜地采取合理的税制措施"的理念	
1991年	农地征税改革	废止农地征税优惠，农地分为"必须保护的农地"和"必须宅地化的农地"，前者按农地征税，后者于1992年后与宅基地一样征税	减少土地供给

资料来源：野口悠纪雄，《泡沫经济学》（2005）；招商证券研究中心。

（2）弱化产业政策，强化竞争政策，推进国有企业民营化。产业政策曾经在日本经济政策体系中居于首要地位。日本在不同时期制定过不同的产业政策。二战结束时通过"倾斜生产方式"培育煤炭产业和钢铁业，以及后来通过培育重化工业实现高速增长，产业政策的确发挥过重要作用。但是在应对石油危机和滞胀困局的过程中，日本开始通过产业政策转型来推动产业结构调整。

日本产业政策的转型主要包括两个方面：一是产业政策自身的转型；二是产业政策向竞争政策转型。

首先，在产业政策自身转型方面，主要体现在：从刚性产业政策转向柔性产业政策；从纵向产业政策转向横向产业政策；从显性产业政策转向隐性产业政策；从选择性产业政策转向功能性产业政策；从倾斜性产业政策转向竞争性产业政策。

其次，在产业政策向竞争政策转型方面，石油危机爆发后，日本国内出现了前所未有的通货膨胀，价格飞速上涨，许多供应商急于组建非法卡特尔以便规避风险和从中谋利。负责竞争政策（反垄断）的"日本公平贸易委员会"很快就发现了这一现象，并立即发出指令及时叫停。1974年，日本公平贸易委员会对参与石油产品价格卡特尔的11家石油批发商及其管理人员提出了刑事指控。随后又通过修订《反垄断法》来强化竞争政策，采取措施加强《反垄断法》的结构性规定，如加强对企业合并的监管力度，并对《反垄断法》豁免的领域进行了重新审查。[42]

在日美贸易摩擦不断加剧的大背景下，为了维护日美经济关系的正常发展，日本政府基本接受了美方提出的限制性要求，并以此来推动国内产业政策的转型和竞争政策的强化。1979年4月，关贸总协定东京回合协议达成，日本政府再次确认了维持自由贸易体系的坚定决心，并承诺继续努力减少关税和非关税壁垒。日本上下不仅形成了继续坚持扩大开放的官民共识，而且也达成了大力推进竞争政策的社会共识。

20世纪80年代，尤其是中曾根康弘上台以后，大力推进国有企业民营化改革。日本历史上曾经拥有大量的垄断性国有企业或者公营事业单位，往往因经营效率低下而产生巨大亏损，并形成了巨大的国家财政负担。中曾根康弘出

---

[42] 日本经济部参事官山田卓：《日本竞争法的概要》讲演PPT。

任首相后，开始对这些过去曾被认为是公共领域的"公社"（即公有企业）进行民营化改革，重点推进"三公社"民营化，即电信电话公社、国有铁路公社以及烟草专卖公社。

中曾根政府首先于80年代初启动了日本电信电话公社的股份制改革和上市进程，并于1984年12月通过《电信电话股份公司法》《电信通信事业法》《相关法律整备法》三部法案。随后，日本政府又重点对日本国有铁路公社进行了彻底分拆和民营化改革，1983年6月，日本政府成立了"国铁再建监理委员会"，讨论国有铁路民营化的具体问题，经过反复的讨论和审议，1986年11月，日本国会通过包括《日本国有铁路改革法》在内的《国有铁路改革关联法》。[43] 一方面，民营化使企业经营状况得到明显改善，经营效率得到明显提高，公司为适应市场竞争环境开始启动投放广告等市场行为，国铁改革实施以后，在服务质量大幅提高的同时，很快实现了扭亏为盈；另一方面，立法过程中的反复商议与民主监督，在推动社会形成改革共识的同时，也确保了日本民营化的公开公正，避免了国有资产在转让过程中的暗箱操作、防止了国有财产流失。

与此同时，日本政府还推动了金融自由化改革。1985年《广场协议》签署后，日本为扩大内需实行了宽松的货币政策，与此同时，日本政府还推出了一系列金融自由化改革措施，包括放弃"长短分离""内外分离"[44] 等传统做法。在金融自由化与宽松货币政策双重刺激的背景下，上述公有企业改制上市带动了股票价格的快速上涨，进而带动了房地产等资产价格的快速上涨。这一方面使日本经济很快走出了滞胀困境，并迎来了80年代后半期的经济繁荣；另一方面也促成了巨大的"平成泡沫"[45]，为90年代末的金融危机埋下了隐患。

（3）调整产业结构，从"重厚长大"转向"轻薄短小"。20世纪70年代，在石油危机和日美贸易战的双重压力下，日本政府开始通过产业政策转型，利用美国压力，倒逼本国的产业结构转型升级。

---

[43] 谭秋霞. 日本国企改革的法律分析及对我国国企混改的启示 [J]. 法学论坛, 2016, 31 (01): 144 – 150.

[44] 长短分离指日本政府于1953年规定的商业银行从事短期金融业务，信托银行以信托的形式从事长期金融业务；内外分离指日本在经济高速增长时期，为保证国内资金的充分运用，防止资本外流，避免海外金融市场的干扰，对国内金融市场和海外金融市场实行市场分割制度，对国内外之间的金融交易实行限制和管理。

[45] "平成"为日本年号，从1989年到2019年

70年代初,由于日本对美贸易持续多年呈现顺差,尤其是日本物美价廉的纤维产品大量出口到美国,使得美国的相关企业纷纷破产,大量工人下岗失业,于是,美国政府官员在选民的压力下,要求日本政府自主限制对美国的纤维产品出口,日美贸易摩擦不断升级。面对美国压力,日本通产省官员想的只是"如何保护日本的民族产业",而日本的政治家想的则是如何把冲绳岛"拿回来"。[46] 通过反复谈判,日本政府决定"自主限制"对美国的纤维产品出口,因而导致纤维产业在日本彻底消亡,却换来了冲绳岛的"回归",故在日本有"用线(纤维产品)换绳子(冲绳岛)"之说。[47] 不仅如此,日本政府还借助美国的外压,倒逼国内经济改革和产业结构调整,从"重厚长大"(高耗能的重化工产业和原始的纤维产业)的产业结构,升级为"轻薄短小"(电子信息产业等高科技产业),亦称"从吨的经济到克的经济转变"。[48]

在这一时期内,日本的重耗能产业受到了有效抑制,新兴产业得到迅速发展。钢铁生产指数从1973年的100下降到1983年的大约92;而机械与装备制造业指数则从1973年的100上升到1983年的166。与此同时,第三产业也得到了快速发展,商业和服务业占GDP的比重从1973年的51.9%上升到1982年的58.3%。

(4)推动社保体系改革,注重公平与财政平衡。日本在滞胀期间开展了以压缩福利支出为目标的社会福利制度及相关行政体制改革,不断调整国家、企业和个人在社会保障事务上的权利义务分配,减少财政负担。首先,废除了老年人免费医疗制度,恢复了老年人医疗费的部分自费负担。其次,实行福利服务的分权化与社会化改革,由国家包办型转向国家、民间互补型。日本社会保障制度更加重视企业、社区、家庭、个人的作用,降低了各种福利设施的国

---

[46] 众所周知,冲绳岛原为清朝册封的"琉球王国",近代被日本窃取。二战时的冲绳岛战役中,美国以死亡7.5万美军为代价终于占领了冲绳岛。70年代初,日本首相佐藤荣作积极争取"冲绳返还",亲自率团访美进行谈判,以日本"自主限制"对美国的纤维产品出口为交换条件,换取了冲绳岛的"回归",故在日本有"用线(纤维产品)换绳子(冲绳岛)"之说。
[47] 贺平. 日美贸易摩擦中的外压与政策协调[J]. 日本学刊, 2011 (03): 69-83.
[48] 维基百科:"重、厚、长、大"是一个经济术语,指的是重化工等行业,以及这些行业的特点。这个词来自这些行业处理重、厚、长、大的产品的事实。这些行业包括钢铁、水泥、有色金属、造船、化工和相关设备,但不包括信息技术(IT)行业。相反的术语(Keihaku-tan-sho)意思是"轻、薄、短、小"。

库负担率,将一些原本由中央政府机构管理的社会福利事务下移至地方自治体(地方政府),地方自治体的福利事务则可委托社会性福利机构办理。同时,对从事社会服务的人员实施资格认证制度,以监督和规范福利服务行为。最后,1974年日本国会颁布了《雇佣保险法》以替代原来的《失业保险法》,并以此来防止失业、促进就业。在保留"失业救济金"的同时,把建立职业培训机构、加强职业培训指导、开发人力资源作为防止失业和促进再就业的重要举措。

(5)确立"技术立国"基本国策,鼓励技术创新研发投入。1980年以前,日本通过模仿、引进战略,为技术和经济的发展带来了很多实际好处:首先,通过重点引进电力、钢铁、机械、石油化工等方面的技术,有力地促进了日本重化工的发展;其次,通过引进美国、西欧的耐用消费品工业技术,加快了经济增长,改善了人民生活;最后,利用美苏冷战形势,大量引进和模仿美国为军事需要开发的各种高新技术和军转民技术。

然而,随着日本与欧美国家之间的技术差距日益缩小,经济摩擦不断激化,引进新技术的困难日渐增大,进而促进了日本的国内研发,"技术立国"战略作为日本国策应运而生。

1980年3月,日本"产业结构审议会"向通产省提交了《八十年代通商产业政策》咨询报告,其中"技术立国"作为基本国策被正式提出。"技术立国"的政策目标是将日本从模仿与追随的"文明开化时代"走向独创与先导的"文明开拓时代"。

在技术立国国策的指引下,日本的技术开发费用占GDP的比重从20世纪80年代初的1.7%提高到80年代末的3%。同时,日本还提出要有重点地扶植一系列新技术的开发,并形成适于技术创新的研发体制和大力培养富有创新精神的优秀人才。

特别需要指出的是,随着技术立国方针的确立,官产学合作获得进一步强调与重视。研发投资逐渐以民间企业为主力。根据1983年度《科学技术白皮书》,在研发投资中,民企投资占到了76.3%,而政府投资仅占23.6%。

20世纪90年代中期以后,为适应人口老龄化加剧、产业空洞化、赶超战略效力减退以及改善国家形象的需要,日本进一步将"技术立国"战略转变为"科技创新立国"战略。1995年11月,日本国会一致通过了《科学技术基本法》,并在该法的提案理由说明书等文件中,明确将"科技创新立国"作为新的基本国策。[49]

5. 小结：各国供给侧结构性改革的共同特点

从各国应对"滞胀"的成功经验中，似乎可以总结出一些共性特点：紧货币，减财税，改社保，松管制，民营化，促创新，以及法治化。

首先，紧货币为的是抑制通货膨胀，并确保价格信号的相对稳定，从而为各项改革措施的推进提供稳定的宏观经济环境，为企业经营者提供稳定的市场预期。

其次，减财税和改社保都是为了减少政府对市场主体的过度干预，减轻政府和企业的沉重负担，保障公平的市场竞争环境。其中，改社保不仅仅是量的相对减少，更重要的是结构优化和提质增效。

再次，松管制、民营化和促创新都是为了激发民间部门的活力，增强企业竞争力，提高潜在增长率和全要素生产率。

最后，法治化为的是保障改革措施的顺利推进，并确保宏观政策的连续性和稳定性，给市场参与者以稳定的预期，以促进长期主义的形成。

---

[49] 周程. 从"技术立国"到"科学技术创新立国"——日本科技发展战略的转变及其启示 [J]. 自然辩证法研究, 2001（z1）：85 - 90.

图书在版编目（CIP）数据

比较. 第 120 辑 / 吴敬琏主编. -- 北京：中信出版社，2022.6
ISBN 978-7-5217-4463-7

I. ①比… II. ①吴… III. ①比较经济学 IV. ① F064.2

中国版本图书馆 CIP 数据核字 (2022) 第 093875 号

比较·第 120 辑

主　　编：吴敬琏
策 划 者：《比较》编辑室
出 版 者：中信出版集团股份有限公司
经 销 者：中信出版集团股份有限公司 + 财新传媒有限公司
承 印 者：北京华联印刷有限公司
开　　本：787mm×1092mm 1/16　　印　张：18.25　　字　数：280 千字
版　　次：2022 年 6 月第 1 版　　印　次：2022 年 6 月第 1 次印刷
书　　号：ISBN 978-7-5217-4463-7
定　　价：58.00 元

版权所有·侵权必究

凡购买本社图书，如有缺页、倒页、脱页，由发行公司负责退换。　服务热线：400-696-0110
http://www.CAIXIN.com
E-mail: service@caixin.com